TO A CHILD, LOVE IS SPELLED T-I-M-E

Welkom

Wanneer we met de redactie van Happinez bij elkaar zaten om de inhoud van happi.kids te bespreken, kwamen steevast de wonderlijke levens en gedragingen van onze eigen kinderen ter sprake. Je kunt happi.kids daarom gerust de liefdesbaby van de Happinez-redactie noemen; met heel veel persoonlijke betrokkenheid en bevlogenheid zijn we op zoek gegaan naar inzichten, oplossingen en adviezen van experts. We wilden álles weten over de opvoeding en ontwikkeling. Nu we kunnen terugblikken, blijkt de oplossing in bijna alle gevallen simpel: liefde en aandacht. Ieder kind is anders, en heeft iets anders nodig, maar in één ding zijn we allemaal gelijk. We willen ons veilig voelen, gezien worden en erkenning krijgen voor wie we zijn.
In essentie is aandacht alles wat kinderen nodig hebben. Dat is soms best even zoeken in een maatschappij waarin alles altijd maar doorgaat en er altijd prikkels zijn - werk, sport, afspraken. Maar zoals met alles in het leven, is het maar net waar je tijd voor vrij wilt maken. Want iedereen kan tien minuten vinden om even de natuur in te gaan om buiten te spelen, de grond onder je voeten te voelen, en de zon op je gezicht. Een verhaaltje te lezen of een mooi ritueel te doen voor het slapen gaan. Te ontspannen. Samen te zijn. Wat goed is voor je kind, is goed voor jou.
We hebben dit boek ingedeeld in zes thema's, allen bieden ze een antwoord op de vraag: Wat is echt belangrijk? Wat wil je je kinderen meegeven in dit leven?
Een stevige basis, van waaruit ze veilig relaties kunnen aangaan: verbinding. Ruimte om spelenderwijs de wereld te ontdekken: plezier. Gevoel van richting om te durven varen op het eigen kompas: zelfvertrouwen. Momenten van stilte om te kunnen aarden in de drukke wereld - én in zichzelf: rust. De power om door te gaan als het even tegenzit: kracht. En eerbied voor de kleine, betoverende dingen, die het leven sprankeling geven: magie.
Ingrediënten waarmee je je kind een gelukkige start kunt geven, een stevig fundament én de materialen en gereedschappen om zelf verder te bouwen. Zodat het zijn hart durft te volgen en met zekerheid zijn eigen pad loopt - wetend dat de buitenkant er niet toe doet, dat de waarheid van binnen zit en we allemaal met elkaar verbonden zijn. Mooi om mee te geven en zó waardevol om zelf weer aan herinnerd te worden.

Met dit boek heb je kostbare we-time in handen. Het zal jullie leven verrijken, en daarmee het leven om jullie heen, en daarmee de wereld. We wensen je veel liefde en lichtheid op jullie pad.

Namasté

Inhoud

HOOFDSTUK 1

Verbinding

HOOFDSTUK 2

Plezier

HOOFDSTUK 3

Zelfvertrouwen

Overal in dit boek waar hij staat, kan ook zij gelezen worden. Waar mama staat, kan uiteraard ook papa of opvoeder staan.

HOOFDSTUK 4
Rust

HOOFDSTUK 5
Kracht

HOOFDSTUK 6
Magie

Verbinding

‘Alleen met
het hart kun je
goed zien.
Het wezenlijke
is voor de ogen
onzichtbaar’

· **DE KLEINE PRINS**

Het belang van hechting

Verbonden voor het leven

Hoe de hechting met je ouders is geweest, zegt veel over hoe je later in relaties staat. Bindingsangst en verlatingsangst hebben hun oorsprong in de eerste jaren van je leven. Hoe geef je een kind een zo stevig mogelijke basis - ook als je die misschien zelf niet hebt gehad?

Eigenlijk kun je hechting vergelijken met een soort dans: je reageert op elkaars bewegingen, vult elkaar aan en compenseert elkaar bij een misstap. Je kunt je voorstellen dat als er één uit de pas loopt - als een kind gedragsproblemen heeft, een ouder gestrest is, of als er omgevingsfactoren in de weg zitten: geldproblemen, ruzie, werkloosheid - de dans niet meer zo soepel verloopt.

Hoe jij hebt leren dansen, je hebt leren verbinden, geef je vaak op dezelfde manier weer door aan je kinderen. Volgens John Bowlby, grondlegger van de hechtingstheorie, is gehechtheid een aangeboren behoefte. Iedereen heeft één iemand nodig om een band mee op te bouwen, als anker. Een kind vraagt van nature om bescherming, verzorging en nabijheid. Als ouders goed op deze signalen reageren, draagt dat bij aan een veilige hechting. Toch heeft dertig procent van de mensen op de een of andere manier last van hechtingsproblematiek.

Een baby maakt alles voor het eerst mee. Dus het is goed voor te stellen dat als de eerste indruk van de wereld een veilige en liefdevolle was, je daarmee sterker en zekerder door het leven zal gaan. Als je een diep vertrouwen hebt dat je ertoe doet - en dat is in wezen waar iedereen naar verlangt - durf je beter intimiteit aan te gaan en kun je sneller herstellen van tegenslagen, beter een 'misstap' opvangen tijdens het dansen.

Hechtingstheorie

In 'Het boek waarvan je wilde dat je ouders het hadden gelezen (en je kinderen blij zijn dat jij het doet)' wordt de hechtingstheorie helder beschreven door Philippa Perry. Om uit te leggen hoe een baby zich moet voelen - inleven is een belangrijke voorwaarde voor veilige hechting - vergelijkt ze het uit de veilige baarmoeder komen, met moederziel alleen in de woestijn zijn: 'geen eten, geen onderdak, geen drinken en, het ergste, je bent helemaal alleen.' Baby's zijn volledig afhankelijk van anderen, kunnen alleen maar huilen of gillen om duidelijk te maken wat ze nodig hebben. En dan is het maar de vraag hoe fijngevoelig de omgeving daarop reageert. Elke keer dat een baby erin slaagt te communiceren met een volwassene - is het alsof de persoon in de woestijn aandacht heeft weten te trekken van mensen in de verte, en wordt gered.
Dat 'gered worden', kan op verschillende manieren. Wordt er snel, attent en begripvol gereageerd, dan is de kans groot dat je veilig gehecht raakt. Wordt er de ene keer wel, de andere keer minder adequaat gereageerd, kan dat iets doen met je vertrouwen in mensen in het algemeen, en met je gevoel van eigenwaarde: dit heet een onveilig-afwerende ofwel ambivalente hechting. Kinderen die opgroeien in een omgeving waar ze regelmatig aan hun lot worden overgelaten, kunnen zich in het latere leven een buitenstaander gaan voelen, en zijn dan onveilig-vermijdend gehecht. Mensen die als kind misbruikt zijn voelen zich in de regel onveilig bij anderen, dat heet dan een gedesorganiseerde hechting.

Je grootste spiegel

Baby's zijn voorgeprogrammeerd om zich te hechten aan anderen. Hoe ze dat gedaan hebben: veilig (65%), vermijdend (20%), afwerend (10%) of gedesorganiseerd (5%) heeft invloed op hoe ze in hun latere leven relaties aangaan. Dus of je je makkelijk kunt binden, of last hebt van verlatingsangst, heeft volgens de hechtingstheorie alles te maken met hoe we behandeld zijn toen we klein waren. Het is als ouder goed om na te gaan hoe jij je hebt gevoeld als kind, omdat je hechtingsstijlen meestal doorgeeft. Dat zou je kunnen herkennen aan het gevoel dat je kind bij je oproept - het zijn niet voor niets je grootste spiegels: ze laten je feilloos voelen waar je eigen zwakke plek zit. Dus word je ongemakkelijk van gehuil, check waar het vandaan komt: vind je het gewoon vervelend of zit er onder dat ongemakkelijke gevoel een dieper kind-gevoel van jezelf verscholen?

Hechten is als weven

"Hechten gebeurt tússen mensen, het is niet wat je bent," zegt pedagoog en kinderpsycholoog Paulien Kuipers. Ze is directeur van Stichting Kinderleven, een plek waar ouders en verzorgers terecht kunnen die verlangen naar een betere band met hun (pleeg/adoptie) kind. Ze schreef het boek 'Eerste hulp bij hechting'.
"Het opzetten van het weefgetouw voor de hechting begint al voor de conceptie, als je nadenkt over hoe het zal zijn een kind te krijgen: je begint al met koesteren voor de zwangerschap. Maar komt de zwangerschap als verrassing, dan is er na het wennen aan het idee, ook nog ruimte om te beginnen met het vormen van de draden. Als een kind geboren wordt, ga je intunen en beginnen de interacties, die zou je kunnen zien als de draden die een band weven. De baby doet iets, jij reageert, of je reageert niet. Alles wat er gebeurt is een draad of een weeffoutje in de hechting, maar alles kan ook weer hersteld worden. De band bestaat uit matches, mismatches en hersteldraden. Alle relaties zijn verschillend; de band met vader is anders dan de band met moeder. De stevigheid van de band en hoeveel kleur hij heeft, is het resultaat van alle interacties bij elkaar."

Onvoorwaardelijke liefde

"De grootste voorwaarde voor een veilige hechting is onvoorwaardelijke liefde én dat je de vaardigheden bezit om kinderen te geven wat ze nodig hebben," zegt Paulien Kuipers. "Voorspelbaarheid is belangrijk en beschikbaar zijn, tijd maken voor je kind. Dan kun je responsief worden. Een goede bevalling is belangrijk, een vrolijk stamgezin ook: hoeveel kleur heb je te geven? Je krijgt een kind, dan kijk je naar 'dat' kind, en na een paar maanden wordt het 'jouw' kind en begint het hechtingsproces. Dan voel je dat je onvoorwaardelijk gaat voor je baby, dan begint het hechten. Pas met negen maanden kun je spreken van een stabiele hechtingsrelatie. De baby moet eerst met jou connecten voor hij verbinding kan maken met de buitenwereld. Maar in onze samenleving wordt daar niet veel ruimte voor gemaakt: moeders moeten snel weer aan het werk, kinderen gaan al naar de kinderopvang voor ze goed aan de ouders gewend zijn - we nemen onze nieuwe kleine wereldburgers niet echt serieus. Terwijl je in die eerste jaren een blauwdruk krijgt, voor geluk of voor pijn. Als we een empathische samenleving willen creëren, moet er om te beginnen veel aandacht zijn voor baby's."

WEETJE

Sherborne samenspel

Orthopedagoog Lonneke van Elburg geeft samen met Stefanie van Ruijven, ambulant gezinsbehandelaar, trainingen in Sherborne Bewegingspedagogiek en -Samenspel. Sherborne is een bewegingsspelvorm, gericht op het vergroten van zelfvertrouwen bij kinderen en het versterken van de hechting tussen het kind en zijn ouders. Ervan uitgaande dat je er met spel en beweging voor zorgt dat een kind fysiek lekkerder in zijn vel zit, en dat dat positief doorwerkt in het gedrag, de emoties en de manier waarop het kind relaties aangaat. Bij deze behandeling wordt ervanuit gegaan dat het mogelijk is om een verstoorde hechtingsontwikkeling (gedeeltelijk) te herstellen.

CIRKEL VAN VEILIGHEID

Lonneke: "Als basis voor onze cursussen maken wij gebruik van de Cirkel van Veiligheid, een vrij simpel model dat ervanuit gaat dat je een veilige basis biedt aan kinderen, zodat ze op onderzoek uit durven gaan en dat ze daarna weer bij je terugkomen voor troost, veiligheid of simpelweg om te toetsen of je er nog bent. Bij onveilig gehechte kinderen zie je bijvoorbeeld dat ze heel dichtbij willen blijven of juist te zelfstandig zijn - in de spellen die we doen stimuleren we dat de cirkel van veiligheid wordt gemaakt. Als ouder is het namelijk belangrijk je kind een 'kom maar' en 'toe maar' ervaring te bieden. Het is een beladen onderwerp, ligt dicht tegen schuldgevoel aan, ouders zijn snel bang dat ze iets niet goed doen. Maar het is ook een natuurlijk proces, dat vaak grootdeels vanzelf gaat. De belangrijkste bouwstenen geef je een kind tot de kleuterleeftijd, maar je kunt op elk moment spelletjes doen om de hechting in te halen."

Stefanie: "Hoe je gehecht bent heeft invloed op al je contacten - het is een blauwdruk van de verwachtingen die je van relaties hebt. Je bewust zijn van je eigen hechtingsstijl maakt al zo'n verschil: wil je het hetzelfde doen als jouw ouders of helemaal anders? Je kunt best ruzie maken, als je het daarna maar weer kunt herstellen. De emotie tot rust brengen, bij jezelf en bij een kind. Struggelingen zijn ook onderdeel van het leven. Vroeger zeiden ze dat als de hechting als kind 'mis' was gegaan, er niets meer aan te doen was.

Inmiddels heeft hersenonderzoek uitgewezen dat het brein zo plastisch is, dat je ook nieuwe neurale paden kunt aanleggen: dus groeimogelijkheden zijn er altijd nog."

Pijn in het 'tussen'

Ouder en kind zijn een eenheid. Als een kind een probleem heeft, hebben de ouders een probleem, vindt Paulien Kuipers. "Als het kind in therapie gaat, gaat de ouder bij ons mee in therapie. De pijn zit in het 'tussen'. Maar als de eerste draden niet goed geweven zijn, kunnen we altijd aanhechten. Belangrijkst is dat de ouders het perspectief van het kind leren zien, leren praten, dan kan het weven (weer) op gang komen." Kuipers noemt woorden 'contactsleutels'. "Verbindende woorden helpen, dat is onderzocht TNO. De taal van het hart kan de band tussen mensen helen en liefde opnieuw laten stromen. Als je tegen een kind zegt: 'oh, nu ben je wel heel boos', weet het kind: wat ik nu voel heet boos, en dan kan het later zeggen: ik ben boos. Hoe ouder het kind wordt, hoe complexer de gevoelens die je kunt benoemen. Praten is een belangrijke manier van verbinden."

Familiepatronen

Kinderen willen gezien worden, er zonder oordeel mogen zijn, weten dat ze geaccepteerd worden, wat voor emotie ze ook hebben. Ze hebben een 'helder tegenover' nodig, zoals dat in een artikel op *wij-leren.nl* treffend genoemd wordt. Iemand die hun emoties onder woorden kan brengen als ze dat zelf niet kunnen. En af en toe vraagt: 'Wat heb je nodig?' Ook belangrijk om jezelf een paar keer per dag af te vragen. Want eigenlijk gaat dit hele verhaal ook over jezelf. Dat stemmetje in je hoofd, wat zegt dat? Misschien dat je niet goed genoeg bent, iets niet voor je is weggelegd - het is een stem uit het verleden. Sterker: het is vaak de stem van onze eigen ouders die we horen.
Orthopedagoog Lonneke van Elburg: "De mensen door wie je bent opgevoed, vormen een blauwdruk voor hoe jij de wereld ziet. Vandaaruit heb je bepaalde verwachtingen gecreëerd en jezelf bepaald coping gedrag aangeleerd. Wat je vaak ziet is dat je als ouder óf ongemerkt dat patroon gaat herhalen - zeker als je je er niet bewust van bent - óf juist het tegenovergestelde gaat doen en gaat compenseren. Dat kan een mooi stuk groei zijn, maar als je in de compensatie zit, ben je eigenlijk nog steeds bezig je verleden te helen. Dat doe je vaak ongemerkt, om je eigen innerlijk kind die ervaring óók te geven."

Herhalen of compenseren

Het meest gezonde is dus als je bewust stilstaat bij een interactie en inziet dat je iets aan het herhalen bent van vroeger - of juist aan het compenseren bent, en je afvraagt hoe je dat anders zou kunnen doen. Lonneke: "Stel dat je ouders hebt gehad die zeiden: 'Niet huilen, hup, doorgaan' of je altijd hebt gehoord: 'Die redt zich wel' en er niet zoveel oog is geweest voor jouw behoeften, kan het zijn dat je dat patroon doorzet door zelf te denken: ach, ik red het allemaal wel en dat zo weer voor te leven aan je kinderen. En als je kind aangeeft dat het angstig is, je het afdoet met: joh, dat kun je best, even doorbijten. Dan heb ook jij geen oog voor de emotie of hechtingsgedrag van het kind. De andere kant zou zijn, dat je denkt: dat zal mij niet overkomen, ik ga mijn kind alle nabijheid bieden die het nodig heeft, alle emotie de tijd en ruimte geven. Mensen die daarin doorslaan, kunnen bijna burn-out raken van hun eigen opvoeding. Dan willen ze zoveel voor hun kind gaan dragen dat het weer verstikkend werkt en een kind geen vrijheid kan ervaren. Ook dat is weer terug te voeren op de cirkel van veiligheid (zie kader): je kunt doorslaan in de 'kom maar', of in de 'toe maar', de uitdaging is het zoeken van de balans tussen die twee. De cirkel van veiligheid herhaalt zich steeds weer, de hele schoolleeftijd, maar ook in het volwassen leven. Als er spanning is, of als we iets nieuws aangaan, of er stress is, is het fijn als er iemand is die even voor je kan zorgen, iemand die bevestigt dat je op hem of haar kunt vertrouwen. Tot je het zelf weer aandurft, genoeg vertrouwen hebt om zelf de wereld weer in te gaan."

Kun je het jezelf geven?

Het is een natuurlijke zoektocht van ouders bij elk individueel kind opnieuw: wat zijn de behoeften? Het zijn kansen om in dat opvoedingsstuk iets te leren over jezelf. Daarin kun je ook delen van je eigen gevoel loslaten of helen. Ouders zijn vaak streng voor zichzelf, de boeken met opvoedtips zijn niet voor niets zo populair. Maar tips over hoe specifiek jíj het kunt doen in je opvoeding, haal je vooral uit zelfkennis. Heb je inzicht in je eigen opvoeding? En hoe is de verbinding met jezelf? Als je geen goede verbinding met jezelf hebt, kun je je ook niet goed verbinden met anderen. Pas als je durft te kijken naar hoe veilig je zelf bent gehecht, kun je zien of je in oude patronen stapt, je eigen behoeften aan het vervullen bent of echt handelt naar de behoeften van je kind. Dus voel je een patroon? Zie het als een kans, zie het als een mogelijkheid het patroon, dat misschien al generaties doorgegeven wordt, te doorbreken voor je kinderen last krijgen van dezelfde stem. Stap één is bewustwording; hoe ben jij opgevoed? Hoe voelde jij je als kind? Waar is er tekort geschoten in jouw grootbrenging en kun je dat nu, jezelf nog geven? Als je je eigen innerlijk kind koestert namelijk, zal je zachter en begripvoller worden naar alle kinderen. Elk moment is goed om te beginnen met zo'n zelfonderzoek. Het is nooit te laat om de gevoelens van je kind (of jezelf) serieus te gaan nemen - dat werkt helend op alle leeftijden. Je bent nooit te oud om te leren dansen.

Oefeningen in verbinding

Lonneke: "Het opgroeien gaat in fases. Van voelen, de basisveiligheid in de eerste drie maanden, naar toevertrouwen van drie tot 9 maanden, naar zelfvertrouwen van 9 maanden tot 2,5 jaar, naar zelfstandig de omgeving ontdekken van 2,5 tot 5 jaar en creatief, zelf problemen oplossen vanaf 5 jaar. Bij al deze fases kun je oefeningen doen om de verbinding te versterken. Alle spelletjes van Sherborne vallen in een categorie van zorgen voor, samenzijn of kracht spelletjes. Je kunt zelf inschatten waar een kind behoefte aan heeft: ontspannen gewiegd worden, samen iets doen of wil ie juist zijn woede of frustratie kwijt in een krachtspel. Het gaat allemaal om het reguleren en kalmeren van het centraal zenuwstelsel.

SAMENZIJN

- **Wiegen & losbreken - ga op de grond zitten en neem je kind in je armen met z'n rug tegen je aan, wieg hem met je amen om hem heen. Als ie er klaar voor is, mag-ie zich proberen los te breken uit het huisje.**
- **Aapje op je rug - ga op handen en knieën zitten en neem je kind op je rug. Beweeg rustig heen en weer, voel zelf wat prettg is.**
- **Tunneltje - Je staat op handen en knieën en nu moet je kind onder het bruggetje door kruipen. Papa en mama kunnen ook samen een brug maken.**

ZORGEN VOOR

- **Inpakken en uitpakken - wikkel je kind stevig in een deken en pak hem ook weer rustig uit. Benoem steeds wat je hebt uitgepakt en hoe blij je ermee bent.**
- **Slepen op de deken - laat je kind op een deken liggen en sleep het voort, vanaf hoofd of voeten, wat het zelf prettig vindt.**

KRACHT

- **De rots - vraag het kind opgekruld op de grond te gaan liggen, als een rots. Duw tegen hem aan om zijn eigen stevigheid te laten ervaren.**
- **Duwen - ga rug aan rug zitten, zet beiden de voeten op de grond en probeer elkaar weg te duwen.**

Hallo nieuwe dag

Wie vrolijk is in de morgen, die lacht de hele dag - deze zin uit een bekend kinderliedje is waar: als je de dag positief begint, ben je de rest van de dag energiek en vrolijk. Vijf rituelen om de dag samen blij te starten.

Als je je ochtend goed begint, heb je daar de hele dag plezier van. En het is een mooi moment om samen te zijn. Ondanks dat er van alles 'moet': opstaan, aankleden, tandenpoetsen... De kunst is om uit het 'ochtendspits-gevoel' te blijven. En zeker in de ochtend geldt: een goede voorbereiding is het halve werk. Dat zit 'm vaak in simpele dingen die 's avonds geen tijd lijken te kosten maar 's morgens alleen maar ophouden. Zo kun je met de kinderen alvast de kleren klaarleggen. Je kunt voor zover mogelijk de broodtrommel voorbereiden - fruit, tomaatjes en een koek kun je vast klaarleggen. Fietssleutels op een vaste plek, misschien heb je de ontbijttafel al gedekt: het zorgt ervoor dat de ochtend soepeler verloopt en je meer quality time hebt samen. En als je in je achterhoofd houdt dat het niet perfect hoeft, je overal iets van kunt leren en de humor ervan in blijft zien, wordt opstaan nog leuk ook.

Het gouden kwartier

De gouden tip blijft: sta een kwartier eerder op. Zo heb je overal net iets meer tijd voor, of juist een kwartier helemaal voor jezelf, om te mediteren bijvoorbeeld - dé manier om je dag stressvrij te starten. Je kunt ook afspreken met elkaar tot een bepaalde tijd stil te zijn, dat iedereen even op zijn eigen manier op kan starten voor de dag echt begint. De een vindt het misschien lekker om nog even in bed te liggen, de ander wil even snel de krant lezen, nog iets voorbereiden voor school of werk of wat yoga doen.

Door daarna gezamenlijk iets te doen creëer je een gevoel van verbinding. Je kunt er op elk moment mee beginnen en iets wat je één keer per week doet, is ook een ritueel. Kijk wat er bij je gezin past, wat jullie allemaal leuk vinden. Het maakt je gezin steviger en de band dieper.

Vertel me je dromen

Dromen zijn boodschappen van je onbewuste. Een droom kan je veel vertellen – maar helaas is het niet iedereen gegeven om ze te onthouden. Dat is te trainen en de beste manier daarvoor is om een notitieboekje naast je bed te leggen en ze op te schrijven zodra je wakker wordt. Schrijf eerst je eigen droom op en vraag de kinderen bij het wekken naar hun belevenissen van die nacht. Grote kans dat er veel fantasie uitkomt, maar dat kan ook gezellig zijn. Maak er een gezellig moment van, met een speciaal opschrijfboekje voor ieder gezinslid, waar je dan je dromen in krabbelt en samen filosofeert over de betekenis.

Vata (lucht)

GRANEN: **haver, rijst of tarwe**
FRUIT: **abrikozen, bananen, bessen, perziken, sinaasappelen, dadels en vijgen**
NOTEN EN ZADEN: **allemaal acceptabel, vooral amandelen**
KRUIDEN: **anijs, gember, kaneel, kardemom**

Pitta (vuur)

GRANEN: **gerst, haver, tarwe, witte rijst**
FRUIT: **appel, druiven, pruimen, peren, rozijnen, sinaasappels, vijgen**
NOTEN EN ZADEN: **kokos, pompoenpitten, zonnebloempitten**
KRUIDEN: **kaneel, kardemom, kurkuma (kleine hoeveelheden)**

Kapha (aarde)

GRANEN: **boekweit, gerst, gierst, mais, quinoa**
FRUIT: **appel, abrikozen, granaatappel, peren, cranberries, alle gedroogde vruchten**
NOTEN EN ZADEN: **pompoenpitten, zonnebloempitten**
KRUIDEN: **alle, gember is goed voor de spijsvertering**

Op pagina 228 vind je meer informatie over ayurveda en de dosha's, met recepten.

Mindful ontbijten

Ontbijt als een keizer, lunch als een koning en dineer als een bedelaar – is een bekend gezegde. Als je je ontbijtritueel tijd en aandacht geeft, bouw je energie op voor de hele dag. Maar hoe stel je iedereen tevreden aan tafel en voldoe je aan ieders behoefte? Probeer je ochtend zo in te richten dat je met elkaar aan tafel kunt zitten - zonder scherm of boek. Het kan dat iedereen 's morgens iets anders wil eten – ieder mens heeft een andere constitutie, ofwel dosha in de ayurveda. Een oplossing kan zijn om een gezonde basis van een havermoutpap en volle melk te maken en daarbij allerlei bakjes met verschillende ingrediënten op tafel te zetten, zodat iedereen zijn eigen pap kan 'versieren'. Zet wat potjes met kruiden, bakjes met noten en allerlei soorten seizoensfruit neer. Dat vinden kinderen vaak leuk om te doen en ze staan nog dichtbij hun gevoel dus kiezen waarschijnlijk ook wat ze nodig hebben – áls je geen schaaltjes hagelslag erbij zet... Als je weet welke dosha je kind heeft, kun je je ingrediënten ook daarop toespitsen. Hierboven een rijtje kalmerende ontbijt-tips per dosha.

Theepot-meditatie

Een prachtig verbindend ritueel: met z'n allen rond de theepot. De antroposofen zweren erbij. Het klinkt misschien wat ouderwets, maar een theepot in het midden van de tafel, op een theelichtje, brengt echt meteen een gezellige sfeer met zich mee. Je kunt kiezen voor een lekkere kruidenthee met een extra: yogi-tea heeft bijvoorbeeld Inner harmony, Echinacea of Heartwarming, kies elke ochtend op je intuïtie waar het gezin behoefte aan heeft. Altijd goed: een paar takjes munt in een pot met groene thee - verkoelend in de zomer - of wat schijfjes gember en sinaasappel op een satéprikker als jullie wat warmte kunnen gebruiken. Heb je een glazen theepot? Koop dan wat theebloemen en maak er een meditatief momentje van door te kijken naar het ontvouwen van de bloem. En kijk af en toe op de klok, want voor je het weet ben je zo relaxt dat je de tijd vergeet.

Ochtendwandeling (met jaszakschatten)

Een wandeling lijkt misschien beter geschikt voor het weekend, omdat je dan lekker naar een bos, park of strand kunt gaan, maar te voet naar school is ook een goed idee. Lekker even een stukje lopen na het ontbijt. Je hebt er dat extra kwartiertje misschien echt voor nodig, maar toch belangrijk om er tijd voor vrij te maken als je bedenkt dat we de rest van de dag waarschijnlijk voornamelijk zittend zullen doorbrengen. Je kunt zo'n wandeling voor kinderen extra leuk maken door 'jaszak-schatten ' te verzamelen onderweg: een gek steentje, een tak voor de hut of een mooie veer. Of leg juist iets neer voor de gelukkige vinder. Of kies een ander doel: kijk of je onderweg iets aardigs kunt doen voor iemand, tel de rode dingen die je tegenkomt en kijk bij school wie er het meeste had, stap niet op de lijntjes tussen de tegels... En neem eens een andere route, loop een stuk achteruit. Het zorgt voor een fris begin van de dag.

Vandaag is mooi

Door de dag te beginnen met een intentie, geef je focus en richting aan je dag. Een fijne houvast voor kinderen en leuk om samen te doen. Je kunt een moment nemen aan de ontbijttafel, je ogen sluiten en even voelen waar je behoefte aan hebt deze dag - en er zo ook achter komen wat er speelt bij jezelf en je kinderen: 'Ik word vandaag niet boos' of 'Ik ben vandaag vriendelijk'. Je kunt het opschrijven in een mooi boekje, ook leuk om het op de krijtmuur te schrijven of een papieren placemat zodat je er 's avonds op terug kunt komen: is het gelukt om je eraan te houden vandaag? En als het niet lukte: hoe had je het anders kunnen doen? Dat kun je dan weer onthouden voor een volgende keer. Ook mooi: kies een thema met het gezin, of een deugd. Dankbaarheid, vertrouwen, geduld, behulpzaamheid. Dat kan voor de dag, maar ook voor een week. Meteen een mooi gespreksonderwerp tijdens het diner: hoe heb jij er invulling aan gegeven? Je kunt ook een schaaltje 'eigenwijsjes' op tafel zetten, kinderkaartjes waarop een spreuk staat die je mee de dag in kunt nemen. 'Ik mag om hulp vragen' of 'Ik zeg wat ik voel'. Dat vergroot het bewustzijn en het leert je veel over jezelf.

Hoe doe je het als gezin?

Het ene moment ben je een modelgezin dat in balans is en waar iedereen vrolijk is, het andere moment loopt alles stroef en weet je niet precies waarom. Dat ligt aan de gezinsdynamiek. Wat gebeurt er dan eigenlijk, en welke rol heb je daarin?

Gezinsdynamiek betreft de manier waarop jullie binnen het gezin op elkaar reageren. De kern zit in het woordje 'dynamiek'. Het is continu in beweging. Hoe het loopt tussen jullie, hangt af van de karakters, van wat er op een dag gebeurt en van je humeur. En dan zijn er nog dingen waarvan je je niet eens bewust bent - wat je van huis uit hebt meegekregen, bijvoorbeeld. Het is aanleiding om na te denken over waar je vandaan komt, je vanzelfsprekendheden opnieuw te overwegen. En te bepalen: wat wíl ik in mijn gezin? Hoe wordt het een plek waar we graag zijn en ons veilig voelen? Erover praten helpt om er grip op te krijgen. Als je wéét waarom iemand reageert zoals ie doet, kun je het ook beter hebben. En kun je elkaar helpen. Een betere leerschool voor het leven is er niet.

HET BELANG VAN EEN EIGEN PLEK IN HET GEHEEL

'Richt je op de dingen die goed gaan'

De wisselwerking tussen ouders en kinderen is een geweldige leerschool, vindt gezinspsycholoog Jolijn Monteiro. Ze adviseert om je kind te laten meedenken over hoe jullie kunnen zorgen voor een fijne sfeer.

'Gezinsdynamiek' klinkt alsof het voortdurend verandert.

"Dat is ook zo. Voordat je aan kinderen begint, heb je een bepaalde wisselwerking met z'n tweeën. Als je samen een kind krijgt, verandert het al, want dan ben jij niet langer het middelpunt, maar krijgt de baby ineens voorrang. Als er dan nog meer kinderen komen, vragen die allemaal op hun eigen manier aandacht. Bovendien verandert de onderlinge band tussen kinderen ook continu. Een middelste kind trekt bijvoorbeeld soms wat meer naar de oudste en dan weer naar de jongste.

Maar gezinsdynamiek heeft ook te maken met je eigen opvoeding en de dingen die je onbewust van je ouders hebt overgenomen. Je kunt het met kleuren vergelijken: als jij blauw bent, en je partner geel, dan word je samen een groen gezin. Dat het zo veranderlijk is, maakt het interessant maar ook ingewikkeld. De dynamiek in een gezin is in elk geval een geweldige leerschool. Je leert je standpunt verwoorden, grenzen aangeven, zeggen wat je wilt. Wisselwerking tussen mensen heb je overal en een gezin is misschien wel de beste plek om ermee om te leren gaan. In een gezin heb je ruimte om te oefenen en van elkaar te leren. Het is een veilige situatie, en in een veilige situatie leer je het meest."

Je herkent gezinsdynamiek vaak op momenten dat het niet goed gaat. Zoals in de tijd van corona, als je ineens allemaal thuis bent. Best lastig om dan de sfeer goed te houden.

"Zo'n situatie vraagt ook veel, het is normaal als het dan even niet zo lekker loopt. Daarom is het dan nog honderd keer belangrijker om je van die dynamiek bewust te zijn en er met elkaar over te praten, ook met je kind of je partner apart. Als je het kunt benoemen, scheelt dat al. Gezinsdynamiek gaat over vragen als 'Hoe loopt het nu?' 'Hoe dóen wij dit, als gezin?' En ook: 'Wat vind jij fijn, wat heb je nodig, hoe geef je je grenzen aan?' Het is ook belangrijk dat elk gezinslid de ruimte heeft om even níet zo lekker in zijn of haar vel te zitten. Dat je je gesteund voelt, juist in een lastige situatie, en dat je kunt aangeven wat je op zo'n moment nodig hebt, bijvoorbeeld een avond sporten, of juist even alleen zijn. Het gaat erom dat je in het gezin allemaal je eigen plek in mag nemen, en dat dat een plek is waar je je fijn voelt. En dat je het kunt zéggen als je je niet op je plek voelt en dat jullie dan samen een oplossing zoeken. En als een oplossing er gewoon even niet is, zoals in het geval van corona, dat je dat erkent en wel rekening houdt met elkaar."

En als het echt even niet lukt?

"De kunst is dan om een stap terug te doen en van een afstandje te kijken: wat gebéurt hier eigenlijk, en welke rol heb ik daarin? Als ik zus of zo reageer, hoe reageert de ander dan? Wat is handig? Kan ik misschien anders reageren?' Maar dat is ook lastig, hoor. Als een kind bijvoorbeeld snel boos wordt, of als je kinderen onderling steeds ruzie hebben, zit je er zo middenin dat je bijna niet meer ziet wat er aan de hand is. En misschien snap je ook je eigen gedrag niet en zit je vast in een patroon waarvan je niet weet waar het vandaan komt. Dat kan ook te maken hebben met dingen waarvan je je niet bewust bent, bijvoorbeeld de verwachtingen die je van huis uit hebt meegekregen. Dan kan het fijn zijn om iemand van buiten erbij te halen, bijvoorbeeld een gezinscoach. Dan kun je samen met een helikoptervisie kijken naar wat er nu eigenlijk gebeurt."

Wat kun je doen om de dynamiek in je gezin een positief zetje te geven?
"Richt je vooral op de dingen die goed gaan. Bijvoorbeeld als het lukt om de sfeer goed te houden, terwijl iedereen moe is. Doe aan tafel tijdens het eten een complimentenrondje, waarin je dat soort dingen benoemt. Kijk dan ook hóe het jullie is gelukt. Het is fijn om te weten wanneer het goed gaat, dat stop je in je rugzak voor momenten dat het moeilijk is.
Hou regelmatig een gezinsvergadering, niet alleen om de planning van de week door te praten, maar ook om te overleggen hoe het gaat. Op die manier maak je gezinsdynamiek bespreekbaar en leer je kinderen ook om aan te geven hoe ze zich voelen en wat ze nodig hebben. Laat kinderen ook meedenken over hoe jullie kunnen zorgen voor een fijne sfeer. Bedenk: je hoeft het niet perfect te doen, maar het is wel fijn als je samen een oplossing kunt zoeken. Het gaat erom dat je elkaar de ruimte geeft, elkaar regelmatig vraagt hoe het gaat en open staat voor een gesprek."

DE VOLGORDE IN HET GEZIN

De oudste is verantwoordelijk, de middelste sociaal, het jongste onbezorgd. En enig kinderen, tja, die zijn erg op zichzelf. Het klinkt logisch, maar zo eenvoudig ligt het niet. "Er is tussen broers en zussen eerder een soort zigzag-beweging," zegt Jolijn Monteiro. "Kinderen willen vooral anders zijn dan het kind vóór hen. Hoe anders, hangt af van hun karakter en de fase waarin ze zitten." Kinderen ontwikkelen zich snel en willen niet vastzitten in een bepaalde rol (bv 'de slimme', 'de onhandige'). En dat laatste geldt eigenlijk voor iedereen in het gezin. Ben jij áltijd degene die verantwoordelijk is, of die juist de gekke plannen maakt? Wissel dan eens van rol met je partner. Dat is het leuke van gezinsdynamiek: kijk hoe het in elkaar steekt bij jullie, en of je ermee kunt experimenteren.

NIEUWE ROLVERDELING

Tijdens de vakantie ligt de gezinsdynamiek ineens helemaal overhoop. Iedereen valt uit zijn rol, het dagritme is weg en alles gaat anders dan thuis - geen wonder dat iedereen de eerste dagen vaak even moet wennen. Maar het is óók een kans om te experimenteren met de rolverdeling. Gooi de boel lekker om: kinderen mogen het programma bepalen, de kaart lezen of koken.

Als ergens de gezinsdynamiek aan de oppervlakte komt, dan is het wel tijdens de maaltijd

NEEM IETS LEKKERS MEE

Aan het einde van de dag, als iedereen thuiskomt en er ook nog gekookt wordt, is het vaak hectisch. Kinderen zijn moe, iedereen heeft al een tijdje niet gegeten, en met een lege maag ben je snel prikkelbaar en ongeduldig. Niet zo raar dat het dan juist lastig is om het gezellig te houden. De Noorse opvoeddeskundige Hedvig Montgomery ('De zeven stappen naar succesvol ouderschap') geeft als praktische tip om een snack of iets zoets mee te nemen als je je kind gaat ophalen bij het kinderdagverblijf of de BSO. Een handje noten of een stukje chocola krikt de bloedsuikerspiegel op en dat doet vaak wonderen voor je humeur, én dat van je kind. Het wandelingetje naar huis is dan gezelliger en relaxter, en de avondmaaltijd ook.

GEZELLIG AAN TAFEL

Als ergens de gezinsdynamiek aan de oppervlakte komt, dan is het wel tijdens de maaltijd. Daar komt van alles naar voren wat je zélf van huis uit meekreeg over samen eten. Moet een kind per se z'n bord leegeten? Mag het aan tafel een tikje chaotisch zijn, of moet het eten juist gestructureerd en rustig verlopen? Moeten de kinderen de hele maaltijd aan tafel blijven zitten, of mogen ze gaan spelen terwijl jullie natafelen? Vier tips voor een gezellige dynamiek-aan-tafel.

1. Begin geen machtsstrijd over of de kinderen hun borden moeten leegeten. De sfeer aan tafel is belangrijker.
2. Een prettig gesprek ontstaat door open vragen. 'Wat is je favoriete plek op school?' of 'Wat voor spelletjes doen jullie in de pauze?'
3. Eet iemand uit het gezin later? Ga er dan gezellig bij zitten.
4. Doe een complimentenrondje. Extra aandacht voor de dingen die goed gaan.

TUSSEN BROERTJES EN ZUSJES

Wat doe je als kinderen steeds ruzie maken? Vooral niet te veel mee bemoeien, adviseert Jolijn Monteiro. "Broers en zussen hebben onderling een eigen dynamiek en dat botst regelmatig. Dat geeft niet, daar leren ze van. Als het tussen kinderen even niet zo lekker gaat, kan het wel helpen om ze juist dingen sámen te laten doen. Zet ze bijvoorbeeld expres naast elkaar aan tafel. Of geef ze gezamenlijke taakjes: 'Jullie ruimen de tafel af, laat maar zien dat je het kunt.' Verwacht ook van je kinderen dat ze er samen uit kunnen komen, op hun eigen manier. Zeg gewoon 'Kijk maar hoe je eruit komt'. Dat vraagt wel iets van jou: je moet het laten gebeuren en er vertrouwen in hebben dat je kinderen het zelf op kunnen lossen. Als dat lukt, krijgen ze zelfvertrouwen, ze leren met conflicten en dynamiek om te gaan. En lukt het een keer niet, dan is dat ook niet zo erg. Hou het luchtig. Als je zegt 'Daar gáán we weer' haalt het al de kou uit de lucht."

In een samengesteld gezin is het in de basis anders

Een samengesteld gezin heeft een eigen, uitdagende dynamiek en het is slim om daar rekening mee te houden. Liefst al voordat je gaat samenwonen, zegt Karin den Hollander, die stiefouders begeleidt met coaching.

Gezinsdynamiek is normaal al ingewikkeld en veranderlijk, maar in een samengesteld gezin is het nog vele malen ingewikkelder. Karin den Hollander is de oprichter van de Stiefacademie Nederland en co-auteur van 'De mijne zijn de liefste. Dynamiek in samengestelde gezinnen.' Ze heeft meer dan tien jaar ervaring in het begeleiden van stiefouders in workshops, coaching en gespreksgroepen.
Een samengesteld gezin begint net als een 'gewoon' kerngezin met twee ouders die verliefd zijn, maar verder is de situatie fundamenteel anders, zegt ze. "Het belangrijkste verschil ligt voor de hand: een kerngezin bestaat uit ouders die samen dezelfde kinderen hebben gekregen, en die voor elkaar en de kinderen hebben gekozen. Bij een samengesteld gezin waren er twee eerdere gezinnen, die gezinnen zijn opengebroken en de resten stop je bij elkaar in een nieuwe eenheid. Er is dus altijd iets aan voorafgegaan. Of het nu een scheiding is of een overlijden, zeker vanuit het kind gezien, is er een geschiedenis van verdriet. Dat is het fundament waarop je iets nieuws bouwt."
Van twee kapotte gezinnen maak je iets nieuws en dat heeft een belangrijk gevolg voor de gezinsdynamiek: de verhoudingen liggen anders. "In een kerngezin komt je partner eerst, dan komen de kinderen erbij. In het stiefsysteem komen jouw kinderen op de eerste plaats, daarna je partner, dan de kinderen van je partner."
Nog een reden waardoor de dynamiek in een samengesteld gezin anders is: er zijn op de achtergrond nog méér mensen bij betrokken. "We hebben het daarom ook liever over een stiefsysteem dan over een stiefgezin. In het systeem spelen ook mensen een rol die niet in het huis wonen, namelijk de ex-partners. Accepteren de exen dat er een nieuwe partner is, bijvoorbeeld? Ook als een partner overleden is, heeft die een plek in het systeem. Vanwege de rouw, maar ook in de tradities die er waren, bijvoorbeeld hoe jullie verjaardagen of feestdagen vierden."

Topsport

Als een gezin topsport is, dan is een samengesteld gezin zoiets als meedoen aan de Olympische Spelen, op álle onderdelen. De dynamiek komt bijvoorbeeld onder druk te staan als een nieuwe partner per se op de eerste plaats wil staan. Of als je als bonusouder te veel je best doet om het gezellig te maken, en je raakt teleurgesteld omdat de kinderen van je partner dat helemaal niet waarderen. En dan is er nog je eigen proces, waarin je, bijvoorbeeld, afscheid moet nemen van het idee dat je met je grote liefde alles voor het eerst sámen zou doen.
Hoe verliefd je ook bent op je nieuwe partner, het is slim om er rekening mee te houden dat het een uitdaging is. Je kunt warmte toevoegen en een familie-achtig gevoel creëren en het kan er heel gezellig uitzien, maar achter de schermen gaat het niet vanzelf goed. "Ga in elk geval niet te snel samenwonen,"

adviseert Karin den Hollander dan ook. "Zeker niet als er pubers bij betrokken zijn. Die zijn van nature opstandig en willen zich losmaken. En dan wil jij gezellig iedereen met elkaar verbinden, dan maak je het jezelf echt moeilijk." Lachend: "Maar ja, als je verliefd bent, wil je dat helemaal niet horen. Dan denk je: maar bij óns gaat het wel goed!''
Wat kun je doen om de gezinsdynamiek te helpen? Wees om te beginnen eerlijk: een samengestelde unit wordt nooit hetzelfde als een gewoon gezin, al doe je nog zo je best. Lukt het om dat te erkennen en te accepteren, dan kan dat ook ontspanning geven in de gezinsdynamiek en dan ben je al een heel eind. Het goede nieuws is dat er wel degelijk mooie nieuwe familie-achtige verbindingen kunnen ontstaan. "Het samengestelde gezin vraagt veel, maar je leert ook veel. Het heeft een dynamiek waarin je ook zelf kunt groeien en het is een geweldige boost in je persoonlijke ontwikkeling als het lukt."

TIPS

VOOR SAMENGESTELDE GEZINNEN

Durf toe te geven dat het ingewikkeld is
Karin den Hollander: "Het helpt al enorm als je zegt: 'Wij zijn twee opengebroken gezinnen, bij dit deel hoort de vader, bij dit deel hoort de moeder.' Als je het zo kunt zien, geeft dat rust. Je hoeft niet meer aan een ideaalplaatje te voldoen."

ONTSPAN

Minder hard je best doen, zorgt voor ontspanning in de dynamiek. "Je hoeft niet altijd alles met de hele groep te doen. Breng ook tijd door met alleen je eigen kinderen, of ga één op één iets doen met je stiefkind. Een wandeling, of even winkelen."

DOE EVENTUEEL EEN STAP TERUG

Lukt het echt niet? Je kunt er altijd ook voor kiezen om toch weer een tijdje apart te gaan wonen, bijvoorbeeld tot de kinderen het huis uit zijn. "Je kunt een hele fijne relatie hebben, ook als je in twee huizen woont. Dat wil niet zeggen dat het mislukt is, integendeel, het kan juist een heel krachtig besluit zijn waar iedereen wel bij vaart."

Familieopstellingen

Niet alleen bij samengestelde gezinnen zijn er mensen op de achtergrond die invloed hebben op de sfeer, wat er gebeurt en hoe je tegenover elkaar staat. In álle gezinnen speelt bijvoorbeeld het gezin waar je uit komt een rol. Hoe ging het bij jullie thuis vroeger? Hoe sta jij tegenover je ouders, je broers en zussen? Welke plek nam je in, in het gezin? Bij familieopstellingen maak je die verhoudingen zichtbaar door mensen (of poppetjes) in een ruimte op te stellen op een manier zoals jij voelt dat de familieverhoudingen waren, en samen met een coach inzichtelijk te krijgen hoe dat precies zat en welke invloed dat had op de gezinsdynamiek.

Dynamiek-boosters

- **Is je partner op reis? Maak er dan een paar extra leuke dagen van. Pannenkoeken eten, iets langer opblijven of gezellig bij elkaar in het grote bed slapen.**
- **Schiet zelf eens uit je rol. Doe alsof je iets niet snapt, zodat je kind jóu alles uit moet leggen. Lach op een moment dat je kind denkt dat je boos zal worden.**
- **Laat de boel de boel en ga pardoes iets leuks doen.**

'Blijf mild voor jezelf en zoek ontspanning'

Marianne Versaevel ondersteunt als coach gezinnen die te maken hebben met een chronische aandoening bij een van de kinderen. Dat beïnvloedt de dynamiek op verschillende manieren. Zelf is ze ervaringsdeskundige, daarover schreef ze 'Met een hart vol liefde'.

Wat gebeurt er met de dynamiek als een kind extra aandacht nodig heeft?

"De dynamiek in je gezin is van veel dingen afhankelijk, bijvoorbeeld je karakter, je temperament, je relatie. Als je dan een heftige periode doormaakt, bijvoorbeeld omdat een kind ernstig ziek is, beïnvloedt dat de dynamiek op verschillende manieren. Om te beginnen worden dingen uitvergroot. Toen mijn zoon zijn laatste hartoperatie kreeg, moesten we in het ziekenhuis bijvoorbeeld voorzichtig om hem heen manoeuvreren. Nu zijn mijn man en ik allebei redelijk beschermend, maar nu werden we echt héél beschermend, en dat bleven we ook toen het eigenlijk niet meer nodig was. Die voorzichtigheid wordt dan een patroon dat er langzaam insluipt. Wat ook vaak speelt, is dat de andere kinderen in het gezin, de 'brusjes', er last van hebben dat er soms meer aandacht gaat naar hun zus of broer. En het heeft natuurlijk ook invloed op de wisselwerking met het kind zélf. Het is soms best moeilijk om streng te zijn tegen een kind met een aandoening, terwijl dat kind ook gewoon zijn of haar grenzen opzoekt."

Wat kun je doen?

"Blijf mild, ook voor jezelf. Dat je soms in een patroon terechtkomt, is echt niet zo erg, maar het is wel goed om je ervan bewust te zijn. Dus neem af en toe een stapje terug en probeer te zíen wat er aan de hand is. Het is begrijpelijk dat je beschermend bent als je kind ziek is, maar helpt het de situatie nú? Het belangrijkste is: blijf praten. Met je partner en ook met je kinderen. Het is logisch dat er veel aandacht naar het zieke kind gaat, maar geef de andere kinderen dan af en toe ook wat extra aandacht. Doe bijvoorbeeld samen een klusje in de tuin of bak een cake - het programma 'Taarten van Abel' is niet voor niets zo'n mooi programma, terwijl je bezig bent heeft het kind ruimte om zijn of haar verhaal te doen. Die kleine momentjes, een op een, zijn vaak al genoeg om een kind het gevoel te geven 'Ik ben óók belangrijk'."

En voor jezelf?

"Zeker als er veel extra dingen op je bord liggen, is het belangrijk om tijd in te ruimen voor dingen die je graag doet en waar je door ontspant. Bijvoorbeeld een cursus, sporten, of bijpraten met vriendinnen. Het kan ook helpen om lotgenoten te treffen. Dat woord klinkt zwaar, maar het is fijn om te praten met mensen in dezelfde situatie. Merken dat je niet de enige bent, dat iedereen soms een lastige dynamiek heeft. De andere kant is dat het de band tussen broers en zussen juist kan versterken en voor een extra wij-gevoel kan zorgen. Volwassen brussen die terugkijken op hun jeugd, misten vaak mensen om hen heen die expliciet vroegen 'Hoe is het met jóu?', maar ze willen voor geen goud ruilen. Ze zijn dól op hun broer of zus. De band tussen kinderen is vaak heel sterk. Misschien wel sterker dan in andere gezinnen."

Het verschil tussen papa & mama

Yin & yang in de opvoeding

Een kind groeit op met een strenge, doch rechtvaardige vader en een lieve, warme moeder. Dat beeld is inmiddels wel achterhaald. Sterker nog, de kwaliteiten die van oudsher aan vaders werden toegeschreven worden nu minder gewaardeerd en de vrouwelijke energie is dominant geworden in de opvoeding. De vraag is of dat terecht is.

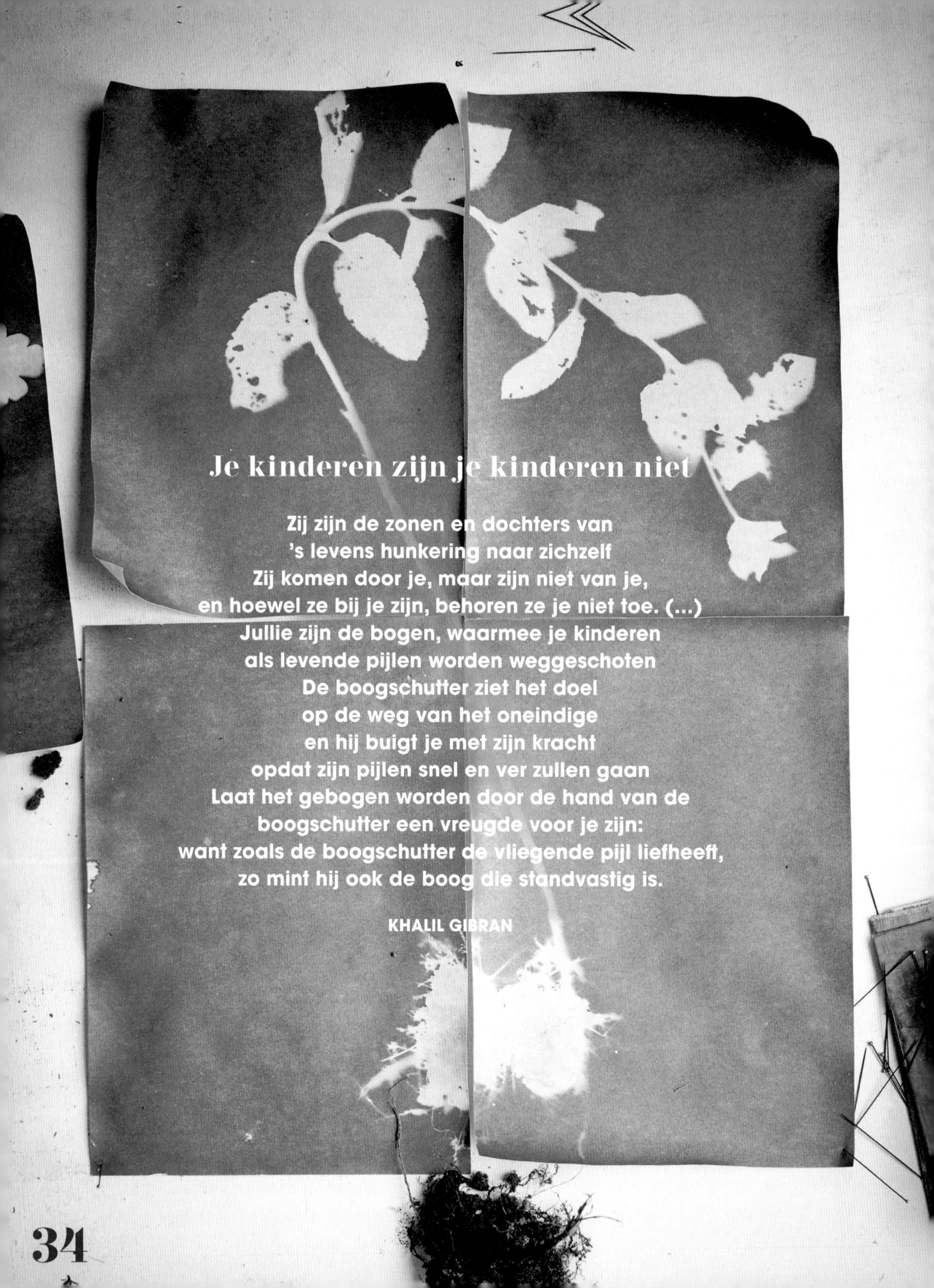

Je kinderen zijn je kinderen niet

Zij zijn de zonen en dochters van
's levens hunkering naar zichzelf
Zij komen door je, maar zijn niet van je,
en hoewel ze bij je zijn, behoren ze je niet toe. (...)
Jullie zijn de bogen, waarmee je kinderen
als levende pijlen worden weggeschoten
De boogschutter ziet het doel
op de weg van het oneindige
en hij buigt je met zijn kracht
opdat zijn pijlen snel en ver zullen gaan
Laat het gebogen worden door de hand van de
boogschutter een vreugde voor je zijn:
want zoals de boogschutter de vliegende pijl liefheeft,
zo mint hij ook de boog die standvastig is.

KHALIL GIBRAN

De mysticus Khalil Gibran schreef de woorden op de vorige pagina in zijn boek 'De Profeet', dat wereldwijd wordt gelezen. Deze specifieke woorden worden vaak geciteerd op geboortekaartjes. Maar ze in de praktijk brengen is weer een ander verhaal. Want het is best moeilijk om je kinderen werkelijk los te laten in de wereld, ze hun eigen problemen te laten oplossen en obstakels te laten nemen. In plaats van boogschieters zijn we steeds meer *curling* ouders - misschien betrap je jezelf er ook weleens op dat je de weg glad veegt voor je kind; toch nog even dat huiswerk zelf maakt, op de voetbaltrainer afstapt of een afwijzing wegmoffelt voor je kind zodat het er niet mee geconfronteerd wordt.
Het is verleidelijk om je kinderen in bescherming te nemen en er zoveel mogelijk voor te zorgen dat het leven voor hen vlekkeloos verloopt en dat ze voor altijd gelukkig en gezond zullen zijn. Maar helaas is dat niet de aard van het leven. Het leven zit even vol uitdaging en tegenslag als het vol zit van liefde en plezier. En in een evenwichtige opvoeding zul je je kind ook moeten voorbereiden op de moeilijke momenten en de donkere stukken van het leven.

Evenwicht

De vliegende pijl die Khalil Gibran beschrijft, is het deel van de opvoeding waarbij je je kind de wereld in stuurt om zijn eigen ervaringen op te doen, ook al boezemt je dat angst in. Van oudsher is het de rol van de vader om dit te doen, dat kom je tegen in tal van sprookjes en verhalen en misschien was het bij jou thuis ook nog wel zo: in de oervorm van het gezin groeit een kind op met een standvastige vader en een lieve moeder, die samen bijdragen aan een evenwichtige opvoeding. Ze geven het beste van wat ze te bieden hebben vanuit hun mannelijke en vrouwelijke kwaliteiten.
Maar in de praktijk van het moderne leven is het anders. Niet alleen omdat heel veel kinderen opgroeien in één-ouder-gezinnen of omdat er veel meer vrouwen in de kinderopvang en het onderwijs werken, maar ook omdat mannelijke - en vrouwelijke energie helemaal niet verbonden hoeft te zijn met een vader en een moeder als opvoeder. Net als yin en yang zit de mannelijke en de vrouwelijke energie in ons allemaal, ze zijn diep met elkaar verbonden en zorgen ervoor dat we als mens evenwichtig de wereld tegemoet kunnen treden. Toch is er ergens het maatschappelijke idee ontstaan dat de kwaliteiten van de vrouwelijke energie het meest geschikt is voor kinderen en is deze daarom dominant geworden in de opvoeding.
De warme, koesterende, beschermende energie die het kind laat opgroeien in de luwte van de wereld, zoals je een kiemplantje beschermt voor hagel en storm zodat het uit kan groeien tot een mooie stevige plant. Zo zou je je kind misschien het liefst beschermen voor de woeste kanten van de wereld. Maar veel kinderen zijn juist op zoek naar grenzen, naar de spannende dingen, naar de uitdaging, omdat ze instinctief weten dat de wereld een plek is die niet alleen maar prettig en veilig is. Kinderen willen leren hoe ze zich moeten voorbereiden op het echte leven buiten de bescherming van het gezin. Maar die naar buiten gekeerde energie wordt vaak de kop in gedrukt en gezien als onveilig of onwenselijk, zeker als een kind veel rustig binnen moet zitten, zoals in een klaslokaal.

Uitbreken en verkennen

Het is mooi om kinderen te benaderen met eerbied voor wie ze zijn, om het voor ze op te nemen, hun mening te respecteren en ze de mogelijkheid te geven zich te ontwikkelen zonder de moeilijkheden van alledag, maar zoals met alles in de menselijke ervaring vragen kinderen ook hier om evenwicht. Ze voelen aan alles dat het ook de bedoeling is dat we de wereld in gaan, of dat nu belletje-trekkend of alleen naar school fietsend is. Of doordat ze de gelegenheid krijgen een ruzie zelf te beslechten of zelf moeilijkheden te overwinnen. Gibran beschrijft de mannelijke energie in de opvoeding treffend als de boog die het kind wegschiet. Dit is de energie die doelgericht is en wil uitbreken, verkennen en concurreren. Het is het avontuur het verlangen iemand te worden die groot en stevig staat en karakter heeft. Het zijn de regels die niet altijd makkelijk of leuk zijn, maar wel rechtvaardig. De boog van Gibran is een ode aan de mannelijke energie in de opvoeding.

Traditionele rollen

Frank Koerselman (72) is psychiater en beschrijft in zijn boek 'Ontvadering' de gevolgen van wat hij 'het einde van de mannelijke autoriteit' noemt. 'Sinds onze wereld is overgenomen door machines, is de mannelijke kracht overbodig geworden,' schrijft hij. 'Daarmee zijn traditioneel mannelijke deugden zoals flinkheid, vastberadenheid, zelfbeheersing en moed naar de achtergrond verdwenen en worden vrouwelijke waarden als inclusiviteit en egalitarisme meer gewaardeerd.' Volgens Koerselman is de vader in het klassieke oergezin de persoon die het kind naar buiten toe begeleidt, die eisen stelt en streng is. Dat gaat gepaard met uitdagen en afremmen, met kritiek en lof, met solidariteit en competitie. 'De vader leert zijn kind verantwoordelijk te zijn in de zin van moedig én verstandig, van strijdbaar én beheerst. De moeder vangt het kind op als het huilend terugkomt van die confrontatie.'
Als je teruggaat naar de traditionele rollen van man en vrouw dan is er inderdaad de vrouwelijke rol die verzorgt en veiligheid en geborgenheid biedt. En er is de mannelijke rol die maatschappelijke verwachtingen heeft van het kind om moedig te zijn en dingen tot stand te brengen in de wereld. Het klinkt misschien erg zwart-wit, maar het mannelijke en vrouwelijke zijn niet voor niets een natuurlijk perfect evenwicht. Ook in onszelf, en ook in de opvoeding van de kinderen. Het maakt daarbij niet uit of een kind wordt opgevoed door een vader en een moeder, door twee vaders, twee moeders of een moeder en een oma, als er maar wordt gezocht naar balans tussen beschermen en de wereld insturen.
Als moderne ouder ben je liever een vriend van je kind en laat je het 't liefst zo vrij mogelijk. Maar eisen stellen hoort ook bij de opvoeding. Achterhaald is de ouder die zijn wil oplegt. Die veeleisend is en altijd gelijk heeft. Die regels niet uitlegt, en geen rekening houdt met de gevoelen of wensen van het kind. Van nu is de ouder met gezonde autoriteit, die een kind juist aanspreekt op zijn verantwoordelijkheden en het leert wat grenzen zijn.
Lois Eijgenraam is gespecialiseerd in vroege en voorschoolse educatie en schrijft in haar boek 'Liefdevolle begrenzing': 'Ouders in een evenwichtige opvoeding (...) hebben duidelijke regels en normen die passen bij de leeftijd van het kind, met sancties als deze niet worden nagekomen. 'Er is geen toetje als het andere eten niet wordt opgegeten'. Zowel de ouders als de kinderen hebben rechten, de ouders erkennen deze rechten en passen ze per situatie toe. 'Als jij speelt, lees ik de krant. Daarna drinken we samen een kopje thee.'
Dit is een simpele vorm van het kind uitdagen én bescherming bieden. Je kind krijgt vanuit het mannelijke domein de verantwoordelijkheid voor de situatie: het bord leeg eten, zelf even spelen, en vervolgens de liefdevolle omhulling vanuit de vrouwelijke energie: gezellig samenzijn en een kopje thee of toetje nuttigen samen. Lois Eijgenraam schrijft dat opvoeders met een evenwichtige opvoedingsstijl een kind geborgenheid, steun, veiligheid en betrokkenheid bieden. Het kind heeft vrijheid, maar mag niet alles zelf uitzoeken. Door regels leert het wat eerlijk zijn is, wat trots zijn is en wat gezelligheid is.

Binnen- en buitenwereld

Uitdagen en bescherming bieden - dat wil elke ouder toch? Maar wat is het vaak lastig in de praktijk. Want het vraagt om discipline, betrokkenheid en geduld om een routine te creëren en kinderen bij te brengen waarom in het gezin bepaalde dingen gaan zoals ze gaan en zich daarin te voegen. En dat vraagt betrokkenheid en aandacht, tijdrovende zaken die vaak maar moeilijk zijn in te passen in het drukke moderne leven. Dan is het soms makkelijker om je kind alleen te laten spelen tot het om aandacht komt zeuren, of om dat onaangeroerde bord eten in de afvalbak te schuiven en het met een toetje voor de tv te zetten. Maar volgens Koerselman is het juist de mannelijke energie die de band met het kind sterker maakt en het zich thuis laat voelen bij de heersende waarden en normen in het huis. 'De vader is degene die eisen stelt aan het kind en verwachtingen heeft. Hij is streng in theorie, maar mild in de praktijk.' Koerselmans kijk op de vaderlijke rol - of mannelijke energie - spreekt de moderne ouder wellicht niet meer zo aan, maar ook al wil je diep in je hart je kind liever beschermen dan het 'buiten te laten spelen', die buitenwereld maakt deel uit van de werkelijkheid waarin het leeft. En in die buitenwereld word je lang niet altijd geaccepteerd zoals je bent. Je moet er je plek bevechten en je mannetje staan. Je wordt er aangesproken op waarden en deugden. Je moet dan moedig én verstandig zijn, strijdvaardig én vriendelijk. Voor het kind dat we - ook als we volwassen zijn - toch blijven, staan moeder en vader symbool voor de twee kanten die je in jezelf voelt. De behoefte aan geborgenheid en warmte én de drang om je een plek te verwerven in de wereld, om te laten zien wie je bent als mens. Je leert leven met die ambivalentie en beweegt heen en weer van veiligheid naar uitdaging. En zo is het ook met je kind. Zonder autoriteit is er geen gezag. Het is moeilijk om je te leren aanpassen aan omstandigheden waar je zelf geen zeggenschap over hebt als je niet hebt geleerd om te concurreren of wanneer je in je opvoeding niet hebt gevoeld dat er 'vaderlijke' verwachtingen waren waaraan je moest voldoen. Gezonde eisen, uitdaging en af en toe een rechtvaardige berisping geeft je kind de mogelijkheid om tijdig zijn potenties en beperkingen te leren kennen en daar het beste van te maken. En met de zekerheid dat je altijd kunt terugkeren naar de veilige armen van je moeder om bij te komen en je op te laden voor een nieuwe confrontatie met de wereld.

Moed en troost

Dit perspectief werpt een ander licht op de woorden van Khalil Gibran. Ze laten de moed zien van zowel de boogschieter als de pijl, van zowel de vader als het kind. Het is eng om je kind de wereld in te 'schieten' en het is eng om de wereld in 'geschoten' te worden. Maar door de liefde die ze voor elkaar voelen en de warme band die er is, juist door de vastberadenheid en standvastigheid van de boogschutter, is er het diepe vertrouwen dat de pijl zijn doel zal raken.

Ten slotte nog deze anekdote uit het boek van Frank Koerselman over mannelijke en vrouwelijke energie: 'Mijn vrouw en ik zaten een tijd geleden in Parijs in een parkje waar veel kinderen spelen en de ouders opletten vanaf de kant. Soms maken die kinderen ruzie, er wordt geschopt en geslagen en dan rent zo'n kind naar zijn moeder om zich te laten troosten, precies wat een moeder hoort te doen. Naast ons zat een opa van een jongetje dat ontzettend werd gepest door een ander jongetje, en op een gegeven moment kwam zijn kleinzoon huilend naar hem toe. En wat deed de opa? Die troostte hem niet maar draaide hem om in de richting van het andere kind en zei resoluut: *defends toi.* Verdedig je. Nou, dacht ik, dát is nou precies wat ik bedoel.'

Over broertjes & zusjes

Het is de langst durende relatie in een leven: die tussen broers en zussen. En dan maakt het ook nog uit of ze ouder zijn of jonger, jongen of meisje - het heeft allemaal invloed, een heel leven lang. Want tussen hen vinden de grootste ruzies plaats, maar ook de grootste leerprocessen. Een verhaal over broertjes en zusjes, voor ouders.

De zesjarige Malia schudt keurig de hand van vicepresident Cheney, terwijl haar driejarige zusje Sasha hem vrolijk rondhuppelend een high-five geeft. Zo herinnert Barack Obama zich in zijn memoires het gedrag van zijn dochtertjes op de dag van zijn inauguratie. Net als wij allemaal vergelijkt hij zijn kinderen met elkaar. Hij geeft de klassieke beschrijving van een oudste en jongste. Die oudste serieus, de jongste zorgeloos.

Geboortepositie

Als je psychologen ernaar vraagt, bevestigen ze het meteen: natuurlijk kijken ze naar de geboortepositie van een kind. Maar ze zijn ook voorzichtig. Er zijn nog zoveel andere factoren die de ontwikkeling van een kind beïnvloeden. Toch kun je er niet onderuit dat ieder kind in een andere gezinssituatie wordt geboren. De oudste heeft een tijdje het rijk alleen, weliswaar met ouders die alles voor het eerst doen, maar die ook voor 100% al hun liefde en aandacht aan die ene kunnen wijden. Het volgende kind mist zo'n periode, maar heeft weer een oudere broer of zus van wie het in een heleboel opzichten de kunst af kan kijken.

Leren van elkaar

Als ouder is het nooit van tevoren je bedoeling om je ene kind anders te behandelen dan je andere.

Maar als je met een pasgeboren baby in je armen staat, het eten aanbrandt en je telefoon gaat, dan ligt het voor de hand om je oudere zoontje of dochtertje op te laten nemen. Of als een jongste kind iets afpakt van de oudste, reageer je misschien met: joh, hij is nog zo klein.
In een gezin met meerdere kinderen ben jij als ouder niet de enige opvoeder. Kinderen leren ook van elkaar. In hun boek 'Broertjes & Zusjes' vertellen orthopedagoog Sheila van Berkel en ontwikkelingspsycholoog Kirsten Buist hoe broertjes en zusjes elkaars ontwikkeling op een positieve manier beïnvloeden en hoe je dit kunt stimuleren. Waarbij ruzie en jaloezie, die twee waar je als ouders niet altijd op zit te wachten, misschien zelfs van denkt dat het slecht voor ze is, net zo belangrijk zijn als lief en rustig samen spelen. Als kinderen kibbelen betekent dat niet dat ze een slechte band hebben, ze reageren op elkaar en dat is normaal.

Wat is wijsheid?

Aandacht is bij opvoeden het sleutelwoord. Natuurlijk is er ook rivaliteit. Je hebt maar één schoot, waar ze het liefst allemaal tegelijk op zitten. Tegenwoordig zal dat ook vaak lukken, omdat de meeste mensen niet meer dan twee kinderen hebben. Nog niet eens zo heel lang geleden was het in grote gezinnen volkomen vanzelfsprekend dat de jongste van de zeven kinderen vooral op de schoot zat van een ouder kind. Zo ontstond het patroon van de zorgende oudste - vaak een dochter - die ook later niet meer kan stoppen met zorgen. Ouders die zelf thuis de oudste waren, kunnen zich regelmatig teksten herinneren als 'het goede voorbeeld geven' en 'de oudste en de wijste zijn'. Wat vroeger vaak gebruikt werd om kinderen tot de orde te roepen, is in onze tijd vooral iets geworden wat je op jezelf kunt betrekken. Kinderen luisteren naar je, maar ze kijken ook vooral naar wat jij doet. Ze imiteren je gedrag. Om met de Tao Te King voor ouders te spreken: als je een wijze ouder wilt zijn, wees dan voorzichtig met wat je doet en zegt.

De kinderrij

DE OUDSTE

De bazige oudste die zich verantwoordelijk voelt voor de rest en die als eerste altijd moet onderhandelen over het tijdstip van thuiskomst bij feestjes en uitgaan. In hun boek 'Het Oudste Dochter Effect' beschrijven Wies Enthoven en Lisette Schuitemaker hoe die rol als oudste dochter hun latere leven heeft beïnvloed. Plichtsgetrouw, serieus en zorgzaam gedrag heeft ze veel gebracht, maar ze zouden het ook weleens willen doorbreken en dat valt niet mee.

DE MIDDELSTE

Worden ze thuis over het hoofd gezien? Zijn ze geneigd niet erg hun best te doen, omdat ze overschaduwd worden door een schattige jongste en een dominante oudste? Hangt rondom de oudste de mythe van verantwoordelijkheidsgevoel, van het middelste kind wordt verwacht dat het met iedereen goed overweg kan. De diplomaten die met slimme compromissen weten te komen. Zij zijn tenslotte de leraar van de jongste en de leerling van de oudste.

DE JONGSTE

De zorgeloze spring in 't veld. De grappenmakers die misschien wel kunstenaar worden of acteur, omdat ze vanuit hun positie al jong hebben geleerd om te observeren. Zijn ze spontaner, socialer, ongecompliceerder en geestiger dan de rest? Ze worden door hun oudere broers en zussen vaak benijd om hun positie, want ze kunnen er 'toch niks aan doen', ze begrijpen het gewoon nog niet helemaal omdat ze nog zo klein zijn.

EN DE VIERDE DAN?

In een gezin van vier kan de derde weer een, weliswaar andere, oudste worden.

Enig kind - elk nadeel heeft z'n voordeel

Mist een kind dat alleen opgroeit het contact met broers en zussen? Voelt het zich eenzaam of juist gezegend door al die geconcentreerde liefde? Lange tijd werd gedacht dat enig kinderen slechter af zijn dan hun door broers en zussen omringde leeftijdgenoten. Ze zouden minder sociaal opgroeien. Maar het blijkt dat wat eerst een nadeel leek - altijd met volwassenen optrekken - ook voordelen kan hebben. Enig kinderen scoren vaak hoger op intelligentietests. De input thuis is groot, ze luisteren naar volwassen conversaties, hun vocabulaire breidt zich snel uit, ze kijken meer naar volwassen tv-programma's. Waarschijnlijk eten ze vaker wat ze het lekkerst vinden en ze hoeven nooit de kleren van een oudere broer of zus aan. Ook hebben ze geen uitgeputte ouders die van het ene naar het andere kind vliegen. En er is meer geld voor de opvoeding beschikbaar, want er hoeft niets verdeeld te worden.

Natuurlijk groeit een kind in zijn eentje anders op dan wanneer er meer kinderen zijn. De druk die ze voelen kan groot zijn. Niet voor niets geven enig kinderen aan dat ze soms gek worden van ouders die voortdurend met ze bezig zijn, ze willen gewoon even met rust worden gelaten. Kindercoach Annemarie Tettero wijst erop dat onze houding ten opzichte van enig kinderen pas sinds kort anders is. Zij komt in haar praktijk nog oudere kinderen tegen die er rond hun achttiende last van krijgen. Ze hebben de neiging om zich af te zonderen. Zij zijn zich gaan gedragen naar het stempel dat ze opgedrukt kregen. Als ouder van een enige is een angstig of bezorgd gevoel over je kostbare bezit heel verklaarbaar. In dat opzicht reageren wij nog primitief: om te overleven is twee beter dan één. Wat betreft de ontwikkeling van je kind, hoef je je dus geen zorgen te maken.

Je bent een andere ouder voor ieder kind

- We gaan makkelijker om met ons tweede of derde kind, zijn relaxter. Dat is fijn, maar waar je waarschijnlijk niet aldoor bij stilstaat, is dat het ook van invloed is op hun lichamelijke ontwikkeling. Kookte je bij de eerste nog volgens het boekje regelmatig alle spenen uit, bij de tweede krijgt ie 'm met zandkorrels en al weer in zijn mond. Zo wordt de tweede eerder blootgesteld aan ziektekiemen en kan het immuunsysteem zich beter ontwikkelen. De jongste heeft minder kans op astma, eczeem en allerlei allergieën. De andere kant van onze meer ontspannen houding is dat de jongste van het begin af aan meedoet met de ijsjes en de pizza's.
- Soms kun je met het ene kind beter overweg dan met het andere, soms wisselt dat per leeftijdsfase. Het kan een kwestie van karakter zijn, misschien botsen jullie daardoor sneller. Het heeft in elk geval niets te maken met hoeveel je van je kind houdt.
- Ouders stimuleren nog altijd stoer gedrag bij jongens en sociaal gedrag bij meisjes. Jongens hebben over het algemeen de neiging agressiever te reageren dan meisjes. Meisjes stellen zich socialer op en kunnen daardoor ook meer hun best gaan doen.
- De komst van een tweede kind maakt mensen niet gelukkiger. Het CBS deed in 2013 onderzoek naar de samenhang tussen geluk en het krijgen van kinderen. Ouders blijken het gelukkigst te zijn bij de geboorte van hun eerste kind. Bij vrouwen ligt het geluksgevoel iets hoger dan bij mannen. Behalve dat hormonen een rol spelen, zijn vrouwen zich door hun zwangerschap voortdurend bewust van het kindje.
- Liefde is onuitputtelijk. Je hoeft dus nooit bang te zijn dat je te weinig liefde hebt voor meerdere kinderen.

Ieder z'n plek in het gezin

Vanuit haar eigen kindercoaching praktijk praat Annemarie Tettero zowel met ouders als kinderen over alles wat er in het gezin speelt.

"Ik denk dat het schuldgevoel van ouders groter is geworden en kinderen daardoor een vorm van druk voelen. Wat ik vooral bij hoger opgeleide, werkende ouders zie, is dat ze heel veel aandacht besteden aan hun eerste kind. Ze zijn er zo blij mee en hun tijd is beperkt, dat ze zich vol goede bedoelingen op dat ene kind storten. Waardoor die oudste kinderen inderdaad een beetje op het bekende troontje terechtkomen. Ze moeten bijvoorbeeld al heel jong, natuurlijk spelenderwijs, leren tellen en alle kleuren benoemen. Ouders willen zo graag laten zien hoe leuk hun kind is, ook met anderen erbij 'want die zien het toch al zo weinig'. Terwijl, laat je kind ook maar gewoon even alleen in de hoek spelen.
De volgende kinderen krijgen automatisch meer ruimte. Maar dan rijst meteen de vraag of die tweede niets tekort komt. En bij een derde zijn we vaak nog minder onbevangen. Dat heeft zeker ook te maken met alles wat je over geboorteposities kunt lezen. Mij lijkt het lastig te bepalen wat in generale zin de waarheid is over de invloed van je plek in het gezin. Ik ga ervanuit dat het invloed heeft, maar per karakter zal verschillen hoe een kind reageert. Misschien vindt dat middelste kind zijn rol wel prima en wil het zich helemaal niet vrij vechten omdat het overal 'tussenin' zit.

Het belangrijkst is dat je als ouder een radartje ontwikkelt voor signalen. Vooral als het gaat over het verdelen van je aandacht tussen kinderen. Kijk, je kan in de haast altijd iets doen of vergeten wat een kind niet leuk vindt. De ene keer is dat niet erg, de ander keer wel. Hoe onbenullig de situatie in jouw ogen ook is, op zo'n moment moet je even stoppen en niet zeggen: 'Jij bent nu al zes en mama heeft het ook druk.' Dat direct signaleren lukt niet altijd, maar als het een paar keer wel lukt, bouw je iets op. Zo ontstaat er een soort basis in je familie, ook voor volgende generaties. Met mijn eigen kinderen sprak ik af dat ze een bepaald woordje konden gebruiken als het echt serieus was. Kinderen kunnen zoiets al vrij jong. Ze leren op die manier dat ze het kunnen zeggen als ze iets dwars zit.
Er was een tijd dat, met name moeders, veel ervaringen uitwisselden. Nu wordt alles opgezocht op internet. Praat liever met elkaar, in plaats van de mening te lezen van één blogger. Dan zit je ook niet zo alleen op een eiland met gedachten als: hun kinderen gedragen zich zo goed, hebben zulke mooie kleren aan en mijn kind ligt met een snottebel op de grond te stampen. Deel je ervaring met andere moeders, dan hoor je hoe zij vorig jaar ook zo'n stampend kind hadden. Zo vormt zich een beeld dat groter is dan alleen jouw eigen situatie."

'Hoe ouders denken over hun 1e, 2e of 3e, zegt meer over hen dan over de kinderen'

Het tweede kind

Met haar boek 'De Tweede' wil Journalist Lynn Berger recht doen aan het tweede kind dat weliswaar anders is, maar net zo bijzonder als die eerste - en over die eerste is inmiddels al zoveel geschreven.

"Het boek begint op het moment dat ik in verwachting ben van mijn tweede kind. Ik had daar allerlei ideeën over. De automatische aanname bijvoorbeeld dat een kind beter af is mét broer of zus dan zonder. En ik ging er ook vanuit dat we met de komst van de tweede iets van mijn oudste dochter af zouden nemen. Ik wilde uitzoeken waar die gedachten vandaan kwamen.
Gaandeweg ontdekte ik dat de opvattingen die ouders hebben over hun eerste, tweede of derde kind vaak weinig met de kinderen zelf te maken hebben, maar veel meer met hun eigen jeugd en met de verhalen die er in de cultuur zijn over oudste en jongste kinderen. Ik denk bijvoorbeeld aan een studie waarin wetenschappers aan ouders vroegen wie van hun kinderen het slimst is. De meerderheid antwoordde: de oudste, terwijl je dat op basis van de rapportcijfers van die kinderen helemaal niet zo kon zeggen. Toen ze twee jaar later nog een keer die rapportcijfers bestudeerden, bleek die oudste er meer op vooruit gegaan. Dus de verwachtingen die je hebt van je kinderen kunnen hen vormen.
Van de ruzies die ik vroeger met mijn zus had, heb ik lang gedacht dat ze veroorzaakt werden door jaloezie, omdat dit een gangbare verklaring is. Maar er was waarschijnlijk van alles aan de hand: botsende karakters, mijn neurotische neiging om alles te willen controleren versus haar vrijzinnigheid, enzovoorts. Ik kan allerlei redenen bedenken die niks met jaloezie te maken hebben.
Dat de oudste reageert op de komst van die tweede is logisch. Maar dat we dit aan jaloezie toeschrijven en problematisch vinden, is een modern verschijnsel. Jaloezie hoeft ook niet per definitie iets ergs te zijn. Het heeft zelfs een nuttige kant, als je het voelt, weet je wat belangrijk voor je is.
Ik vind het wetenschappelijke onderzoek van de afgelopen decennia naar je geboortepositie heel interessant. Als uit zo'n onderzoek bijvoorbeeld blijkt dat ouders een eerste kind significant meer voorlezen dan een tweede, kun je daarop letten - als je het tenminste belangrijk vindt om die tweede dat ook te geven.
Maar hoeveel je ook over opvoeden leest, helemaal perfect zal je het als ouders natuurlijk nooit doen. Wat je wel kunt proberen, is naar je kind kijken zonder vooroordelen en verwachtingen. En je zoveel mogelijk bewust zijn waar die verwachtingen, en andere gevoelens en gedachten, vandaan komen. Waarom voel je je hier schuldig over? Waarom ben je bang dat je kinderen jaloers op elkaar zullen zijn? Vaak zal blijken dat die ideeën meer over jouzelf zeggen, dan over je kind - en dan kun je ze ook makkelijker loslaten."

Ruzie: ingrijpen of niet?

De relatie tussen broertjes en zusjes kan meestal wel tegen een stootje. Ruzie met je broertje voelt anders dan ruzie met je buurjongen. Je maakt het toch eerder goed als je weet dat je 's avonds weer met elkaar in het bad zit. En oefenen kan in dit opzicht geen kwaad. Kinderen leren zo vaardigheden die ze in hun latere leven goed kunnen gebruiken. Op je werk moet je na een conflict ook de volgende dag weer met elkaar vergaderen. Natuurlijk is het goed als kinderen het met elkaar oplossen na een ruzie. Het is met recht kinderspel en als ouder hoef je niet bij elk wissewasje in te grijpen. Maar zodra je merkt dat het uit de hand loopt, is het weer wel een goed idee. Uit onderzoek blijkt dat te weinig tijd en aandacht voor ruziënde kinderen juist leidt tot meer botsingen. Dan helpt het om kinderen te steunen bij het vinden van een oplossing. Het is goed als ze leren over hun gevoelens te praten.

Kinderen krijgen in Nederland

- Het gemiddeld aantal kinderen in Nederland per gezin is 1,7, in 1900 was dit 4,5.
- De meeste kinderen zijn tussen de 2 en 3 jaar oud wanneer een broertje of zusje wordt geboren.
- De gemiddelde leeftijd waarop in Nederland een vrouw haar eerste kind krijgt is 30 jaar (in 2019). Samen met Spanje, Italië en Zwitserland gooien we hoge ogen als het gaat om het krijgen van kinderen op latere leeftijd. Als je ervan uitgaat dat wijsheid met de jaren komt, dan plukken tweede en latere kinderen daar de vruchten van.

De invloed

- Als ouders de emotie van een broertje of zusje hardop uitspreken helpt dat de andere kinderen om hun eigen emoties te benoemen. 'Henk voelt zich verdrietig als hij niet mee mag spelen.'
- Het oudste kind heeft meer macht in de relatie en is vaak dominant, puur omdat het groter is en meer kan.
- Twee kinderen van hetzelfde geslacht zul je sneller met elkaar vergelijken.
- Kinderen leren meer van hun oudere broer of zus dan van een vriendje of vriendinnetje.
- Als de oudste door serieus en verantwoordelijk gedrag aandacht krijgt, dan kun je als jongste de conclusie trekken dat je iets nieuws moet verzinnen om ook aan bod te komen. Door grappen te maken bijvoorbeeld.

Dat eeuwige schuldgevoel

Werkende ouders - en vooral moeders ook al is dat wel aan het veranderen nu vaders meer gaan zorgen - voelen zich schuldig. Een tekenend voorbeeld stond onlangs in de New York Times waarin de journalist beschrijft hoe haar oudere zoontje - ze heeft vier kinderen - ongemerkt met haar mobiel een foto van haar had gemaakt. Op die foto ziet ze zichzelf geconcentreerd op haar laptop werken terwijl ze tegelijkertijd de baby voedt. Ze schrikt en voelt zich schuldig. Maar toen ze haar zoontje vroeg naar zijn beweegreden om de foto te maken, kreeg ze een heel ander antwoord dan ze had verwacht. Hij was zo blij dat ze thuis aan het werk was, want als ze deur uitging dacht hij altijd dat het kwam omdat hij zo druk was. En hij voegde er ook nog aan toe hoe fijn hij het vond dat ze verhalen voor de krant schreef waar ze mensen mee helpt.

'Vijf typische oudste dochter eigenschappen: verantwoordelijk, plichtsgetrouw, voortvarend, serieus en zorgzaam'

De oudste dochter

Wies Enthoven is journalist en geeft schrijfworkshops onder de naam Harttaal. Samen met auteur en vriendin Lisette Schuitemaker schreef zij 'Het oudste dochter effect'.

"In de periode dat ik met Lisette dagelijks aan het boek werkte, vroeg ik een keer bij thuiskomst aan mijn familie en twee goede vrienden: 'Vinden jullie mij bazig?' Eerlijk gezegd was ik ervan overtuigd dat ze het in koor zouden ontkennen. Maar het bleef een minuut lang stil, totdat een van mijn kinderen zei: 'Mam, wat denk je zelf?' Waarna iedereen steeds harder begon te lachen. Oké, ik moest ook lachen, want opeens zag ik zo duidelijk hoe dwingend ik kan zijn. Het bleek typerend voor veel oudste dochters die ik in de loop der jaren heb ontmoet: we hebben het zelf allemaal niet zo in de gaten, we doen het tenslotte al ons hele leven.

In 'Het oudste dochter effect' worden vijf typische oudste dochter eigenschappen genoemd: verantwoordelijk, plichtsgetrouw, voortvarend, serieus en zorgzaam. Niet iedereen zal die in dezelfde mate bezitten. Je karakter, het soort gezin waarin je opgroeit, hoe je ouders met jou als eerstgeborene zijn omgegaan, de cultuur: er spelen zoveel factoren een rol tijdens de cruciale jaren waarin je je ontwikkelt van kind tot jong meisje tot volwassen vrouw. Toch is er veel herkenning als ik het over die eigenschappen heb met andere oudsten. Oudste dochters vertellen hoe vanzelfsprekend ze het vinden om alles zo goed mogelijk te doen en daardoor de lat voor zichzelf behoorlijk hoog leggen. Of hoe jaloers ze zich soms voelen op een jongere zus die het leven zoveel lichter tegemoet lijkt te treden en niet altijd zo super serieus is.

Zelf heb ik geprobeerd om mijn beide kinderen 'hetzelfde' op te voeden. Juist omdat er nogal een groot verschil in leeftijd was, wilde ik mijn oudste dochter niet de oppas van haar ruim vijf jaar jongere zus laten zijn. Toch nam zij wel verantwoordelijkheid als haar jongere zusje in de problemen dreigde te komen - daar ontkom je denk ik toch niet aan.

De patronen uit je kinderjaren kun je lang met je meedragen. Hoe meer je je bewust kunt worden van die patronen, des te groter de last die van je afvalt. Het geeft je de mogelijkheid om te kiezen. Jij hoeft niet altijd degene te zijn die zorgt dat het allemaal goed komt. Iemand anders kan dat familieweekend of die borrel op je werk prima organiseren. Ook fijn voor oudste dochters om te weten: fouten maken doen we allemaal, het hoort erbij en kritiek hoeft niet altijd dodelijk te zijn, je kunt ervoor kiezen om het van je af te laten glijden.

Enig kinderen herkennen zich ook vaak in het verantwoordelijke gedrag. Hetzelfde geldt voor dochters die niet echt de oudste zijn, maar nog één of meerdere broers boven zich hebben. Zij nemen de zorg voor hun ouder wordende vader of moeder op zich en zeggen over hun broers 'hij doet het niet'. In de literatuur wordt dit een 'functionele' oudste dochter genoemd."

Eigen ruimte in een gezin

Holding space

Je kinderen en je partner de ruimte gunnen om te experimenteren, om zichzelf te zijn, om oplossingen zelf te ontdekken. En ook: accepteren dat dingen niet perfect gaan, of niet altijd zoals jij wilt - dat is allemaal *holding space*. Belangrijk in een gezin, maar wel makkelijker gezegd dan gedaan.

Iedereen zou wel een geduldige, rustige ouder willen zijn. Eentje die haar kinderen vertrouwt en begeleiding biedt als ze het nodig hebben. En daarnaast een partner willen zijn die de ander ruimte geeft en in zijn waarde laat. Laten precies deze dingen in het echte leven nou best moeilijk zijn. In het echte leven, met volle schema's, puberende kinderen of eigenwijze kleuters en een partner die zijn rol als stiefvader ondankbaar vindt. In het echte leven met regen en belastingbrieven en sleutels die kwijtraken en voetbalvelden om acht uur 's ochtends in de kou - gewoon, het leven - in dat leven zijn we vaak helemaal niet zo geduldig en lief, maar gillen of vloeken we weleens, zouden we ons soms het liefst verstoppen onder een deken. We jagen de kinderen 's ochtends gehaast naar school, en door huishoudelijke klusjes die ze nimmer uit zichzelf uitvoeren, en in onze ogen ook vaak niet goed. En ja, worden we boos als ze fouten maken. Als er weer een gymtas op school is achtergebleven, als ze een toets slecht maken. Kortom, in de chaos van een gezin, blijkt niemand de geduldige ouder die hij zou willen zijn. Herkenbaar? Dan is het een mooi moment om het concept holding space te leren kennen. Voor jezelf en als gezin. Want één van de dingen waarover ouders in een gezin vaak ruziën is hoeveel recht ze hebben op 'me-time'. Meestal wijst het zich wel in de praktijk, maar als ouders zijn we bang dat we niet genoeg ruimte hebben voor onszelf.

Ruimte, dus, daar gaat het om.

'Holding space kan kinderen helpen in contact te komen met hun eigen wijsheid, behoeften en grenzen'

De ruimte dragen

Eigenlijk hebben we allemaal ruimte nodig, kinderen hebben ruimte nodig, volwassenen ook. Ruimte om te kunnen groeien, ruimte om fouten te maken, ruimte om onszelf te ontdekken. Ruimte om letterlijk alleen te zijn, ruimte om onze eigen, unieke gedachten te mogen hebben. Holding space is elkaar de ruimte geven om zelf oplossingen te ontdekken. Op een goede dag beschreef de Canadese coach Heather Plett het sterfbed van haar moeder in een blog. Ze was lovend over de verpleegkundige die de familie had bijgestaan zonder eigenlijk veel te doen. Ze gaf enkel hoogstnodige hulp, maar liet de familieleden bijna alles doen. Ze was er maar drong zich niet op. Ze was alleen een soort veilige ondersteuning, aanwezig, maar vanaf de zijlijn. Het blog ging viral, en Plett stelde elementen op waarmee iedereen voor anderen ruimte kan vrijmaken. Deze elementen zijn zo'n beetje de spirituele basisbeginselen: erop vertrouwen dat de ander ook wijsheid en intuïtie heeft, je ego erbuiten laten, veiligheid creëren voor elkaar, accepteren dat de ander een 'ander' is.

Liefdevolle verwaarlozing

Ook in onderwijs en opvoeding komt het idee regelmatig terug dat het goed is om kinderen ruimte te geven. Denk aan de Montessori-leus 'Help mij het zelf te doen'. Of een belangrijke Dalton-pijler: 'reflectie', waarbij een leerling zelf bekijkt welke fouten hij heeft gemaakt en hoe dit bij een volgend werkje anders kan. Denk ook aan de *good enough parent*: naar het gelijknamige boek van Bruno Bettelheim uit 1987. De *good enough parent* was de ouder die niet naar feilloosheid streefde, de ouder die bij lange na niet perfect was maar 'gewoon' zijn best deed. Er werd veel over geschreven in 2015 als reactie op de 'tigermoms' die juist wel wilden dat hun kinderen alleen maar tienen haalden en schaakkampioen en voetbalprof tegelijk zouden worden. De Nederlandse ontwikkelingspsycholoog Dolf Kohnstamm verzon te term 'liefdevolle verwaarlozing' als opvoedstrategie. In een tijd waarin alles onmiddellijk gemeten en getest en behandeld wordt, is het ook wel eens goed om iets 'even aan te kijken'. Op zijn beloop te laten. Een beetje te verwaarlozen. Of, positief gezegd: om te vertrouwen dat het leven zelf sommige dingen oplost. Dat het wel de goede kant op loopt.

Vertrouwen als basis

Dat vertrouwen is de basis van holding space. "Ook in een gezin is het ontzettend belangrijk, maar tegelijk één van de moeilijkste plekken om het te verwezenlijken," zegt Heather Plett. "Onder andere omdat er risico's aan verbonden zijn. Als je goed de ruimte wilt openhouden voor een ander, moet je het resultaat van zijn acties helemaal kunnen loslaten. En dat is moeilijk als het gaat om een familielid, en al helemaal als het gaat om je kind." Je zorgt dat ze op school zitten, maar bemoeit je niet met het middelbare school-advies dat ze daar krijgen. Je laat ze zelf hun talenten ontdekken en vinden, óók als dit andere talenten zijn dan jij wilt zien. Als het ware zoals een zwemles werkt: je brengt ze ernaar toe, zit erbij, achter glas of vanaf de tribune kun je toekijken. In wezen doé je niets, alleen mogelijk maken dat ze het daar leren. Bij een zwemles kun je (vaak) niet anders, maar soms is dit lastig. Als je partner een carrièreoverstap overweegt waarvan het gezin financieel achteruitgaat, of als één van de kinderen een hobby krijgt die gevaarlijk is, of veel tijd kost, kun je hem of haar deze ruimte geven?

Het is tenminste altijd het onderzoeken waard, volgens Plett. Zelf heeft ze drie dochters grootgebracht: "Ik geloof dat 'space holden' kinderen kan helpen om in contact te komen of blijven met hun eigen wijsheid, hun eigen behoeften, hun eigen grenzen." Als één van haar inmiddels volwassen kinderen relatieproblemen heeft, probeert ze ongevraagd advies achterwege te laten. "Als een kind een probleem zelf oplost, krijgt zij meer zelfvertrouwen dan als ze een door iemand anders bedachte oplossing toepast."

Alles maar 'laten' kan natuurlijk niet. Dat is verwaarlozing, of zelfs gevaarlijk. Je kunt een klein kind

---

9 adviezen aan ouders

1. **Kinderen zijn unieke en individuele wezens. En geen kleine versies van jou. Ze willen en kunnen dingen dus anders.**

2. **Het is niet persoonlijk. In het proces zichzelf te leren kennen, komen kinderen erachter dat ze dus niét jou zijn, ze kunnen ruzie zoeken of grappen over je maken. Dat is een gezond en normaal proces.**

3. **Probeer niet alles voor ze op te lossen. Kinderen maken fouten, en laat ze dan zelf ontdekken hoe ze die weer kunnen oplossen, alleen op die manier leren ze ervan.**

4. **Té veel complimenten is ook niet goed. Natuurlijk zijn complimentjes fijn en je wilt hun zelfvertrouwen opbouwen, maar een kind dat altijd de hemel in geprezen is, kan later moeilijk tegen kritiek.**

5. **Leer je te verontschuldigingen. Iedere ouder maakt op dagelijkse basis fouten, en als je soms 'sorry' tegen je kinderen zegt, laat je zien dat je hun gevoelens serieus neemt.**

6. **Kinderen veranderen voortdurend - in hun voorkeuren, in hun gevoelens, in hun liefde, en dat is goed. Door te veranderen, groeien ze, dus laat ze weten dat het veilig voor ze is om steeds te veranderen.**

7. **Laat ze langzaam los. Vanaf het moment dat een kind geboren wordt, begint het loslaten. Als ze ouder worden, gaat het steeds sneller, en accepteer dan dat ze plezier kunnen hebben zónder jou en dat ze (tot op zekere hoogte) hun eigen gang willen gaan.**

8. **Wees stil en luister goed. Opvoeden is niet: je kinderen alles vertellen wat je weet.**

9. **Je bent niet te oud om te leren. Leer ook kennen wat zij interessant vinden. Als ze een hobby hebben, verdiep je erin. Als ze van bepaalde muziek houden, luister mee. Want je eigen wereld wordt veel groter als je ook hun wereld kunt zien.**

Uit: het blog 'How to Hold Space for Children' van Heather Plett

niet zelf laten bepalen wat het doet als het uit een boot kukelt zonder zwemdiploma. Als ouder is het belangrijk dat je hierover nadenkt: waar moet ik de ruimte openhouden voor het kind, en waar is sturing belangrijk?

Liefde en loslaten

Een kind grootbrengen is daardoor een soort promotieonderzoek op het thema, volgens de Canadese coach, want het is deze voortdurende zoektocht naar de balans tussen liefde en loslaten, tussen verzorgen zonder alles in te vullen. "Wat zo'n beetje iedere moderne ouder beter kan doen," zegt ze, "is nét iets minder dan ze doet. Dat is een gekke paradox: ouders besteden twee keer zoveel tijd en aandacht aan hun kinderen als vroeger, maar toch voelen ze zich ook bijna altijd tekortschieten in tijd en aandacht." Dus dat is de eerste opdracht: leren om minder te doen, soms bereid zijn de controle te laten vieren. En openstaan voor het idee dat kinderen hun eigen weg mogen vinden. Plett: "Stel je voor dat je een klein vogeltje in je hand hebt, net uit het nest. Als je je grip niet versoepelt, je hand niet opent, kan het vogeltje

---

De zeven wetten van holding space

1. **Sta je kinderen toe om te vertrouwen op hun eigen wijsheid en intuïtie. Want ja! Kinderen hebben wijsheid en intuïtie. Hoe klein ze ook zijn. Oké, pas op bij het water. Smeer ze in met zonnebrand. Maar neem ze wel serieus in hun gevoel. En luister echt naar ze.**
2. **Laat je ego zoveel mogelijk buiten de opvoeding. Dit schreef Heather in een van haar nieuwsbrieven: 'Bewust je mond houden is een van de belangrijkste principes van holding space. Om iemand anders (en onszelf) groeiruimte te gunnen moeten we weten wanneer we stil moeten blijven.'**
3. **Zorg dat kinderen zich veilig voelen, veilig om te falen. Een keer sleutels kwijtraken, een toets niet halen of betrokken zijn bij een pest-app, is niét het einde van de wereld. Sterker nog: dat zijn juist de leermomenten.**
4. **Geef niet meer informatie of advies dan het kind aankan; je bent geen doorgeefluik van informatie. Het is goed om soms (vaak) pas op de plaats te maken. Ze zijn nog niet waar jij bent of waar jij wilt.**
5. **Pak hun kracht niet af; het is misschien heel moeilijk maar ook heel leerzaam als je je kind zelf oplossingen laat bedenken voor problemen. Een ruzie met een vriendin: laat hen zelf bedenken hoe ze het goedmaken. Daarvan krijgen ze zelfvertrouwen.**
6. **Sta kinderen toe ingewikkelde en negatieve emoties te voelen. Ik verzuchtte een keer tegen een vriend dat mijn zoon altijd na school wil skaten, en als ik zeg: het mag niet, wordt hij boos. 'Logisch,' lachte de vriend, 'ik werd ook boos als ik niet naar de stad mocht van mijn ouders!' Boos zijn mag best.**
7. **Respecteer het als je kind een ander besluit neemt dan jij zou doen; en geef ze die ruimte om dingen anders te doen. Het zijn andere mensen, ze hebben een andere weg. Ze hoeven niet jouw aspiraties waar te maken.**

nooit leren vliegen. Je leert je kind vliegen door hem toe te staan te vallen. Door fouten te laten maken, door geklungel. Je moet hem de wereld laten ontdekken op zijn eigen manier."

Als iedereen verschillend is

Loslaten is niet het leukste van kinderen krijgen. Toch kun je het ook als iets moois zien. 'Voor mij is holding space de kunst van het luisteren, echt goed luisteren,' schrijft een vader op het blog The Good Men Project, een Amerikaans blog dat uitzoekt wat het inhoudt om een goed mens te zijn. 'Ik wil mijn kinderen hun eigen gedachten, gevoelens en ervaringen gunnen. Het is juist een kans, voor ons als ouders, om groter te zijn dan onze kinderen zonder ze te overschaduwen.'

Marihuela Belt is van oorsprong theatermaker, maar ook initiatiefnemer van *holdingspace.eu.* In organisaties leert ze mensen samenwerken via proeverijen en vuurcirkels. Hoe kan een groep goed werken, waarin iedereen verschillend is? Ook een gezin is bij uitstek een groep waarin iedereen verschillend is, legt ze zelf de vergelijking. "Ik heb zelf het meest geleerd in mijn eigen samengestelde gezin." Belt is moeder van een dochter en twee stiefdochters, inmiddels zijn ze allemaal in de twintig. Ze vindt het geen recht doen aan de term holding space om er een soepele 'opvoedstrategie' van te maken, ze gelooft niet in een one-fits-all oplossing. Volgens haar is holding space bij uitstek leren dat we het ook moeten doen met de niet-leuke kanten van het leven. Ze zegt: "Onze grootste les is misschien wel dat we met alles leren te zijn, ook met de moeilijke fases. Dat we het gedoe en het geworstel en geploeter niet weg willen vegen maar accepteren, als een wezenlijk onderdeel van het leven. Het is ook constant maar improviseren in de weerbarstigheid van dit leven. Het is oefenen, voelen, mislukken, en dan opnieuw proberen."

'I hold space for you to be you'

Juist bij kinderen en in een gezin verandert er altijd van alles. Net als je denkt: hé, dit hebben we onder de knie! - verandert er iets, en kun je opnieuw beginnen. Belt: "Dus dat is de vraag hè, kun je met ongemak zijn? Dus kun je accepteren dat het niet altijd leuk en mooi is, niet altijd zoals je had gewild?"

Waarom we falen (en waarom dat oké is)

De essentie is toch: accepteren en vertrouwen. Accepteren dat je kinderen anders zijn, vertrouwen dat het goedkomt. Zelfs, of juist, als je je er niet vreselijk tegenaan bemoeit.

We falen daarin omdat we ons te veel met elkaar bemoeien, omdat onze waarden niet altijd overeenkomen, omdat kinderen fases doormaken die niet hetzelfde zijn, omdat er altijd wel iemand zich niet lekker voelt. We praten door elkaar heen, we verknoeien elkaars ruimte. Maar ook het falen hoort erbij. En soms, op onverwachte momenten, lukt het. Soms is er de stilte of de ruimte die nodig is om het weer heel te maken. Het is moeilijk uit te leggen maar als het er is, voel je het. Het is die met liefde gevulde ruimte, zonder woorden, maar met warmte, die we zoeken. De gemakkelijke stilte. De veilige ondersteuning vanaf de zijlijn. Soms kun je ze deze ruimte geven, en dan is het goed. De ruimte waarin iedereen zichzelf mag zijn.

Hoe maak je vriendjes?

Hoe oud of jong je ook bent; het is fijn een vriend te hebben. Om mee te spelen, van te leren, mee te lachen. Soms wordt in de peuterfase al de kiem gelegd voor een langdurige vriendschap. Maar hoe worden kinderen eigenlijk vrienden?

Vrienden maken is een vaardigheid. Daar staan we eigenlijk nooit bij stil. Het lijkt zo vanzelfsprekend, maar 'vrienden maken' is een kwestie van leren en oefenen. Net als 'leren lopen' gaat dat met vallen en opstaan. Vaak gaat het goed, soms val je een gat in je knie of krijg je een deksel op je neus. Dan krijg je een kus en een pleister erop, en ga je terug het schoolplein op, nog een keer proberen.
Zoals bij álles wat je kind moet leren, geldt ook voor vriendjes maken: ieder kind doet het op zijn of haar eigen manier en bij de een gaat het wat sneller en makkelijker dan bij de ander. Maar hoe het ook gaat, je kunt je kind altijd helpen. Door het aan te moedigen, door het te troosten als het mis gaat, door het bij de hand te nemen als het niet goed durft en vooral door het vaak te laten oefenen. Lekker naar buiten, naar de speeltuin, de zandbak. Zodat je kind in contact komt met andere kinderen en met volwassenen, en volop kan oefenen in sociale vaardigheden - vriendelijk zijn, elkaar helpen, om de beurt dingen doen, je verplaatsen in iemand anders.

Oefening in vriendschap

Wat is een vriend? Een vriend is iemand die aan jouw kant staat. Die vriendelijk is, die je helpt, die begrip voor je heeft als je iets moeilijk vindt, dat soort dingen. Als je er zo over nadenkt, ben je zelf eigenlijk het allereerste vriendje van je kind. Het is ook het advies van Tanith Carey in haar boek 'The friendship maze': als je je kind wilt helpen om de kunst van het 'vriendjes maken' onder de knie te krijgen, kun je dat in de eerste plaats doen door zelf een vriendje te zijn.
Nu klinkt dat best als een zware opgaaf. Je moet al zoveel. Je bent al ouder, opvoeder, verzorger, beschermer, begeleider, coach... En dan moet je ook nog een vriendje zijn? Maar het is geen extra taak, eerder een mindset die je opvoedtaak ook lichter kan maken. De Britse psychotherapeut Philippa Perry geeft daarvan een mooi voorbeeld in haar boek 'Het boek waarvan je wilde dat je ouders het gelezen hadden (en je kind blij is dat jij het doet)'. Het gaat om een herkenbare situatie: ze wandelt met haar dochter van de

winkel naar huis, met tassen vol boodschappen, en haar dochter van drie blijft opeens stilstaan, gaat op iemands stoepje zitten en wil niet meer verder. En nu? Philippa wil gewoon naar húis, ze is in gedachten de boodschappen al aan het opbergen, zodat ze daarna eindelijk kan gaan zitten, en zit nu ineens met een weerbarstig kind dat weigert verder te lopen.
Herkenbaar! Je wilt het liefst snel verder, maar dat wordt geheid een gevecht en dan moet je verder met een krijsende peuter onder je arm. Philippa realiseert zich net op tijd dat het helemaal niet uitmaakt hoe laat ze thuiskomen. Ze zet de tassen neer en gaat naast haar dochter zitten. Samen kijken ze hoe een mier door een spleet in het wegdek scharrelt. Het duurt helemaal niet zo lang, als de mier verder loopt, staat haar dochter ook op en lopen ze verder. 'Probleem' opgelost! Later realiseert ze zich: haar peuter wil haar niet dwarszitten, ze was gewoon moe. Misschien voelde ze zich overweldigd door alle geluiden en indrukken. Hoe dan ook, ze wilde alleen maar even uitrusten.
Zo'n situatie kan makkelijk op een strijd uitlopen, maar je kunt dus ook naast je kind gaan zitten en de wereld letterlijk vanuit haar standpunt bekijken. Je in haar wereld verplaatsen, haar helpen, en even geduldig zijn - allemaal dingen die vrienden doen.

Samen doen

Geen extra taak dus, maar een cadeautje. Want van alle rollen is 'een vriend zijn' misschien wel de leukste. Het is niet moeilijk en je kunt er vandaag mee beginnen. Hoe? Simpel, aldus Tanith Carey. Door je telefoongebruik te verminderen (zonder telefoon is het veel makkelijker om op je kind te reageren als het contact met je zoekt), door met je kind te spelen en bijvoorbeeld mee te doen met fantasiespelletjes. Kletsen over kleine dingen, samen simpele dingen doen, zoals koken of een wandelingetje maken. Geef elke dag een keer tien minuten je volle onafgebroken aandacht (dat klinkt als weinig, maar hoe vaak komt het er echt van?)

Je kind voelt zich geliefd en voelt dat je hem aardig vindt. En kinderen met zelfvertrouwen op dat gebied, gaan ervanuit dat anderen hen ook vast aardig zullen vinden, dat maakt het al makkelijker om vriendschappen te sluiten.
Het is mooi om samen te zien hoe vriendschap werkt. Je eigen begrip van vriendschap wordt er ruimer van. Kijk hoe je kind zich hecht - aan jou, aan een knuffel, aan opa en oma, aan een vogel in de tuin, aan een step of een bed. Hoe het vrienden wordt met de wereld. Van je kind kun je leren dat je héél goed vriendjes kunt zijn met iemand die alleen maar in je fantasie bestaat, en dat vriendschap niet ophoudt als iemand er niet meer is.
Je kunt vrienden worden met alles en iedereen van wie je houdt en je hoeft er helemaal niet zoveel voor te doen. Een open blik, nieuwsgierigheid, naast elkaar gaan zitten. Elkaar begrijpen valt soms niet mee, zeker niet als een kind in een fase zit waarin alle regels (of ouders) 'stom' zijn. Maar juist dán bewijst vriendschap zijn waarde. Uiteindelijk vind je samen de weg door het vriendschapslabyrint. Kletsen, helpen, troosten, aanmoedigen, geruststellen en vooral: pret maken. Vriendschap is het mooiste wat er is. Alle vriendschappen. Maar de vriendschap met je kind is wel een heel bijzondere.

Wat te doen bij vriendjesperikelen?

Hieronder drie situaties die pedagoog en kindercoach Daniëlle Schollaart soms tegenkomt in haar eigen praktijk. Daar helpt ze kinderen met sociale vaardigheden, zoals vrienden maken.

1. 'IK MAG NIET MEEDOEN'

"Probeer eerst te achterhalen waardoor het komt. Soms durven kinderen niet zo goed, omdat ze bang zijn dat ze worden afgewezen. Vaak weten kinderen gewoon niet hoe ze het voor elkaar kunnen krijgen. Erover praten helpt dan. 'Je wilt samen spelen, hoe zou je dat kunnen aanpakken?' Dat is handiger dan vertellen wat je kind moet doen. Erover nadenken en het je voorstellen, is een vorm van oefenen, daarna wordt het vaak gemakkelijker.

Een andere setting kan ook helpen. Als een kind positieve ervaringen heeft op een sportclub, helpt het ook in andere settingen, zoals school. Overleg ook met de leerkracht. Die kan op het schoolplein een kind een beetje op gang helpen, bijvoorbeeld door te vragen: 'Met wie ga je spelen? Vraag het maar!'"

2. 'ZE WIL GEEN VRIENDEN MEER ZIJN'

"Het einde van een vriendschap kan heel ingrijpend zijn, een kind moet dan echt even herstellen. Je hoeft niet in te grijpen, over het algemeen vinden kinderen daar hun weg wel in, maar het is ook hier weer goed om erover te praten met je kind. Aandacht is belangrijk. Leg uit dat het supervervelend is, maar dat het soms zo loopt."

En als je kind zélf een vriendschap niet meer wil? "Het is handig om als ouder te kijken waar het aan ligt. Heb er wel begrip voor. Je kunt een kind niet dwingen. Vriendschappen veranderen soms nou eenmaal. Maar je kunt wel vragen: wat is er aan de hand? Kinderen hebben vaak goede redenen. Kijk eerst even hoe ze het zelf oppakken."

3. 'IK MAG NIET OP HET PARTIJTJE KOMEN'

"Verjaardagsfeestjes en uitnodigingen, het is vaak lastig. Je kunt op een feestje nu eenmaal niet iedereen uitnodigen, dus de vraag is altijd: wie mogen er komen en wie niet? En ook: mag je zelf komen, of niet? Bij de uitnodigingen kun je samen met je kind overleggen: vraag je iemand omdat hij of zij populair is, of omdat je het leuk vindt om ermee te spelen? Is er een kind dat wat minder wordt uitgenodigd, dat je ook zou kunnen vragen? Maar dat laatste hoeft niet per se."

"Maak het ook niet te groot," adviseert Daniëlle. "Het hoort erbij dat je sommige kinderen teleurstelt. Je kunt niet voor iedereen zorgen, of het voor iedereen leuk maken, kinderen moeten ermee leren omgaan dat ze soms niet mee mogen doen met iets wat ze wel graag willen. Dat soort situaties helpt om veerkrachtig te zijn en te leren dat je niet meteen omvalt als er zoiets gebeurt. Ook als je kind zelf teleurgesteld is omdat het niet is uitgenodigd. Je hoeft het niet meteen op te lossen. Soms is het goed even te balen en verdrietig te zijn. Natuurlijk kun je dan zelf iets leuks bedenken om te doen, dat leidt af, zeker. Maar neem eerst de tijd om de teleurstelling te verwerken."

Soorten vriendschap

Als kinderen ouder worden, verdiepen de vriendschappen zich. Sommige kinderen hebben één vriend, anderen trekken altijd op met een groepje, sommige kinderen hebben heel veel vrienden en sommige zijn meer op zichzelf. Net als volwassenen. Geef je kind de ruimte om zelf te ontdekken waar het blij van wordt. Naarmate je kind ouder wordt, leert het zichzelf beter kennen en ook van wat voor soort vriendschap het opbloeit. In deze periode hakt het er echt in als een vriendschap ophoudt, bijvoorbeeld wanneer een van de twee verhuist. Sommige kinderen stappen daar vlot overheen, maar zeker voor introverte of verlegen kinderen is dat heftig. Vraag dan ook aan de school of die kan helpen daarmee om te gaan.
Er zijn kinderen die op deze leeftijd nog wat kinderlijker zijn en kinderen die al gaan puberen. Als ze daardoor letterlijk uit elkaar groeien, kan een vriendschap plotseling voorbij zijn. Hoe verdrietig ook, leren omgaan met teleurstellingen hoort er ook bij.

Denkbeeldige vriendjes

Je kind heeft een vriendje, het speelt ermee, het vertelt erover - maar het vriendje bestaat niet écht, het is een denkbeeldig vriendje. Dat is een vorm van 'doen alsof'-spel die vaak voorkomt. Tot zeven jaar heeft meer dan de helft van de kinderen ervaring met een denkbeeldig vriendje, en als je de knuffels niet meetelt, is het bijna veertig procent, volgens Marjorie Taylor, professor ontwikkelingspsychologie aan de Universiteit van Oregon. Vroeger werd er nog weleens bezorgd naar gekeken, maar daar is echt geen reden voor. Uit onderzoek blijkt onder meer dat kinderen met denkbeeldige vriendjes minder verlegen zijn dan andere kinderen. Ze lopen qua taal en in hun sociale ontwikkelingen vaak wat voor op leeftijdgenootjes - ze kunnen zich al goed verplaatsen in anderen en ze zijn goed in verhalen vertellen. En: ze wéten dat hun denkbeeldige vriendjes alleen in hun fantasie bestaan, maar ze zijn niettemin dol op ze. Heeft je kind een denkbeeldig vriendje? Dan vindt hij of zij het waarschijnlijk ook leuk om erover te vertellen. Soms heeft dat vriendje ook een heel eigen wil. Speel gerust mee en geniet ervan, zolang het vriendje er is. Een bijzondere vriendschap is iets om blij mee te zijn - of het vriendje nou echt is of niet.

Om de beurt

Het valt niet mee om te leren delen, en om dingen om de beurt te doen. Heeft je kind er moeite mee, en komt een ander kind helemaal niet aan bod, dan is het lastig vriendjes maken. Je kunt je kind wel helpen om dingen meer om de beurt te leren doen. Nodig bijvoorbeeld een klasgenootje thuis uit, en blijf er in het begin bij als ze gaan spelen, zodat je kunt sturen. Of schrijf de dingen die de kinderen willen doen op briefjes en doe die in een grabbelton, waarna ze er om de beurt iets mogen uitpakken. Oefenen met dingen 'om de beurt' doen, kan ook al met jongere kinderen. Je kunt bijvoorbeeld beginnen met een bal heen en weer rollen, of om de beurt een koekje in een trommel doen. Samen eten is ook fijn, dan kun je om de beurt vertellen wat je die dag hebt meegemaakt - goed voor de *social skills*.

Erover praten helpt

Je kunt helpen door over vriendschap te praten. Vraag je kind: wat heb je nodig om vrienden te maken? Of: als je niet durft, hoe kan ik je helpen? Vragen, luisteren, erover praten, dat helpt al. Het is leuk om over vriendschap te praten. Laat ook zien wat je zélf aan je vrienden hebt, vertel bijvoorbeeld hoe je ze hebt leren kennen en wat je in ze waardeert.

Verhalenboom

Zoek een stevige tak en hang die vol met souvenirs van jullie vriendschap. Denk aan foto's, maar ook aan dingen met een betekenis. Zoals een veer die je vond op het strand, een stukje stof met daarop jullie namen, kleine kaartjes met grote woorden.

Zo wordt het een verhalenboom die alsmaar doorgroeit, net als een vriendschap.
IDEE: als je foto's plakt op een lege polaroid, hebben ze allemaal dezelfde vorm. Zo'n boom is ook leuk met familie.

Verbinding maken

Tekens van vriendschap

Aan 'gewone' vriendjes geen gebrek, toch hebben kinderen vaak één heel speciale. Om die vriendschap te vieren kun je iets moois maken. Iets wat je alleen deelt met die aller-allerbeste.

Onzichtbaar

Het lijkt tovenarij, maar jullie weten beter. Alsof het gewoon is, doen jullie elkaar witte vellen papier cadeau. Dat is een magische manier om elkaar iets door te geven wat een ander niet mag zien. Er staat namelijk iets heel bijzonders op dat lege blaadje, maar alleen jullie kennen de truc om het zichtbaar te maken.

IDEE: **als je tekent of schrijft met een wit vetkrijtje, komt de tekening of tekst pas tevoorschijn wanneer je eroverheen schildert met waterverf.**

Speciale plek

Een sleutel geef je niet zomaar, die geef je alleen aan iemand met wie je een speciale plek hebt. Bijvoorbeeld een boomhut, een speeltent of kamer in huis. Maar het kan ook een fantasieruimte zijn; een stukje mos in het bos, een muurtje om de hoek of een kast op zolder. Die sleutel hoeft ook niet op een slot te passen; eigenlijk is het de sleutel van je hart.

IDEE: **met verf kun je oude sleutels een kleurtje geven, en met gevonden schatten knoop je er een eigen sleutelhanger aan.**

Sterrenstof

Een geheimzinnig flesje aan een koord voor om je nek, met daarin een briefje waarop je iets liefs schrijft. Doe er nog iets bij, bijvoorbeeld een plukje haar, een schelp of bloemetje dat je vond toen jullie buiten speelden. En wat sterretjes, want jullie zijn gemaakt van dezelfde sterrenstof. Echt een ketting die je als vriend of vriendin een leven lang bewaart.

IDEE: **zulke flesjes kun je kopen bij een hobbywinkel, maar in de keuken vind je ze ook, dan zit er aroma of essence in.**

Geheimtaal

Eerst samen speuren naar stenen - in tuinen en grind, langs paadjes en oevers. Daarna samen puzzelen op een geheim alfabet. Letters of figuren bedenken die niemand begrijpt, alleen jullie. Met witte verf beschilder je de steentjes met tekens, liefst van elk teken een paar extra. Zo kun je voor elkaar een spannende boodschap achterlaten, waar je maar wilt.

IDEE: verdeel de steentjes en bewaar ze ieder in een doos. Verstop de uitleg of leer de tekens uit je hoofd.

De waarde van samenzijn

Wij-tijd

Heilige tijd, zou je het bijna kunnen noemen. Wij-tijd, samen met je kind, een coconnetje van liefde en aandacht. In deze drukke samenleving waarin onze aandacht zo versnipperd is, is dát het nieuwe goud. Onbetaalbaar. En als je goed kijkt, ligt het voor het oprapen.

Op de luchthaven was een speelruimte ingericht waar een peuter aan een apparaat stond te draaien. Op de bank ernaast zat een vader op zijn telefoon te scrollen door Facebook. Het kind draaide aan een wieltje en keek rond naar de andere plastic werktuigen, alsof het niet wist wat het met al die apparaten aan moest. Het stond er enigszins verloren bij. Maar die verlorenheid gold eigenlijk ook voor de vader. Waarom legde hij die telefoon niet even weg? Tegelijkertijd was het ook begrijpelijk. De briljantste geesten van onze tijd zitten in de catacomben van Facebook fulltime te bedenken hoe ze onze aandacht zo lang mogelijk vast kunnen houden. Dat doen ze met slimme handigheidjes, de leukste updates van je vrienden, interessante artikelen die je waanzinnige inzichten gaan geven en dan zit er ook nog zo'n grappig filmpje bij - hoe kun je daar als driejarige tegenop?

Een vast moment

Praat over wij-tijd en je hebt het al snel over smartphones en social media. Geen wonder. Wij-tijd gaat over tijd en aandacht. Tijd hadden we altijd al te weinig. Maar als het om aandacht gaat, is er helemaal een soort strijd aan de gang. "Bewust tijd inruimen voor wij-tijd is cruciaal," zegt Jan Derksen, klinisch psycholoog en universitair hoofddocent aan de Radboud Universiteit, die onder meer onderzoek doet naar opvoeding en emotionele ontwikkeling van kinderen. "Onze aandacht is ongelofelijk versnipperd. Mensen kijken gemiddeld zo'n 47 keer per dag op hun telefoon en dat is geen wonder, want die smartphone is zo ingericht dat het sterk verslavend werkt. Maar het gaat ten koste van wij-tijd en dat is zorgelijk."
Want wij-tijd is er niet alleen omdat het leuk is. Het is belangrijk voor de ontwikkeling van kinderen en voor de band binnen het gezin. Hij maakt een onderscheid tussen 'frontoffice' - het deel van jezelf dat je aan anderen laat zien (zoals een winkel met nette etalages), en de 'backoffice' - dat zou je kunnen zien als onze werkruimte, waar alles zit wat we niet snappen: moeilijke emoties, strubbelingen, alles wat wrijft en schuurt en - nou ja, het omgaan met het leven in het algemeen.
"Wij-tijd", zegt Derksen, "is waar je aandacht hebt voor die backoffice. Tijd waarin jij - én je kind - kunnen praten over wat jullie werkelijk bezig

houdt - de leuke, maar ook de vervelende dingen. Juist dat zorgt ervoor dat kinderen zich veilig voelen. Dat ze leren dat ze met kleine en grote problemen bij anderen terecht kunnen, in plaats van dat ze hun toevlucht zoeken bij de gemakkelijke afleiding van social media, een spiegelpaleis waar alles leuk is, het meestal alleen maar gaat over de frontoffice - kijk mij eens leuke dingen doen! - en nooit iemand het moeilijk heeft, waardoor je je, als je niet zo lekker in je vel zit, alleen maar eenzamer gaat voelen.
Hoe pak je dat aan, die wij-tijd? Derksen is een enorm voorstander van samen eten. "En dan zónder mobiele telefoon! Ook niet in de buurt van de tafel. Als je aan het eten bent, komen de tongen los en kun je samen praten over wat je hebt meegemaakt die dag. Grote en kleine dingen. Deel gewoon je ervaringen. Kinderen snákken ernaar te horen wat hun ouders echt doen op hun werk. Zo komen de verhalen op gang. Het geeft kinderen het gevoel dat ze meetellen. Dat ze hun verhalen kwijt kunnen en dat ze belangrijk zijn."
Wij-tijd aan tafel dus. Een vast moment, elke dag. Want: "Het gaat erom dat je een gewoonte opbouwt. Als je een traditie hebt van wij-gesprekken aan tafel, is er vertrouwen en een sfeer waardoor kinderen ook over nare dingen kunnen praten. Grote dingen, zoals pesten op school, kun je pas vertellen als je hebt geleerd dat ook je kleine muizenissen serieus genomen worden."

Van 'me' naar 'we'

Lang dachten we dat *me-time* het grote goed was als er kinderen kwamen. Je moest nog wel aan jezelf toekomen, anders hield je het niet vol. Met je kind had je misschien niet veel tijd, maar het was wel kwaliteitstijd. "Dat werkt niet", zegt Derksen. "Je kunt wel bedenken dat je op zaterdagmiddag om drie uur echt wat leuks gaat doen, maar er komt altijd wat tussen. De telefoon gaat, het eten moet nog op tafel." Bovendien: kleine kinderen lijken per definitie aandacht te willen als je even iets belangrijks moet doen voor je werk. En omgekeerd: dan ben jij een keer klaar om iets leuks te gaan doen, en dan zitten ze net lekker te spelen.

Dat is ook de ervaring van Heleen de Hertog, oprichter van How2talk2kids, die met haar team van trainers door heel Nederland workshops geeft over hoe je met kinderen kunt praten zodat ze luisteren, en hoe je kunt luisteren zodat ze praten - gebaseerd op de ideeën van kinderpsycholoog Haim Ginott. "Die kwaliteitstijd, dat je echt samen met je kind iets gaat doen, is ook belangrijk, want dat is gewoon leuk", zegt ze. "Maar de waardevolste wij-tijd is op andere momenten dan wij denken. Je kind komt uit school en is niet uitgenodigd voor een partijtje, bijvoorbeeld. Dat kind is teleurgesteld en verdrietig en wil dán aandacht. Dat is het moment dat je er wilt zijn."
Emotioneel tumult in de backoffice, zou je het kunnen noemen. En wat je kunt doen om je kind te helpen is eigenlijk heel eenvoudig: aandacht geven, het serieus nemen en de emoties benoemen. Zodat je kind leert wat het is dat het voelt, en dat het niet raar is dat het dat voelt.
Maar je kunt toch niet altijd acuut je bureau leegvegen en op stel en sprong aandacht geven aan je kind dat boos is, of verdrietig of teleurgesteld of blij? Dat hoeft ook niet volgens Heleen. "Je kind kan best even wachten, als je maar meteen dat moment even pakt. Meteen laten weten: ik zie je, ik zie dat je overstuur bent, ik ben er voor je, ik moet even dit afmaken, maar straks kom ik bij je, dat kan een kind best aan. Als het maar het gevoel heeft dat je hem zíet."
Voor een deel is inzetten op wij-tijd echt: bewuster omgaan met social media en de smartphone, zegt ook Heleen de Hertog. "Mobiliteit is zo'n aanslag op onze aandacht. Je moet continu beschikbaar zijn voor je werk, en social media zijn er altijd en overal. En het is nieuw, we moeten nog leren het te reguleren." Ze is daar hoopvol over. "In de jaren zestig stonden mensen te roken boven de wieg, dat doen we nu ook niet meer."
Ze heeft wel eens geanalyseerd hoe ouders met hun smartphone omgaan, bijvoorbeeld op een dag dat je thuis werkt. "Vaak gaat het zo: je gaat met je kind naar de speeltuin of de zandbak, zodat je kind daar kan spelen terwijl jij nog snel wat mails

kunt beantwoorden. Maar je kunt beter aandacht hebben in de speeltuin, echt kijken naar je kind, even meespelen, benoemen wat je kind doet.
En zeg erbij: 'Als we straks thuis zijn, moet ik nog even aan het werk'. Dan kunnen kinderen prima zichzelf vermaken. En jij werkt waarschijnlijk beter, omdat je in die speeltuin zelf óók hebt bijgetankt. Dat laatste is belangrijk. Kinderen zijn zó mindful, je hoeft alleen maar aan te sluiten. Als we dat zouden inzien, zou dat al helpen."

Happy place

Daar zit hem misschien wel de kneep. Als je 'wij-tijd' ziet als iets wat moet, klopt er iets niet. We hebben ergens toch het oude idee dat je je voor je kinderen op moet offeren en dat ze energie kosten. Je kunt wij-tijd ook zien als een bron van mindfulness, waar je zo vaak je wilt op kunt intunen. Dan is wij-tijd geen item op je to-do lijst, maar een plek waar je zo vaak mogelijk wilt zijn, omdat je er gelukkig van wordt. Zoals de Amerikaanse producente Shonda Rhimes, auteur van 'Een jaar lang ja' opmerkte: *'My kids are my happy place.'* Het belangrijkste wat zij leerde in het jaar waarin ze op alles alleen maar 'ja' zei, was om 'ja' te zeggen op de vraag van haar kinderen: 'Mama, wil je spelen?' Ze ontdekte dat het altijd maximaal een kwartier duurt ('zo interessant ben ik ook weer niet'), en dat zo'n kwartiertje onverdeelde aandacht er zelfs op de drukste dag best tussendoor kon. Ze leerde dat juist die kwartiertjes de momenten zijn waarin ze zelf speelt, bijtankt, en gelukkig is. Dan is wij-tijd voor jou net zo waardevol als voor je kind. Het lastigste is dat je er ruimte voor moet inbouwen. "Je moet het zíen," zegt Heleen de Hertog. "Het is een andere manier van kijken en luisteren naar je kind. We-time gebeurt de hele dag door."
Soms is wij-tijd een dagje alleen op stap met je kind, of een avontuur maken van een fietstochtje naar de supermarkt. Soms is het durven zeggen dat je ('het ligt niet aan jou, lieverd!') gewoon echt heel moe bent, en dat je emmertje leeg is. En toelaten dat er een wezentje komt met een poppendeken en een dokterskoffer en een emmertje vol denkbeeldige koekjes. Soms is het alleen maar er zijn, en zeggen: 'joh, jij bent heel boos/verdrietig/teleurgesteld, ik zie het!' en daarna je mond houden, zodat je kind lekker kan spuien en (oh wonder!) zélf met een oplossing komt.

Op berenjacht

Misschien zijn dat wel de meest waardevolle wij-momenten. Omgaan met frustratie, tegenslag en teleurstelling kun je niet vanzelf. Zeker niet als je drie bent. Je moet het leren. Niet door die nare dingen uit de weg te gaan, maar door er onverschrokken dwars doorheen te gaan (zoals de kinderen in 'Wij Gaan Op Berenjacht': je kunt er niet overheen, je kunt er niet onderdoor, je moet er dwars doorheen.) Dat als je verdrietig of boos of eenzaam bent, er mensen zijn om naartoe te gaan, en dat die voor jou zelfs de marketeers van Facebook de mond snoeren, al staan ze nog zo hard te zwaaien met hun *'You Have Been Peeling Oranges The Wrong Way All Your Life!'*

Poppetje gezien. Kastje dicht

In de metro zat een vader met zijn zoontje van een jaar of vijf. Ze speelden een spelletje vaders mobiel, het kind stond te springen van plezier - en toen was het spelletje uit. Het jongetje protesteerde. 'Maar je speelt een spelletje met mij,' legde de vader rustig uit. 'Nu is het spelletje afgelopen en berg ik mijn telefoon op.'
Hij deed het nog ook. Het kind vond het stóm. Hij ging met zijn rug naar z'n vader op de bank zitten, heel dicht tegen hem aan. De vader sloeg losjes een arm om hem heen en als reactie gaf het jongetje hem een stomp. Niet hard, maar even om te laten weten hoe stom hij het vond.
De vader keek naar de grond en deed niets.
Een heftige emotie duurt nooit langer dan een paar minuten, zo wordt gezegd. Na twee haltes teleurstelling zou het ergste alweer voorbij zijn. Maar nog heel even zaten ze daar. Teleurstelling en geruststelling samen op een bankje in de metro. Een gouden wij-moment.

Plezier

'Om jezelf
lachen
is van jezelf
houden'

· MICKEY MOUSE

Altijd blijven spelen

Spelen is leuk, leerzaam en belangrijk voor de ontwikkeling van een kind. En... ook goed voor jou. Samen spelen maakt lichter, geeft energie en klaart de lucht.

Spelen houdt je kind gezond en fit, helpt om gevaren in te schatten en met anderen om te gaan. Het is een voorbereiding op het leven later. Er is een schilderij van Pieter Bruegel de Oude waarop hij bijna 100 kinderspelen heeft afgebeeld. Je weet niet waar je beginnen moet met kijken, er is zóveel te zien. Wat vooral opvalt: dat er spelletjes op staan die je nog kent. Oké, het bikkelen, hoe dat precies ging, dat kun je aan je moeder of je oma vragen. Maar er wordt tikkertje gespeeld, een van de kinderen heeft zich in een grote ton verstopt, kinderen rennen rond met hoepels, ze spelen iets dat op jeu de boules lijkt en op bowlen (met een soort houten staanders). En warempel, zit er daar eentje te plassen in het rozenperk?
Die oude Bruegel stond dus niet voor niets bekend als Pieter den Drol, wat eigenlijk uit het Frans komt (drôle betekent grappig), maar wat op zich ook wel weer een bijnaam is om kinderen bij in de lach te laten schieten. Hoe dan ook, bij zo'n eeuwenoud schilderij snap je meteen: spelletjes zijn van alle tijden. Je kijkt ernaar met verwondering – al die spellen, en er was niet eens een speeltuin in dat dorp. Dezelfde verbazing soms op vakantie: die kinderen hebben echt niks en toch spelen ze. Ja, maar dat is dus logisch. Kinderen spelen altijd.

Alle dieren

Niet alleen mensen spelen. Jonge poesjes spelen eindeloos met een bolletje wol en jonge hondjes buitelen eindeloos over elkaar heen. Vrijwel alle zoogdieren spelen. Maar waarom eigenlijk? 'Als ze goed gevoed, veilig en uitgerust zijn, gaan alle zoogdieren spontaan spelen,' schrijft onderzoeker Stuart Brown in zijn boek 'Play.'
Volgens onderzoekers is spelen een prachtige voorbereiding op het leven later. Daarom is spelen ook zo veelzijdig. De straatspelletjes houden kinderen gezond en fit, maar helpen vooral ook om lenig en snel te worden, om gevaren in te leren schatten, én om te leren hoe je met anderen omgaat. Kinderen leren door te spelen hoe ze in evenwicht blijven. Spelen zorgt voor veerkracht. En dan gaat het niet alleen over vallen en opstaan, maar ook om veerkracht als het gaat om relaties met anderen. Je wordt verkeerd begrepen, je verliest je knikkers, je hebt

ruzie, je legt het weer bij, je wint, je maakt vriendjes en maakt ruzie en legt het opnieuw bij.

Flow

Maar er is nog een aspect aan spelen. Als je kijkt naar spelende kinderen, valt op dat ze vaak alles om zich heen vergeten, en helemaal opgaan in hun spel. Het is wat Mihaly Csikszentmihalyi omschreef als 'flow' en het is de heilige graal van het leven in de 21ste eeuw. Je verliezen in een activiteit, de tijd vergeten, betekent dat je met plezier werkt aan iets wat je uitdaagt, waar je van leert. Dat is vooral belangrijk omdat je tijdens die momenten van flow ook contact hebt met dat sprankje 'zelf' dat kenmerkend is voor het gevoel van wie je bent.
Denk aan hoe je zelf vroeger speelde, wat je het liefste speelde. Tijdens het spelen ontdek je waar je talenten liggen, wat je leuk vindt om te doen, waar je gelukkig van wordt, en wat later jouw pad in het leven kan worden. Wat Joseph Campbell noemt 'your bliss'. Ieder kind speelt op zijn of haar eigen manier. Hoe speelt jouw kind? Wat vindt het leuk? Waarin verliest het zichzelf? Hoe verandert het spel naarmate je kind ouder wordt?

Plons

Spelen draait ook om gek doen, de dingen anders doen. Spelen is een gemoedstoestand. Wat dat betreft raakt het aan aspecten van de zen-filosofie: het is diep, zinvol en dringt door tot de kern van het bestaan, en tegelijkertijd is het licht en grappig. De beroemde haiku over de stille vijver (waar dan ineens een kikker in springt - plons!) vat op die manier in zichzelf de hele ervaring van het krijgen van kinderen mooi samen. Net als je het huis aan kant hebt, komt er weer een kind doorheen banjeren op regenlaarzen om de orde compleet te verstoren. Net als je rustig wakker wordt en alles is vredig, springt er een kind op je bed. Net als je klaar staat om te vertrekken, poept er weer een in z'n broek. Ze doen het niet expres!
Dan kun je in de stress schieten, maar je kunt het ook zien als de verstoring van de orde waar het in het leven om gáát. Dat je het leven kunt zien als een spel, en dat het niet erg is als de orde wordt verstoord.

Voor de lol

Dus vergeet vooral niet om zelf te spelen. Ouderschap is een serieuze zaak. Maar, zeker bij je eerste kind, het is ook allemaal nieuw en hoe serieus ook, juist door te spelen leer je je het snelste aanpassen.
'Met genoeg spel, werkt het brein beter,' schrijft Stuart Brown. 'We zijn optimistischer en creatiever. We genieten van nieuwe dingen... en doordat we het nieuwe omarmen, worden we aangetrokken door situaties die vaardigheden testen die we nu niet nodig hebben, maar in de toekomst misschien wel. We horen onszelf zeggen: Ik deed het gewoon voor de lol, maar het bleek heel goed voor me te zijn.'
Ja, kinderen grootbrengen is soms doodvermoeiend en je moet honderd ballen in de lucht houden. Dat jongleren kun je zien als corvee, of als een zware serieuze taak, waarbij je jezelf afstraft als je een keer een bal laat vallen. Of je ziet dat jongleren als spel, als iets wat je oefent, samen met anderen, met vallen en opstaan en met komische buitelingen als je een bal nét mist. Spelen is een graadmeter voor je humeur en iets wat aangeeft hoe jouw eigen vlag erbij hangt. Heb je geen zin om te spelen, ben je ongeduldig en kun je niet lachen om de grapjes van je kind, dan is het tijd om gas terug te nemen en om te regelen dat je uit kunt rusten en een keer goed slaapt. En ga, als je vuurtje weer brandt, lekker mee de speeltuin in. Ga zitten op de schommel, de wip, doe tikkertje en verstoppertje en stamp in de plassen. Of bouw een toren en gooi die om, breek je hersens op een potje dieren-memory. Je doet het voor de lol, maar het heeft hetzelfde effect als een mindfulness-training, het is gewoon goed voor je. Het is wel confronterend als je kind al snel veel beter blijkt in memory, en ook nog een véél betere conditie blijkt te hebben dan jij. Maar hee, dan kun je daarna even uitpuffen op een bankje. En kijken naar die kluwen spelende kinderen, hoe dat rent, koppeltje-duikelt,stoeit, lacht, huilt en leert.
Spelen is magie.

'Het zijn de eenvoudigste dingen die fantasie stimuleren. Geef kinderen een lap stof en ze gaan kleren ontwerpen, geef ze takken en ze bouwen een hut. Met pannen openen ze hun eerste restaurant en met deksels vormen ze hun eerste muziekband'

BEA JOHNSON, AUTEUR VAN 'ZERO WASTE HOME'

Spelregels

Zo speelt je kind het lekkerst.

1. Zorg voor een veilige, vertrouwde omgeving. De belangrijkste voorwaarde om onbezorgd te kunnen spelen.
2. Maak tijd vrij om te spelen. Plan de gezinsagenda niet vol, maar zorg voor ruimte waarin je kind niets hoeft, en spontaan met andere kinderen kan afspreken.
3. Laat kinderen lekker hun gang gaan. Kinderen hebben het meeste plezier als ze vrij zijn om zelf te bepalen hoe ze spelen. Speel je samen met je kind, speel je rol dan mee en laat je kind bepalen wat er gebeurt.
4. Onderbreek liever niet. Als het niet anders kan, helpt het om het van tevoren aan te kondigen. 'Over vijf minuutjes gaan we eten' of 'over een paar minuutjes gaan we weer naar huis'.
5. Speel zelf ook. Kinderen kijken naar hun ouders, en als ze zien dat jij het ook leuk vindt om te spelen, zullen ze dat zelf ook doen. Doe met je kind bijvoorbeeld de spelletjes die je graag speelde, toen je klein was.
6. Ga eropuit. Ga regelmatig naar de speeltuin, naar het bos, het strand of een andere plek met anderen. Zoek je vakantiebestemming daar op uit.
7. Zorg voor speelmateriaal. Het hoeft allemaal niet ingewikkeld of duur te zijn, als het maar aansluit bij waar je kind aan toe is. Met een emmertje en schepje kan een kind op het strand uren zoet zijn.

Het ontdekken van de wereld

Spelende kinderen leren door te proberen, spullen uit elkaar te halen en dingen niet te doen zoals ze horen. Zo ontdekken ze gaandeweg hoe de wereld in elkaar steekt.

Een baby kan totaal verrukt zijn van een lichtknopje. Het licht gaat aan! En dan weer uit! Het lijkt wel toveren. Nog zo'n mirakel: een koekje onder een theedoek. Dan haal je die theedoek weg, en dan ís dat koekje er gewoon. Of dat je zelf verdwijnt achter een doekje, en dan weer tevoorschijn komt. Kiekeboe. Het is een prachtig spelletje, en tegelijkertijd leert je kind bij zo'n spelletje kiekeboe iets ongelofelijk belangrijks: dat dingen (en mensen) niet van de aardbol verdwijnen als je ze niet meer ziet.
'Spelen is de favoriete manier van leren van onze hersenen,' aldus de Amerikaanse psychologe Diane Ackerman in haar boek over spelen. Soms ga je door dat inzicht ineens anders kijken naar dingen waar je je anders aan kunt ergeren. Een peuter die eten op de grond gooit? Die heeft zojuist de zwaartekracht ontdekt. Natuurlijk, eten hoort niet op de grond, dat is een handige regel, eten hoort in je mond. Maar daarna kun je het spelletje ook meespelen. Hoe valt een veertje, een bal, een wc-rolletje, een prop papier? Kinderen benaderen de wereld letterlijk met een beginner's mind. De hersenen ontwikkelen zich terwijl je kind de wereld ontdekt. Niets ligt nog vast, niets is vanzelfsprekend. Peuters en kleuters bekijken dingen niet vanuit het oogpunt waar ze voor bedoeld zijn, maar vanuit het idee 'wat zou je ermee kunnen doen?' Een kartonnen doos kan een winkeltje zijn, of een boot, of een hut om in te schuilen.

Waarom doe je dat?

Peuters en kleuters dralen continu om je heen. Wat ben je aan het doen? Waarom? Waarom doe je het zo, en waarom niet zó? Je wordt er horendol van, maar eigenlijk zijn het goeie vragen. De zaken bevragen, creatieve oplossingen bedenken, een kind dat dat kan, heeft daar haar hele leven plezier van. Geef je kind een teiltje om af te wassen, lapjes stof, een schepje, maak een keukentje van een kartonnen doos, of een bureautje, alles waar je zelf mee bezig bent, maar dan in het klein. Laat ze kliederen en klooien en experimenteren. En intussen kun je jezelf afvragen: waarom doe je het eigenlijk zo, en niet zó? Best een goeie vraag.
Een professor in Amerika ontdekte dat veel studenten weliswaar heel slim waren, maar niet zo goed in het oplossen van problemen. De studenten die daar wél goed in waren, hadden als kind veel met hun handen gespeeld. Logisch eigenlijk. Leren doe je met je handen. Koekjes bakken leer je ook niet door een spelletje op de computer, maar door deeg te kneden, poppetjes te maken, te ruiken wanneer de koekjes bijna klaar zijn en door goed op de piepjes te letten als de oven klaar is. Daarna proeven hoe lekker ze zijn. Vijf zintuigen, bingo!

Over speelgoed

Voor speelgoed geldt: meer is niet altijd beter. Uiteindelijk leert je kind het meest van zélf dingen ontdekken. Het fijnst is als je kind precies beschikbaar heeft waar het op dat moment aan toe is en graag mee speelt. Te veel speelgoed? Berg een deel op uit het zicht, bijvoorbeeld op zolder. Ga een keer in de week samen iets uitzoeken om deze week mee te spelen. Is je kind erop uitgekeken, breng het speelgoed dan naar een goed doel of naar de kringloop - en zoek daar als beloning iets anders uit. Je kunt ook speelgoed ruilen met andere ouders. In de periode voor Sinterklaas kun je terecht op een speelgoedruilbeurs (check *recyclesint.org*). Maak tot slot van opruimen ook een spelletje. Bijvoorbeeld met een speciaal liedje ('Als het liedje is afgelopen, zijn we klaar!') Of, als het bijna bedtijd is, door de knuffels en auto's óók naar bed te sturen, netjes in de la of op het plankje naast het bed. Welterusten.

De straat op

Door te springen, klauteren en schommelen worden kinderen lenig en behendig. Ze oefenen balans en veerkracht. Laat ze dus lekker buitenspelen én leer ze stoeien.

Stoeien is heerlijk. Kinderen ontdekken hoe sterk ze zijn, krijgen zelfvertrouwen, leren assertief te zijn, én, misschien wel het belangrijkste, kunnen hun energie kwijt. Na een dag binnen zitten hebben kinderen extra behoefte om te stoeien. Bijvoorbeeld: ga op de grond zitten en laat je kind jou omverduwen. Of doe een kussengevecht. Met oudere kinderen: een potje vechten om de afstandsbediening werkt ook goed om stoom af te blazen. Probeer elkaars sokken eens af te pakken als je op de bank zit. Een kind krijgt zelfvertrouwen als het van je kan winnen. Bij een stoeispelletje kun je dat steeds moeilijker maken. In het begin laat je je omduwen, geleidelijk aan geef je meer tegenwicht, totdat je écht verliest van je kind.

Hut in het bos

Klimrekken zijn fijn, bomen zijn fijner. Een tak voelt zo anders. Ze zijn minder regelmatig, de bast voelt ruw, de uitdaging is groter. Als je valt, ligt er zachte bosgrond. Vuistregel: houd altijd op drie punten contact met de boom. In het bos gebruik je al je zintuigen. Je hoort knisperende bladeren. Je kunt een hut bouwen en op blote voeten lopen. En als het regent? Dan is het juist extra leuk! Laat een druppel op je tong vallen, maak een afdakje van takken en luister naar de regen, kijk hoe de blaadjes steeds vrolijker op en neer gaan als het harder gaat hozen, en ruik de geur van natte bosgrond. En daarna heel hard stampen in de plassen.

Tip voor buiten

De basics voor buiten: springtouw, schommel, fiets, bal, skateboard, emmertje en schepje. Een stok is ook fijn speelmateriaal.

'Alsof'-spelletjes

Winkeltje spelen, schooltje, vadertje-en-moedertje. Al spelend ontdekt je kind wat het leuk vindt en waar zijn of haar talent ligt.

Voor kinderen is spelen communiceren. Ze vertellen niet hoe het op school was, maar tijdens het schooltje spelen herhalen ze situaties, oefenen ze, en kunnen ze de dingen laten gaan zoals zij willen. Kinderen hebben op een dag veel informatie te verstouwen, daarom kan het rustig alleen spelen een manier zijn om dingen te verwerken. Je kind kan dingen naspelen, of fantaseren, in elk geval heeft het de leiding en dat is fijn. Ga er af en toe naast zitten als het aan het spelen is, en laat je kind bepalen wat er gebeurt. Speel het spelletje mee, dat kan ook als je bezig bent. Als je kind met 'n knuffel 'op reis gaat' naar de gang, zwaai het dan uit, en wees uitbundig blij als het even later weer terug komt. Winkeltje spelen, schooltje spelen of restaurantje spelen: meespelen hoeft niet lang te duren en het is superleuk, maar ook een manier om te ontdekken wat er in je kind omgaat en wat je kind leuk vindt.

Tip voor de fantasie

De basics om te fantaseren en grote mensen na te doen: miniatuurpoppetjes, knuffels en poppen, verkleedkleren, keukenspullen, poppenkast, poppenhuis.

Conflicten oplossen

Spelletjes zijn niet alleen een mooie manier om jezelf te ontwikkelen, maar ze maken het leven ook een beetje lichter. Je krijgt er energie van.

Kinderen leren spelen met elkaar. Ze leren om conflicten zelf op te lossen, rekening te houden met een ander, vriendschappen te sluiten, samen te werken en ruzies bij te leggen. Naarmate kinderen ouder worden spelen ze steeds vaker zelfstandig. Maar als ouder blijf je nodig, niet alleen om te troosten, maar ook om mee te spelen. Samen spelen is ook belangrijk voor de band die je als familie met elkaar hebt. Terwijl je samen speelt los je conflicten op, daag je elkaar uit en bouw je een band op. En in het geval van bordspelletjes leer je vaak ook nog strategisch denken, je verbetert je concentratie én je leert omgaan met je verlies. Een spelletje is ook een manier om de rust weer terug te brengen, als er net ruzie is geweest, of als je kriegelig bent. Met een potje stoeien klaart de lucht weer op.
En als je moe bent, of al een drukke dag achter de rug hebt? Juist dan kan even spelen helpen om alles een beetje lichter te maken. Geen tijd om te spelen, want je moet op tijd de deur uit en je kind wil haar schoenen niet aan? Door er een spelletje van te maken, gaat alles uiteindelijk vaak juist sneller, omdat je kind dan veel sneller meewerkt.

Wat te doen bij spelletjesleed?

Hoe ga je om met kinderen die ruzie maken, of als je kind niet mee mag spelen en het huilend bij je komt.

1. **Benoem de emotie: je bent verdrietig of je voelt je buitengesloten en dat is begrijpelijk. Als je verliest of je buitengesloten voelt, voelt dat vervelend.**
2. **Probeer geen partij te kiezen. Zeg iets als 'het lukt jullie vast wel om het op te lossen'. Bij vechten om een speeltje: spreek af dat de ander ermee mag spelen als de eerste klaar is (dat duurt vaak korter dan je zou denken).**
3. **Geef wat wij-tijd. Vraag of je kind jou wil helpen, of doe zelf even een spelletje met je kind.**

Verliesverdriet

Kan je kind niet tegen haar verlies? Heel begrijpelijk. Sterker: sommige volwassenen kunnen ook niet tegen hun verlies en wetenschappers hebben ontdekt dat bij verlies dezelfde hersengebieden actief zijn als bij lichamelijke pijn. Maar verlies valt niet altijd te vermijden en het fijne van spelletjes is juist dat je geleidelijk aan met dat soort emoties om leert gaan. Wat kun je doen om je kind te helpen?

- **Geef zelf het goede voorbeeld. Het is jammer als je verliest, maar niet het einde van de wereld. Het was tóch een leuk spelletje!**
- **Vorm eventueel een paar keer een team samen met je kind.**
- **Kies (tijdelijk) een spel waarbij het minder om winnen of verliezen gaat.**

8 boeddhistische eigenschappen voor kinderen

SPELEN MET IEMAND DIE JE EIGENLIJK NIET ZO LEUK VINDT, JE SNOEP DELEN EN ZONDER MORREN JE HUISWERK MAKEN; VOOR EEN KIND VALT HET NIET ALTIJD MEE OM NAAR DE INTENTIES VAN BOEDDHA TE LEVEN. MAAR ER ZIJN MANIEREN OM ZE ER TOCH WAT VAN MEE TE GEVEN. MET DEZE ACHT WIJSHEDEN LEREN KINDEREN VREDELIEVEND MET ELKAAR OM TE GAAN.

BLIJDSCHAP

Ik ben blij je te zien

Een knuffel tussendoor. Opkijken met een glimlach, als je kind naar je toe komt huppelen. Spontaan in de lach schieten als je vrolijk wordt van iets wat je kind doet. Het zijn allemaal tekenen van blijdschap. 'Ik zie je, ik ben blij met jou!' Blijdschap is spontaan, kinderen zijn er meesters in. Maar je kunt het ook oefenen. Door een complimentje te geven, bijvoorbeeld. Voor wat je kind kan ('Dat was een goeie bal') of wat je kind doet ('Wat fijn dat je me helpt, daar word ik echt blij van'). Blijdschap ontwikkel je ook door dingen te vieren. 'Het was een rare dag, maar we hebben ons er toch maar mooi doorheen geslagen. Wij hebben wel een ijsje verdiend, wat jij?'

GEDULD

Even wachten

Een moeilijke som waar je kind niet uitkomt, wachten op de bus, andere kinderen die onaardig doen. Geduld heeft te maken met moeilijke situaties. Als je dan geen geduld hebt, reageer je geïrriteerd of boos. Dan lijkt het alsof het aan de buitenwereld ligt, maar eigenlijk heeft geduld met je emoties te maken: je eigen onrust wat langer verdragen, dat is geduld. Van binnen rustig blijven. Je kind laten helpen met iets dat jij véél sneller kan bijvoorbeeld, dat is ook geduld. 'Fijn, lieverd, dat je me helpt!'

VRIENDELIJKHEID

Wij zijn aardig voor elkaar

Een van de hartkwaliteiten uit het boeddhisme is 'metta', liefdevolle vriendelijkheid. Het is een van de vier onmetelijkheden en dat is natuurlijk logisch: vriendelijk zijn, dat kan op oneindig veel manieren. Je kunt vrijgevig zijn met complimenten, je kunt geduldig zijn, iemand helpen of iets aardigs doen. Met vriendelijkheid haal je het beste in elkaar naar boven. Om samen met je kind te doen: onderzoek eens wat het effect is van vriendelijkheid. Als je vriendelijk bent tegen anderen, wat gebeurt er dan? Hoe reageren ze? Waar komt dat dan door, denk je? En als iemand vriendelijk is voor jóu, hoe voel je je dan?

VRIJGEVIGHEID

Dit is voor jou

Oké, speelgoed delen is niet altijd makkelijk, maar verder zijn kinderen gul in bijna alles. Let maar eens op wat je allemaal krijgt. Knuffels en kusjes, denkbeeldige snoepjes, een rol in elk fantasie-spel waar je kind vol van is. Je mag zelfs met de beer naar de 'dokter' als je kind van oma een dokterskoffertje kreeg. 'Mama, wil je spelen?'Altijd ja zeggen, want je kind je volle aandacht geven, dat is óók een cadeautje. Geven kan op zoveel manieren. Een verhaal vertellen over vroeger bijvoorbeeld, dan geef je iets van jezelf. Je kunt gul zijn met aandacht, met kennis, met liefde. Het raakt nooit op, het wordt alleen maar meer.

MEDEDOGEN

We helpen elkaar

Mededogen of compassie is in het boeddhisme 'de wens dat de ander vrij is van lijden en de oorzaken van lijden'. Dat kun je voor kinderen vertalen naar: we leven met elkaar mee en we helpen elkaar. Die twee gaan samen: eerst probeer je te begrijpen wat er in iemand omgaat en vervolgens schiet je te hulp. Als je merkt dat je kind worstelt met huiswerk, kun je samen kijken waardoor het komt. Als papa staat te hannesen met een zware boodschappentas, help je even. 'Zie je dat, de vogels hebben dorst... Dorst is niet fijn. Kom, we zetten een bakje water neer.' Helpen is leuk. Je maakt er iemand blij mee - en zelf word je er ook vrolijk van.

DISCIPLINE EN CONCENTRATIE

We doen wat nodig is

Het positieve doen, het negatieve nalaten en al doende zelfkennis ontwikkelen. Zo zou je het boeddhisme in drie punten kunnen samenvatten. Discipline heeft te maken met de eerste twee: doen wat nodig is en nalaten wat negatief is. Toonladders oefenen voor muziekles, of helpen met de tafel opruimen, daar is discipline voor nodig. Tip: kinderen willen regels best volgen, als ze begrijpen waarom ze belangrijk zijn. Discipline gaat prachtig samen met dat andere vaardige middel: concentratie. Eenvoudige oefening om dat te vermeerderen: steek 's avonds een kaarsje aan en blijf er samen een paar minuten naar kijken.

INZET

We doen het uit liefde

Inzet is 'vreugdevolle inspanning'. Niet dat halfslachtige 'nou ja, het moet nou eenmaal'. Maar vanuit vreugde iets extra's doen. Dat is een hele andere mindset. Voor een kind is inzet: bij lastige sommen een rijtje extra doen, omdat je er dan beter in wordt. Een goede vriend zijn van je kind, dat draait ook om vreugdevolle inzet. Zoveel taakjes komen erbij, het lijkt wel corvee. Maar dat is het niet. Je doet het uit liefde.

WIJSHEID

Leren hoe het zit

Wijsheid ligt in een gezin met jonge kinderen voor het oprapen. Wijsheid heeft namelijk te maken met oorzaak en gevolg, met snappen hoe alles met alles samenhangt. Als jij vriendelijk bent, heb je de kans dat een ander ook vriendelijk is voor jou. Als je inzet toont, gaat het beter. Echte wijsheid is leren wat vriendelijkheid is. Wat mededogen is, wat blijdschap doet met jezelf, en met een ander. Je kunt thuis een rustig, beschut plekje vinden om te zitten, lezen, nadenken, mediteren. Of samen met je kind onder een boom gaan zitten en naar de kleine beestjes kijken, hoe dapper die zich door het leven slaan. Proberen te begrijpen hoe groot en klein samenhangt, ook dat is wijsheid.

Ode aan water

Water is heerlijk: om mee te spelen, om in te badderen, om te drinken - of te eten. Het geluid van klaterend water is rustgevend... het verveelt nooit. Een ode aan water.

Waterverf

Aquarelleren - maar dan letterlijk: gewoon met een kwast en water tekeningen maken - op papier of op de grond. Het is maar tijdelijk, maar dat is niet erg. Het gaat om de intentie waarmee je schildert, de ervaring. Het is een soort geheim kunstwerk dat misschien alleen jij hebt gezien. Net als bij het harken van steentjes in een zentuin gaat het niet om het resultaat, maar om het werk zelf.

Kokoswater

Het schijnt een van de gezondste drankjes te zijn om het immuunsysteem te versterken, met precies de juiste hoeveelheid vitaminen, mineralen en zouten om het lichaam sterk en gezond te houden. Dus een prima drankje om kinderen aan te wennen. En als ze het niet zo lekker vinden, kun je het natuurlijk aantrekkelijk máken met leuke rietjes, glazen of een scheutje vruchtensap.

Buitendouche

Niets lekkerder dan de dag van je afspoelen met water - omdat het warm was, of om gebeurtenissen of gevoelens van je af te laten glijden. Dat kan onder de douche, maar is in de zomer ook heerlijk buiten, onder een zelfgemaakte sproeier. Prik wat gaatjes in een plastic fles,koppel hem met tape aan een slang, en je hebt een heerlijke buitendouche.

‘Ik ben maar water’,
zei de regendruppel
‘Je schittert,’
zei de zon

Verrassingsijs

Water kan verschillende vormen aannemen - stoom, nevel, mist, dauw, met ijs als favoriet. Waterijsjes zijn leuk om zelf te maken, helemaal als je er een verrassing in stopt. Want behalve smaakjes - met vlierbloesemsiroop blijven de ijsjes transparant, rode vruchtensiroop kleurt ze een beetje roze - kun je er ook ingrediënten aan toevoegen die je zomaar uit de tuin plukt: blauwe bessen, aardbeien of, verrassender: kruiden of eetbare bloemen zoals viooltjes, gele margrieten en vergeet-me-nietjes. Prachtig om te zien - en ook een leuk idee voor vrolijke ijsklontjes.

Volg de stroom

Niets rustgevender dan een klaterend beekje op de achtergrond. Bovendien zou volgens de feng shui stromend water positieve energie aantrekken. Dat kan ook een fonteintje in de tuin of op het balkon zijn. En hoe leuk om dat zelf samen te maken! Deze watertrap van een bamboe buis, wat bamboe stokken en ducttape is in een ochtendje gemaakt. Het enige wat je nodig hebt verder is een afkortzaagje, een verstekbak en een scherp bijltje om de buis te splijten. Tuinslang erin en klaar is je Japanse waterval.

Toverwater

Water heeft de bijzondere eigenschap dat je het kunt laden. Als je een glas mineraalwater neerzet met edelstenen als rozenkwarts (liefde), amethist (kalmte) of bergkristal (helderheid) - kun je 24 uur later de stenenkracht letterlijk drinken. Je kunt ook een mooi woord op het glas plakken: zelfvertrouwen, rust, kracht, en je hebt een op maat gemaakte toverdrank!

De helende kracht van onze stem

Maak geluid en gooi het eruit

Gillen, grommen, zuchten, knorren: bij zingen mag alles. Het helpt je om vrij te laten wat er binnen in je leeft. En kun je er de woorden niet voor vinden? Dan gebruik je gewoon de taal van je fantasie.

Onze stem gebruiken we de hele dag door. We praten, roepen, zingen, we maken geluiden als 'aaaah', 'pfff' en 'haha' of we zuchten nadrukkelijk. Toch uiten we ons lang niet altijd vrijelijk en volledig. We durven niet te zeggen wat we voelen en denken, houden ons in omdat we niet te veel aandacht willen trekken, onderdrukken emoties of fysieke pijn. Dat geldt niet alleen voor volwassenen, maar ook voor kinderen. Er kan al jong een rem zitten op hoeveel en hoe vaak een kind van zich laat horen. En dat is jammer, want zo komt het niet volledig tot zijn recht.

Emoties uiten

Stembevrijding kan helpen. Daarbij bevrijd je wat er in je leeft via je stem. "Het is zingen en klanken maken die uitdrukken wat je ervaart en voelt. Emoties als boosheid, verdriet en blijheid. Maar ook gedachten kun je zingend onder woorden brengen," legt stembevrijder en stemhealer Jacky Peeters uit. Ze is honderd procent overtuigd van de helende kracht van onze stem. Jacky ervaart in haar werk dat veel volwassenen er nu nog last van hebben dat ze zich niet hebben mogen uiten in hun jeugd. "Wees eens stil, stel je niet aan, stop met schreeuwen, zo erg is het allemaal niet, shhht, ik moet werken..." We doen het als ouders allemaal weleens. Ook al is dat menselijk - we hebben immers ook onze grenzen - het kan ervoor zorgen dat je kind zich niet gezien en gehoord voelt. Dan kan hij of zij concluderen dat bepaalde gevoelens er niet mogen zijn. Of je kind raakt ervan overtuigd dat het niet de moeite waard is.

Klank aan je gevoel geven

"Je wordt puur geboren, maar door allerlei ervaringen bouw je afweermechanismen op. Soms is je omgeving onveilig of je gevoel te groot om toe te laten. Dan ga je vluchten, bedekken, bevriezen, aanvallen of zelfs dissociëren. Dat blokkeert je en het zet zich vast in het lichaam," aldus Jacky. "Klank is trilling. Geluid maken laat je energie weer stromen. Dingen komen weer los. Jonge kinderen doen dit in principe van nature, vaak in combinatie met beweging. Bijvoorbeeld door te stampvoeten en te schreeuwen als ze boos zijn, te zingen en dansen of wiegen als ze blij zijn. Maar velen van hen leren dat in de loop van hun leven ook weer af. Omdat het 'niet normaal' gevonden wordt. Maar zingen is een volstrekt natuurlijke vorm van expressie. In oude, meer primitieve culturen wordt met en voor elkaar zingen ingezet als helend instrument."
Voor kinderen is het van groot belang dat ze zich veilig voelen, ook als ze overweldigd worden door emoties. Dat ze mogen uiten wat ze voelen, dat je daar ruimte aan geeft en hun gevoel erkent. Natuurlijk hoeft daarbij niks kapot te worden gemaakt en mag je kind jou of anderen geen pijn doen, maar even stampen of op een kussen slaan en daar geluid bij maken, keihard (en niet mooi) zingen om alle vreugde toe te laten; het is zo waardevol wanneer je daar als ouder ruimte voor kunt bieden.
Jacky: "Geef aan dat je snapt dat je kind boos, angstig, verdrietig of blij is. Erken dat gevoel, dat is precies wat we als volwassenen bij een therapeut zo belangrijk vinden. Zeg dat je niet precies voelt wat je kind voelt, maar het wel ziet. Dat hij of zij er klank aan mag geven. Het door zich heen mag laten trillen. Maak eventueel samen geluid. Je kunt je kind ook uitnodigen samen te zingen. Stel dat hij rouwt om het verlies van een huisdier, zing dan samen voor het dier. Zingen kan je kind helpen weer zacht te worden. En jou ook."

Jabbertalk en gibberish

Niet alle kinderen kunnen even makkelijk woorden geven aan hun gevoel, of hun gedachten onder woorden brengen. Dat hoeft ook niet. Sterker, nog, legio volwassenen hebben er ook moeite mee. Soms zijn ergens ook geen woorden voor, of kun je ze in ieder geval niet vinden. Dan, zo adviseert stembevrijder Jacky Peeters, kun je gewoon je toevlucht nemen tot *jabbertalk* (fantasietaal, gevoelstaal). Niks moet, alles mag en het hoeft nergens op te lijken. "Jakke ma tabaja jakka", "Kamatakajuja irekodo majetoeji. Redeloso amejocho derelele koejoemoe. Tarkopo mio dialopa kisku". "Ju tulure gu hutseflure".
Als Jacky het voordoet, klinkt het vooral komisch, maar het kan ook serieus worden. Of boos. Of verdrietig. Jacky: "In mijn praktijk werk ik met een meisje van 17 dat al vanaf haar zevende bij me komt. Ze is supergevoelig en werd op school gepest. Haar ouders wisten niet goed hoe ze haar konden begeleiden. Bij mij leerde ze zich uiten via klanken. Ze bloeide op. Onlangs nog vertelde ze dat *gibberish* - ander woord voor jabbertalk - haar erg heeft geholpen om zich gemakkelijker te uiten. Ze vond het ook heerlijk als ik voor haar ging zingen en drummen. Dan voelde ze alle 'slechte energieën' uit haar lichaam verdwijnen."
Je kunt zelf ook gibberish praten, als ouder. Bijvoorbeeld als je vastloopt in je zin, of in een gesprek met je partner. Als je de hitte omhoog voelt kruipen en je je dreigt af te sluiten of op het punt staat om iets te gaan zeggen waar je later spijt van gaat krijgen. Jacky: "Ik doe het geregeld met mijn vriend als we vastzitten in een conversatie. De emotie laait op en voor je het weet gaat je hart op slot. Wanneer we gibberish gaan praten, gaan onze harten open en stroomt het weer tussen ons. Dit kun je ook samen met je kind doen als je er niet uit komt. Maar ook voor de lol, bijvoorbeeld in de bus of in een restaurant, met het hele gezin."

Fijne stofjes

Stembevrijding kan diepgaand zijn. Het kan je bevrijden van trauma's, je transformeren, maar het hoeft niet. Het kan ook lichtvoetig zijn. Gewoon leuk. Jacky: "Zingen maakt gelukkig. Er komen allerlei positief

Zingen voor je baby

Uit onderzoek van The Australian College of Midwives blijkt dat baby's van moeders die slaapliedjes zingen minder huilen, minder darmkrampen hebben en 's nachts minder vaak wakker worden. Ook voor de moeders werkt het zingen positief: ze ervaren minder stress. En tot slot komt het de hechting tussen moeder en kind ten goede.

Bewezen heilzaam

Er komt steeds meer bewijs dat zingen goed is voor onze gezondheid en ons welzijn. Wie vaak zingt, traint zijn ademhalingsspieren en gaat beter ademen. Zingen kan er ook voor zorgen dat je meer oxytocine, immunoglobuline A en endorfine aanmaakt waardoor je weerstand verbetert en je je gelukkiger voelt. Dit blijkt uit een overzichtsstudie van de EENT Hospital of Fudan University in Shanghai.

---

stemmende stofjes bij vrij zoals serotonine en oxytocine. Ik citeer daarbij altijd de Amerikaanse filosoof en psycholoog William James: 'Ik zing niet omdat ik gelukkig ben, maar ik ben gelukkig omdat ik zing'." En denk bij zingen niet gelijk aan iets moeilijks, wat mooi moet klinken. Dat hoeft juist niet, want zodra we beginnen te oordelen over ons stemgeluid (te laag, te ijl, te hard, vals, lelijk), slikken we het vaak weer in. Wanneer je je stem en daarmee jezelf wilt bevrijden, is het belangrijk dat alles er mag zijn. Jacky: "Nodig je kind uit om zich te laten horen als het ongelukkig is door erover te zingen. Met kleine kinderen kun je dat ook doen als ze fysiek pijn hebben. Zeg bijvoorbeeld: 'Zullen we samen voor je knie zingen' of 'Zullen we je knie laten zingen'. Je kunt ook je buik laten zingen als je buikpijn hebt. Of vanuit je hart je buik toezingen. Het kan ook bij vrolijke gevoelens: laten we vanuit onze tenen zingen, onze jubeltenen."

Iedereen heeft een helende stem. Denk maar aan al die ouders die hun kinderen in slaap zingen. Kinderen worden er ontspannen van als je voor ze zingt, voelen zich veilig en geborgen. Alleen kiezen we daarbij vaak voor een vaste vorm, een kinderliedje. "Dat hoeft helemaal niet", vindt Jacky. "Kies je eigen geluid, met en zonder woorden. Onder zingen versta ik elke klank die je verlengt. Aaaaaaa, is al zingen. Luister naar wat er in je opkomt. Je kunt je daarbij ook een kleur voorstellen, of een kwaliteit zoals zachtheid, troost, etcetera. Je kunt ook samen zingen. Bijvoorbeeld als je kind bang is voor het donker. Zing dan licht in de ruimte. Of zing samen voor iemand waar je kind zich zorgen over maakt, zoals opa die ziek is. Indianen doen dat ook, met een hele stam zingen voor een zieke. Degene die wordt toegezongen gaat zich beter voelen en degene die zingt ook."

Stembevrijding om met je kind te doen

OEFENINGEN

Praatstok

Een laagdrempelige manier om in een groepje (bijvoorbeeld je gezin) je stem vrijelijk te kunnen laten horen is door gebruik te maken van een zogenaamde 'talking stick'. Dit gebruik komt bij de indianen vandaan. Je kunt zo'n talking stick zelf maken, online vind je voorbeelden. Wie de stok vastheeft, praat vanuit zijn hart. Het is de bedoeling dat je niet van tevoren bedenkt wat je gaat zeggen maar de woorden laat stromen. Iedereen luistert met respect en zonder oordeel. Als de spreker zich gehoord voelt, eindigt hij door 'Aho' te zeggen. De rest zegt 'Aho' terug. Dat betekent: we hebben je gehoord. Het is handig om met een timer te werken en die bijvoorbeeld op twee of drie minuten te zetten.

Je nahahahaaam zingen

Dit kun je met z'n tweeën doen, met het hele gezin of met de klas. Eerst zing je zelf je naam en vervolgens zingen de anderen 'm naar je terug. Doe dat drie keer, op drie verschillende manieren. Denk er niet over na, kijk gewoon wat er komt. Vervolgens doet je kind dit met zijn eigen naam en zo ga je de groep langs.
Jacky Peeters: "Wanneer je je eigen naam zingt, wordt er een heleboel aangeraakt. Je naam is een deel van je identiteit. Je kunt er mee samenvallen, maar 'm ook overstijgen. Het naamzingen is een leuk onderzoek en een mooie manier om je te verbinden met elkaar. Je kind voelt zichzelf als hij zingt: dit ben ik. En als je terugzingt, voelt het zich bevestigt in wie hij is. Het kan ook een manier zijn om 'welkom' tegen elkaar te zeggen, bijvoorbeeld als je iets met een groep gaat doen." Zing je naam afwisselend met ogen open en ogen dicht.

Babygeluiden

Kinderen vinden het vaak fantastisch om babygeluiden te maken, soms tot ergernis van de ouders. Realiseer je - voordat je je ergert - dat het een belangrijke functie kan hebben: contact maken met de baby in zichzelf. Als je kind babytaal gebruikt, voelt hij zich groot en kan hij tegelijkertijd weer even baby zijn. Speel (allebei) dat je een baby bent die in de wieg ligt, schommel met je benen en doe alsof je net ontdekt dat je een tong hebt en geluid kunt maken. Dit kan ook bevrijdend werken voor je eigen innerlijke kind.

Klaagzingen

Meestal mogen we van onszelf niet klagen. Maar doe het eens wél, met veel geluid, gezucht en gesteun. Zingzeg aiaiaiai, auauauau of oioioioioi. Vorm desnoods een klaagkoor, samen met je kind(eren). Het is heerlijk voor je stem, je mag lekker even jeremiëren en je doet er niemand kwaad mee. Het kan bij rouw, verdriet, pijn maar ook bij kleine frustraties. Niet dat je het wegzingt, maar er ontstaat wel meer ruimte als je het toelaat en vaak ebt het dan sneller weg. Je kunt ook samen 'au' zingen voor de knie van je kind, de knuffel die hij verloren is, de bult op zijn hoofd. Of boos zingen naar de pesters op school, de liefde zingen of een gebed zingen...

Beweging en klank

Maak samen bewegingen als rekken, trillen, gekke bekken trekken en maak er geluid bij.
Stampen met je voeten met klank.
Schoppen met je benen met klank.
Wiegen met je heupen, zwaaien met je armen, je nek van links naar rechts bewegen met klank.
Je schouders optillen en met klank laten vallen. Enzovoorts.

Zingen in en voor de natuur

Zing in de tuin, als je aan het wandelen bent, zing voor een bloem, een boom, je hond die je uitlaat. Zing voor de sterrenhemel in het donker, voor de sterren, de kosmos, het universum. Voel dat je er deel van uitmaakt.

Instrumenten maken

Samen in een band

Samen muziek maken is een mooie manier om verbinding en plezier te creëren. Een kind leert zo spelenderwijs meer over de kracht van klank. De instrumenten maak je eenvoudig zelf met spullen die je in huis vindt.

Brenger van leven

Instrument dat door Aboriginals werd gebruikt om regen op roepen. Want als er regen is, is er leven. Maar nu houden we van de regenmaker omdat je er zo heerlijk rustig van kunt worden. Eigenlijk is het een grote sambabal. Want net als een sambabal maakt de lange koker geluid als je 'm heen en weer beweegt vanuit je pols. Als je dat langzaam doet, maakt-ie een ruisend geluid dat op regen lijkt. Hoe het precies klinkt, hangt af van het materiaal waarmee je de regenmaker vult. Neem je knikkers? Dan stortregent het. Neem je zand? Dan druppelt het zacht. Koffiebonen? Alsof je in een tent ligt. Hoe meer je in de koker stopt, hoe meer geluid hij maakt. Met lint, verf en frutsels maak je ze mooier.

TIP: **je kunt ze ook vullen met dingen die je in de tuin of in het bos vindt. Bijvoorbeeld bladeren, takjes of eikels.**

Feestnummer

De panfluit is genoemd naar de Griekse god Pan, die er van oudsher voor zorgt dat feestjes vrolijk zijn. Hij maakte ooit een fluit van echt riet, maar van gewone rietjes kan het ook. Hier zie je er eentje van roestvrijstaal, en met een elastiekje erom lijken de rietjes op een panfluit. Door erop te blazen hoor je tonen. Met papieren rietjes lukt het minstens zo goed. Leg er een aantal naast elkaar op tafel en omwikkel ze met bijvoorbeeld schildertape, zodat ze netjes op een rij blijven als je de fluit oppakt. Knip de hele rij aan één kant schuin af; dat wordt de onderkant. Door de verschillende lengtes kun je verschillende tonen maken. Het kleine rietje geeft een hoger geluid dan het grote rietje.

TIP: **als je de onderkant van de rietjes afsluit met een bolletje zachte kinderklei, klinkt het nog mooier.**

Ritme van je hart

Dat een sjamaan zichzelf in trance brengt door te trommelen, is niet zo gek als je merkt hoe intens het geluid van een trommel kan zijn. Het doet denken aan een hartslag. In een band geeft een drummer het tempo aan; het ritme gaat snel of langzaam. Je kunt het merken aan je voeten, ze willen vanzelf bewegen als het tempo hoog is. Met een stel lege grote blikken of omgekeerde emmers kun je een drumstel maken. Zet ze voor je op een lage tafel en sla erop met een stok of pollepel. Als het blik een deksel heeft, klinkt het lekker hard. Tenzij je er stof omheen spant, dan klinkt het doffer. Het is spannend als je die verschillende klanken afwisselt.

TIP: geef je drumstok een zacht 'hoedje' van stof of maak er een steentje aan vast. Het geluid klinkt dan gedempt of juist blikkerig.

Snelle roffels

Van dit Afrikaanse instrument word je vanzelf blij. Dat krijgt een trommel voor elkaar, ook als het zo'n kleintje is; hij laat je voelen. Als je de steel tussen je handen heen en weer wrijft, ketsen de kralen tegen de voor- en achterkant. Om 't zelf te maken heb je een papieren bekertje nodig, waar je een dubbel touwtje doorheen trekt. Zorg dat de uiteinden even lang zijn. Knip uit karton twee cirkels, en plak die met lijm aan het bekertje, aan elke kant eentje. Rijg dan kralen aan de touwtjes, en zet ze vast met een dikke knoop. Let op dat de touwtjes niet te lang zijn: de kralen moeten precies het midden van de cirkel raken. Plak tenslotte met ducttape een stokje aan de binnenkant. Als je dat tussen je handen rolt, komt er door de snelle beweging een roffelende klank.

TIP: **versier de ronde kartonnetjes zoals je zelf wilt. Daarmee wordt het echt jouw instrument.**

Samen in beweging

Let's dance

Draagdoekdansen, met je peuter op je tenen, met pubers in de huiskamer; er zijn tal van mogelijkheden om samen te bewegen op muziek. Je wordt er fit van en vrolijk, en de ontwikkeling van je kind heeft er baat bij.

"Een dag niet gedanst, is een dag niet geleefd," zegt dansende dokter Cuna Knegt. Ze is arts, onderzoeker en lifestylecoach, en toerde samen met neuroloog Erik Scherder door het land om iedereen te overtuigen van het belang van dansen. Ze danste altijd al en nadat haar vader ernstig ziek werd, nog meer. Ze doet aan moderne dans in groepsverband, zo'n vijf uur per week. Haar kind is een enorme motivator en inspirator om in beweging te blijven, aldus Cuna. "Ik begin de dag zingend, wiegend en klappend. Ik dans met hem door het huis." Volgens Cuna kunnen ouders hier niet vroeg genoeg mee beginnen. "We hebben een voorbeeldfunctie, ook met betrekking tot bewegen en dansen. Kinderen kijken naar hoe wij klappen en dansen, en dat draagt sterk bij aan de ontwikkeling van hun motorische vaardigheden. Als ze naast het kijken de bewegingen vervolgens zelf uitvoeren, worden die vaardigheden nog beter."

Lichaamsbewustzijn

Er is veel onderzoek gedaan naar de positieve effecten van dans op lichaam en geest. Zo blijkt dat dansende kinderen tussen de zes en tien jaar een beter lichaamsbewustzijn hebben dan kinderen die niet dansen. Cuna: "Lichaamsbewustzijn houdt in dat je je een beeld kan vormen bij hoe je benen zich tot je romp verhouden, dat je weet waar je ogen zitten, je oren, je mond. Stel dat je kinderen een afbeelding van een gezicht geeft en hen vraagt er ogen en een mond in te plakken, dan kunnen kinderen dat nog niet zo goed terwijl dat voor volwassenen een vanzelfsprekendheid is. Zo plaatsen kleine kinderen de ogen bijvoorbeeld te dicht bij elkaar of ondersteboven. Als je kinderen die dansen vraagt om in een tekening armen, benen, een hoofd en een romp te plaatsen ten opzichte van elkaar, dan doen ze dat beter dan niet-dansers. Dat is prettig, het geeft zelfvertrouwen. Ze zijn ook bekender met hoe hun lichaam door de ruimte beweegt. Dit is van waarde voor hun acties en interacties."
Bijvoorbeeld voor in het verkeer? "Ja, daar zou dat relevant kunnen zijn."
Ook kan dansen helpen creativiteit te vergroten, vooral door de vormen waarbij je mag improviseren. Cuna: "Wanneer je aan dansertjes vraagt om bewegingen in de ruimte te maken, zijn ze beweeglijker en brengen ze meer variatie aan in hun bewegingen. Daarnaast bedenken ze ook meer betekenissen voor die zelfverzonnen bewegingen dan de kinderen die niet dansen. De niet-danser blijft misschien bij: 'Ik ben een voetballer op het voetbalveld'. De danser zegt: 'Bij het maken van deze bewegingen ben ik een voetballer, maar ik kan ook in de keuken slagroom staan kloppen of ik ben aan het kleuren...' Je kunt je voorstellen dat dit ook op andere momenten bijdraagt aan het verzinnen van meerdere oplossingen voor hetzelfde probleem, bijvoorbeeld bij testjes." Ze benadrukt dat dit creatieve aspect ook opgaat voor volwassenen en (kwetsbare) ouderen. "Of je nou intensief danst, alleen meeklapt, op een stoel zit en je arm van links naar rechts beweegt, in de maat, uit de maat, op anderhalve meter afstand, of samen met je (klein)kind, het helpt allemaal."

Gelukshormoon

Uit diverse studies blijkt dat het belang van bewegen voor kinderen groot is. Het gaat overgewicht tegen, zorgt voor uithoudingsvermogen, spierkracht, lenigheid, souplesse en draagt bij aan een goede geestelijke gezondheid. Door te bewegen maak je verschillende hormonen aan, waaronder endorfine, het zogenoemde gelukshormoon. Dat geeft instant een vrolijk gevoel en gaat pijn tegen. Samen bewegen vergroot ook het gevoel van verbinding. Het bijzondere aan dansen is dat het ervoor zorgt dat bewegen bijna vanzelf gaat. Door het plezier wat kinderen - en wijzelf trouwens ook - eraan beleven, voelt het niet als een training. Kinderen hebben - in tegenstelling tot de meeste volwassenen - een natuurlijke beweegdrang. Ze zoeken vanaf hun geboorte naar manieren om zich fysiek te ontwikkelen; kruipen, staan, lopen, springen.

Daarnaast hebben ze behoefte aan experimenten. Dans leent zich buitengewoon goed voor allebei. Bovendien is het een ideale manier om je te uiten, ook en vooral voor kinderen die daar (nog) niet zo goed in zijn. De schaamte die veel volwassenen voelen omdat ze denken dat ze geen ritmegevoel hebben, niet flexibel genoeg zijn of niet op de juiste manier bewegen, kennen jonge kinderen nog niet. Alle reden dus om van jongs af aan geregeld thuis met ze te dansen of ze dansles aan te bieden. Dat maakt de kans groter dat ze zich er later niet ongemakkelijk bij voelen. Trouwens, kinderen die op jonge leeftijd genoeg bewegen, blijken dit op latere leeftijd vaak te blijven doen.

Met z'n allen

Draagdoekdansen, je peuter op je tenen zetten en samen swingen, met kleuters om de tafel rennen, door het huis stampen onder het genot van een opzwepend muziekje, bijvoorbeeld van hun favoriete (Disney)-film, samen 'Just dance' op de Wii spelen, een stopdans doen met een groepje kinderen (jij aan de knoppen en iedereen moet stoppen als je op 'pauze' drukt; in die houding blijven staan zonder om te vallen), met jonge kinderen kun je legio dingen bedenken, passend bij hun leeftijd. Heb je het gevoel dat je totaal niets te bieden hebt op het gebied van dans, dan kun je altijd je toevlucht zoeken tot danslesjes op Youtube, bijvoorbeeld die van Juf Roos, Kinderen voor Kinderen of Zumba Kids. Maar ook met oudere kinderen is nog van alles mogelijk en hoeft het niet meteen *akward* te zijn. Zeker als je er een gewoonte van maakt. Kies bijvoorbeeld voor een vast moment, zoals na het avondeten, om met het hele gezin te dansen op ieders favoriete nummer. Bij tieners die al huiswerk moeten maken, kan het een uitstekende pauze zijn tussen het leren door. Even helemaal los op de muziek en dan weer verder met concentreren. En natuurlijk is er altijd nog de mogelijkheid van georganiseerde groepsdanslessen waarbij je als ouder meedoet, langs de kant zit of ergens anders wacht. Voordat je je schuldig voelt omdat je het dan uitbesteedt, zo'n groepsactiviteit brengt weer andere voordelen met zich mee. Je kind leert het belang van samenwerken, het oefent in geduld op brengen, leiderschap aanvaarden en kwetsbaarheid accepteren: het is oké om niet alles meteen te kunnen, je kunt eraan werken en om hulp vragen. Ook heel zinvol dus.

Loskomen

Wat doe je met kinderen die een beetje nurks zijn? Of verlegen? Hoe verleid je ze tot wat moves? Dans- en muzieklerares Marieke Trienekens stond samen met haar dochter in de finale van tv-programma 'Holland's got talent'. Ze weet als geen ander hoe je kinderen aan het dansen krijgt. "Om ze los te krijgen en op te warmen, begin ik meestal met klassieke muziek. Dan laat ik ze bijvoorbeeld alle lichaamsdelen geïsoleerd bewegen. Ik doe het zelf voor, dat kun je thuis ook doen. Eerst de voeten, dan de knieën, benen, heupen, en zo door naar boven. Het is bij kinderen goed om een beeld te gebruiken. Bijvoorbeeld dat van een marionet. Je kunt ze aansporen om te doen alsof er een touwtje aan hun knie zit wat ze omhoogtrekken en weer loslaten." Vaak zet ze daarna een bekend muziekje op, van Kinderen voor Kinderen of zo. Folklore werkt ook goed, want dat spoort aan tot bewegen. Marieke: "Als kinderen niet mee willen doen, kun je ze ook zelf bewegingen laten verzinnen. Iedereen improviseert iets en de anderen doen het na. Dat voelt als een beloning."
Beginnen kan lastig zijn, maar stoppen soms ook. Want heb je de boel eenmaal opgezweept, dan vliegen je kinderen nog wild door de kamer terwijl ze eigenlijk naar bed moeten. Afbouwen is de truc, zegt Marieke. Zet rustige muziek op en laat ze hun lijf van boven naar beneden weer afgaan tot ze bij de voeten zijn. Door hun schouders te laten bewegen en lichaamsdelen te rekken. Of door op een matje te liggen en alle spieren een voor een aan te spannen en weer zacht te laten worden. Al is het maar een minuutje.

Dansspelletjes

Dans- en theaterdocent Paul Rooyackers heeft een bundel gemaakt met 50 dans- en bewegingsspelletjes voor kinderen en jongeren: 'De 50 beste dans- en bewegingsspelletjes'. De spelletjes zijn verdeeld in vijf categorieën: dansen met je lijf, karakterdansen, samenwerkingsspelletjes, straatdansen en feestdansen. Twee voorbeelden.

'Balans'

(SAMENWERKINGSSPELLETJE)

Ga met z'n tweeën tegenover elkaar staan, strek je armen en houd je handpalmen tegen die van je partner. Houd de handen tegen elkaar gedrukt en probeer allerlei houdingen uit. Hoog, laag, door je knieën, dichtbij de grond. De een kan zijn armen buigen. Beweeg mee met wat de ander aangeeft. Wissel van tempo.

'Duizend bewegingen'

(STRAATDANSEN)

Ga in een kring staan en maak slow motion-bewegingen vanuit één hand. Gebruik je onder- en bovenarmen nog niet. Kijk hoeveel bewegingen je kunt maken. Vervolgens mag je je onderarm ook gebruiken. Wat kun je nu allemaal? Daarna ook de bovenarm. Je andere arm. De schouders. Je nek. Je hoofd. Uiteindelijk kun je wel duizend sierlijke bewegingen maken zonder bepaalde lichaamsdelen te gebruiken.

Als een vlinder

Je kunt ook gebruik maken van materialen zoals ballen, belleblaas of sjaaltjes. Bellenblazen, de muziek aan en dan rondjes tussen de bellen door draaien, ze met je voeten of handen aanraken, zorgen dat ze mee gaan dansen... Een bal kun je op de maat overgooien of op de maat laten stuiteren. Met een sjaaltje kun je een vlinder nadoen of je hangt 'm aan je broek als een staart.

Buikdansen

Goed voor moeders die thuis hun 'core' een beetje willen trainen; buikdansen. Het versterkt je bekkenbodemspieren en je buik- en bilspieren. Bovendien is het goed voor je houding. Het kan op Arabische muziek of op popmuziek. Superleuk om met je kind te doen vanwege het speelse karakter. Twee makkelijke beginoefeningen.

'Bekkencirkel'

Kom staan met licht gebogen knieën, voeten tamelijk dicht bij elkaar. Laat rechts je bekken zakken. Kantel door naar voren. Laat links je bekken zakken. Kantel door naar achteren. Weet je hoe het werkt, maak er dan een vloeiende beweging van. Hou de beweging klein en je voeten plat op de grond.

'Heupwiel'

Teken met één heup tegelijk cirkels in de lucht. Eerst een aantal keer met links, dan een aantal keer met rechts. Hou je armen in het begin langs je heupen en probeer het daarna eens met je armen omhoog.

Welke muziek?

In principe kun je overal op dansen. In het boek 'Singing in the brain' schrijft neuroloog Erik Scherder dat je je kunt laten helpen door muziek als je meer of vaker wilt bewegen. Stevig wandelen blijkt bijvoorbeeld makkelijker te gaan op een ritme van zo'n 100 tot 120 beats per minute (bpm). Hardlopen houd je langer vol als je het op muziek doet. Dit geldt ook voor dansen. Via spotify kun je afspeellijsten vinden die helemaal gevuld zijn met liedjes in een bepaald ritme. Toets 125 bpm in voor stevige dansmuziek, wil je ontspannen zwieren, kies dan voor 40 bpm. Je muziekkeuze hangt natuurlijk ook af van de leeftijd van je kind en je smaak.

Lekker vies

Buiten spelen is gezond: door de frisse lucht, het zonlicht, de beweging, maar ook door de bacteriën die je binnenkrijgt. Een beetje modder eten is goed voor je. Vijf (buiten)activiteiten waar je lekker vies van wordt.

Buitenspelen maakt een kind sterker en socialer. En in de natuur gaat stress vanzelf omlaag: buitenspelen schijnt bij basisschoolkinderen - vooral bij jongens - zelfs de leerprestaties en de cognitieve ontwikkeling te verhogen. Kinderen de ruimte en tijd geven om hun energie eruit te gooien, scheelt bovendien heel wat onrust in de klas. Als je naar school loopt in plaats van met de fiets of auto te gaan, begint je kind zijn dag gegarandeerd beter en zal het zich beter kunnen concentreren. En als je er echt even de tijd voor neemt, kom je lopend van alles tegen.

Bacteriën voor het immuunsysteem

Buitenlucht en zonlicht zijn goed voor de geest en je krijgt er een geluksgevoel van: daglicht bevordert namelijk de aanmaak van serotonine, een hormoon dat een positief effect heeft op onze stemming. Word je er ook nog vies bij, dan doe je het helemaal goed. Niet voor niets voelt voor volwassenen tuinieren soms als mediteren. In de natuur komt de geest tot rust en met je handen wroeten in de grond werkt aardend, stresshormonen nemen af.
Als kinderen vies mogen worden, durven en doen ze meer, ze experimenteren, worden creatiever en nemen risico's. Het stimuleert de zintuigen op allerlei manieren. Kinderneuroloog Dr. Shetreat-Klein schreef er zelfs een boek over 'Goed vies, het nieuwe gezond', waarin ze concludeert dat bacteriën goed zijn voor ons immuunsysteem. Bacteriesoorten die in de bodem leven, tref je namelijk ook aan in onze darmen. Contact met deze bacteriën kan meehelpen aan een goede darmflora. Een voorbeeld van zo'n gezonde bacterie is Mycobacterium vaccae - die zelfs kan zorgen voor een toename van serotonine in de hersenen. Er zijn zelfs studies die uitwijzen dat kinderen die opgroeien in heel schone huishoudens vaker ziek zijn. Dr. Shetreat-Klein raadt dan ook aan om je kind niet meer dan drie keer per week in bad te doen - liefst zonder zeep, omdat dat uitdroogt en de natuurlijke oliën op de huid belangrijk zijn om vitamine D uit zonlicht te kunnen absorberen - goed voor sterke botten en spieren, een goede afweer en een gezond brein.

Connectie met de aarde

Kinderen 'vervelen' zich nu vaak als er geen scherm voorhanden is. Maar juist voor gamers is buitenspelen goed: de oogspieren schijnen door al het tablet- en smartphonegebruik te veel op 'dichtbij' te staan, wat bijziendheid kan veroorzaken. Een beetje onderzoekend de natuur in zorgt ervoor dat je op verschillende afstanden moet focussen en dat is beter voor je ogen. Dus geef het goede voorbeeld: ga naar buiten, dans in de regen, voel de zon op je gezicht, het gras tussen je tenen, maak weer connectie met moeder aarde. Een uurtje per dag buiten zijn, en liever nog twee, maakt al een wereld van verschil.

Modderhuis

Voor een insectenhuis kun je kant-en-klare bouwpakketten kopen, maar veel leuker is het om met je kinderen de materialen zelf bij elkaar te scharrelen. Snuffel in de buurt naar stukjes hout, stenen en bloemen. Neem grotere stukken hout als basis en creëer 'kamers' door stenen tussen hout als steunbalken te gebruiken. Maak het een geheel door letterlijk met modder te gooien: vinden kinderen heerlijk! Versier het hotel met bladeren, gras, bloemetjes, onkruid. Wil je bepaalde beestjes lokken, dan kun je de kamers nog vullen: bijen houden van holle takken, bamboe en riet, lieveheersbeestjes en torretjes houden van houtwol of -snippers en schors en dennenappels en om vlinders te plezieren vul je een kamer met wat dorre takjes en blaadjes en maak je een deurtje met wat gleuven erin. Zet 'm enigszins beschut neer, en nu maar afwachten wie er even komt schuilen of misschien wel intrekt om eitjes te leggen.

Dirty denim

Geef een oude spijkerbroek een tweede leven door 'm op de juiste manier af te raggen: slijtage mag er zijn tenslotte, en hoe meer gaten en scheuren, hoe beter. Dus laat ze ermee door de modder rollen, achter de fiets hangen, er flink op stampen, er misschien zelfs in knippen, of steentjes in doen en dan maar springen. Wat overblijft is een origineel eigen ontwerp, nergens te koop!

Energy balls

Zelf met eten bezig zijn, doet eten, dus aan de slag. Je krijgt er vieze handen van, en zien er een beetje uit als modderballen, maar dat is alleen maar pretverhogend. Voor 8 tot 12 stuks: doe ½ kopje amandelmeel met ¾ kopje ontpitte dadels en 1 eetlepel kokosolie in de keukenmachine en meng de ingrediënten tot een glad geheel. Voeg 1 eetlepel amandelpasta (pindakaas kan ook) en 2 eetlepels rauw cacaopoeder toe en meng opnieuw in de keukenmachine. Voeg indien gewenst een beetje zout toe. Rol er ballen van - drollen kan ook, hangt een beetje van je kinderen af - plaats ze een uur in de vriezer en dan heb je een lekker en gezond tussendoortje.

Blubbercafé

Moddertaartjes maken, ijsjes van zand, kopjes blubberthee, aardekoffie en chocolaatjes van houtsnippers. Wroeten met je handen in de aarde is goed voor je, alle zintuigen gaan open staan en het werkt letterlijk aardend. Dat kunnen de meeste kinderen goed gebruiken, zeker om weer even te landen na hun schermtijd.

Dagboek van een worm

Vervelen is natuurlijk goed voor je, maar mocht je kind deze zomer nou even niets te doen hebben, is een opdrachtje soms ook leuk. Laat hem zich een dag verplaatsen in een diertje, een worm bijvoorbeeld. Heel leuk om er iets over op te zoeken en dan te kijken wat zo'n beestje eigenlijk doet de hele dag. Beetje graven, beetje rondrommelen, beetje eten, beetje slapen. Heel inspirerend eigenlijk. Maak er samen een mooi boekje van: met sporen, voedsel, teken zijn huis of zijn grote liefde. Zo ga je overal de schoonheid van inzien.

VOOR JOU ALS OUDER

Jong blijven

Schud het kind in jezelf wakker

Als ouder ben je snel geneigd om je heel verantwoordelijk, beheerst en zelfs betuttelend gaan gedragen. Maar waar is dan het kind in jezelf gebleven? Het spontane meisje of jongetje dat gretig de dag plukt - en heel fijn gezelschap is, voor jezelf en je echte kind.

Je krijgt een baby en de kans is redelijk groot dat je van de ene op de andere dag in een control freak verandert. Van tevoren had je niet kunnen bevroeden dat je het wezentje in je armen zo allesoverheersend, overdonderend en absoluut, niet te relativeren, belangrijk zou vinden. Maar vanaf nu denk je in hoofdletters en uitroeptekens: MET DIT KIND MAG NIETS MISGAAN EN ZEKER NIET DOOR MIJN SCHULD! Dus laat je niets meer aan het toeval over, je controleert alles drie keer: kruik niet te heet, badwater niet te koud? Gaat er genoeg eten in, komt het er allemaal netjes weer uit? Logisch. En voor je het weet, ben je de gespannen ouder die je had gehoopt nooit te zullen worden.

En dan, als je kind wat groter is, en het is zo'n dag dat je al urenlang hebt lopen mopperen, verbieden, commanderen, afpakken, opruimen, terugleggen en wegvegen, kan het gebeuren dat je je ineens iets herinnert. Hoe was het ook al weer... Zou ik niet een relaxte ouder worden? Zo een die lacht en danst met z'n kind, die grapjes maakt, die het huis af en toe onbekommerd een bende laat worden en in die bende doorgaat met lachen en dansen? Een die z'n kinderen laat zien dat het leven een feest is, geen corvee. Niet zo'n overspannen Mevrouw Helderder uit de klassieker 'Pluk van de Petteflet', maar losjes, als de vader van de Stampertjes.

Wat kan helpen om een (meer) zorgeloze moeder of vader te worden, is je zogenaamde 'Innerlijke Kind'. Het I.K. is inmiddels al een jaar of veertig, en toch is het nog steeds actueel. Het werd in de jaren zeventig van de vorige eeuw ontdekt door psychologen. Maar eigenlijk bestond het toen al, want de beroemde Zwitserse psychiater Jung noemde dit het 'Goddelijke Kind'. Daaraan zie je meteen al hoe spiritueel het hele idee is. En als je tweeduizend jaar teruggaat, kom je niemand minder dan Jezus tegen die zijn volgelingen aanraadde om als kinderen te worden, wilden ze het koninkrijk Gods binnengaan.

Waarmee hij waarschijnlijk zoiets bedoelde als het ideale ouderschap dat je ooit voor ogen had: ontspannen genieten van elke dag, wat het leven ook brengt. Speels en creatief door de dagen huppelen. Alle gevoelens accepteren, door je heen laten gaan én weer loslaten.
Het Innerlijke Kind heet 'goddelijk' omdat het nog zo dicht bij zijn oorsprong staat, bij de goddelijke bron, en uit die bron komt een eindeloos opborrelende fontein van scheppingskracht en levensvreugde. Sommige psychologen noemen het je Ware Zelf, en de Amerikaanse lifecoach Martha Beck heeft het in haar boek 'Finding Your Own North Star' over je Essentiële Zelf. Dat is het stuk in je dat vol enthousiasme en vertrouwen is, creatief en inventief, spontaan en vol humor - zeg maar de Pippi Langkous in jezelf. Dit in scherpe tegenstelling tot het Sociale Zelf, ook wel bekend als de Innerlijke Criticus: je hardwerkende, bezorgde, voorspelbare en planmatige zelf. De controlfreak, de vermoeide tobber die niet kan loslaten.

Warm opvoeden

Zodra je zelf ouder wordt, heb je de neiging om je ook als ouder te gedragen - of als het beeld dat je hebt van wat een ouder zou moeten zijn... Dat beeld zelf hebben we langzaam maar zeker opgebouwd in de loop van onze opvoeding, met dank aan alle ouders en verzorgers die regelmatig ons heen liepen te mopperen, verbieden, commanderen, afpakken, opruimen, terugleggen en wegvegen. Zo hoort het kennelijk in de wereld van volwassen mensen... Maar je kunt als ouder de teugels best een beetje laten vieren, zonder dat het meteen een puinhoop wordt - letterlijk of figuurlijk. Of beter gezegd: in de ogen van het kind in jezelf bestaat er niet zoiets als een puinhoop. Rommel, hoezo rommel? Voor de 'Pippi' is het een wereld vol pret en spel, een telkens veranderend landschap van oneindige mogelijkheden. (En als ouder weet je dat het er altijd veel erger uitziet dan het werkelijk is, en dat je het aan het einde van de dag in enkele minuten hebt opgeruimd). Is het echt zo erg, een hap uit de zandbak, of een mooie tekening op de muur? Of kun je er ook om lachen?
Het betekent overigens niet dat je niet je grenzen mag aangeven en nooit boos mag worden - integendeel. De 'Pippi' in jezelf vrijlaten houdt juist in dat je minder beheerst, minder 'cool' wordt, en meer authentiek en waarachtig. De Indiase goeroe Osho maakte onderscheid tussen warm en koud opvoeden. Koud opvoeden doe je als je jezelf uit alle macht beheerst en groot houdt, als je nooit boos mag worden van jezelf. Intussen bouw je dan toch innerlijk frustratie op en die komt vroeg of laat tot uiting. Dat voelt onveilig voor kinderen.
Warm opvoeden daarentegen betekent dat je lacht als je blij bent en huilt als je verdrietig bent. Dat je schreeuwt als je boos bent en knuffelt als je overstroomt van liefde. "Kinderen zijn heel aards," zei Osho. "Ze kunnen het prima accepteren als jij af en toe schreeuwt uit boosheid, want zelf schreeuwen ze ook als ze zich zo voelen. Ze voelen zich met je verbonden. Maar ga je niet schuldig voelen, want dat kunnen ze niet begrijpen, dat wordt een probleem. Ze zullen zich zelf schuldig gaan voelen."
Als het kind in jezelf er mag zijn, kun je ook af en toe náást je eigen kind staan. Op ooghoogte. Dan begrijp je misschien ineens wat het nodig heeft, op dat moment. En je kind ziet dat jij een mens bent, een echt mens met alles erop en eraan.
Dus omarm het kind in jezelf. Je hoeft niet altijd net te doen alsof je alles weet en alles onder controle hebt. Ontspan. En bovenal: doe je best om altijd, onder alle omstandigheden, de humor van een situatie in te zien. Kinderen lachen oneindig veel vaker dan grote mensen. Ze zijn in staat om de gewoonste dingen

grappig te vinden, maar vooral dingen die fout gaan. Lach mee! De gftzak breekt en alle schillen ploffen op de schone keukenvloer, ha ha... Je zoekt gestrest naar zoons zwembroek en vindt 'm beschimmeld in de meterkast, ha ha ha... Je gaat zitten, midden in een smeltend ijsje op de stoel: ha ha ha ha ha ha ha! Het is natuurlijk allemaal heel vies en irritant maar het is ook heel grappig, en het kind in je ziet vooral dat laatste. Het allergrappigst van alles is nog wel die rare overtuiging van ons dat we perfect zouden moeten zijn als ouders, en dat alles altijd op rolletjes zou moeten lopen.

Kom maar tevoorschijn

Maar hoe kom je in contact met het kind in jezelf? Als het kind in jezelf tevoorschijn wil komen, droom je er waarschijnlijk vaak over. Een klassieke droom is dat je vergeten bent een baby te voeden die aan jou was toevertrouwd. Er zijn vele varianten maar steeds is er die innerlijke por: hé, was er niet een kind dat je vergeten bent, dat aandacht nodig heeft? Het is het kind binnen in je, dat naar buiten wil om je leven lichter en speelser te maken. Dus let op je dromen, schrijf ze op.

Wat kun je doen om dit kind te helpen? Het belangrijkst is: wees er een lieve moeder voor. Behalve het spontane, creatieve en blije kind, is er soms ook nog een angstig kind, een verwend kind of juist een kind dat meer aan z'n lot werd overgelaten, en vaak zit er ook een gekwetst kind in je ziel verborgen. Weinig mensen (schattingen variëren van 1 op de 5 tot 1 op de 20) hebben in hun vroege jeugd alléén maar overvloedige, warme, liefdevolle en toch vrijlatende aandacht gekregen. Verreweg de meesten van ons hebben ook zielige Innerlijke Kinderen en als je er één uitnodigt, piepen ze allemaal door de kieren mee naar buiten. Dat betekent in de praktijk dat je jezelf ineens onverklaarbaar verdrietig kunt voelen, of vol vage angsten en je snapt niet waarvoor, of je wordt ineens driftig als een kind van drie dat zijn zin niet krijgt. Als je deze kinderen omarmt en accepteert, niet veroordeelt maar liefkozend en geruststellend toespreekt, ontspannen ze zich en voelen ze zich veilig. Dan kan ook je Goddelijke Kind vrolijk spelend tevoorschijn komen.

Naar zo'n klein, nauwelijks hoorbaar stemmetje luisteren is best lastig als je dagen druk en lawaaiig zijn, vol zorgtaken, Facebook en werk. Een beetje rust creëren is nooit weg. Mediteer, maak wandelingen of ontspan op een andere manier. Gun jezelf tijd om alleen te zijn, als het even kan. Sommige psychologen raden aan om een foto van jezelf als klein kind neer te zetten. Wat herinner je je van jezelf? Wat vond je fijn om te doen, welke spelletjes deed je graag?

Probeer je zo vaak mogelijk bewust te zijn van je lichaam, van wat je voelt in je lijf, met name in je buik. Kinderen zijn een en al lichamelijkheid, ze voelen alles in hun hele lijfje, ze ervaren zichzelf nog als een geheel. Ze krijgen dan ook altijd buikpijn als er spanningen zijn. Zo reageert het kind in jezelf ook. En net zoals de buikpijn van een echt kind als bij toverslag kan verdwijnen door een ijsje, zo kan ook het kind in je ontspannen als je de regels eventjes doorbreekt en iets feestelijks doet wat eigenlijk niet mag, en wat de Innerlijke Criticus de wenkbrauwen doet fronsen. Wat, een ijsje vlak voor het eten? Nou, nee, niet elke dag... maar nu wel.

Haal je fantasie tevoorschijn en gebruik 'm weer zoals je deed toen je een kind was, om te spelen, te dagdromen en de wereld mooier te maken. En let op kleine dingen. Zelfs als je weer eens laat bent en hijgend je kind naar school brengt, kun je genieten van de bloemen in de perken, een springerig hondje of een zoemende hommel. Het Goddelijke Kind heeft nooit haast.

Zelfvertrouwen

'Je bent moediger
dan je gelooft,
sterker dan je lijkt
en slimmer
dan je denkt'

· **JANNEMAN ROBINSON**
(WINNIE DE POEH)

Worden wie je bent

Je kinderen opvoeden tot authentieke wezens, ze laten worden wie ze in aanleg al zijn, dat doe je ruimte en met vertrouwen. Een verhaal over schuld en schaamte, over de schat vinden waar het schuurt, over knuffelen en vechten en voetmassages voor het slapen gaan.

Als je je pasgeboren baby in je armen houdt en in die peilloos diepe ogen kijkt, zie je een blik die overstroomt van vertrouwen. In jou. Alle baby's geven zichzelf totaal over aan het lichaampje waarin hun ziel nu woont, aan de ouders en verzorgers die ze aantreffen, aan de omstandigheden waaronder ze geboren worden. Ze kunnen niet anders. Aan jou de taak om te zorgen dat ze mogen worden wie ze in wezen zijn. Dat ze hun ziel kunnen behoeden en hun talenten kunnen ontplooien. Dat ze hun innerlijke bestemming bereiken. Wat een enorme verantwoordelijkheid.

Kijken met respect

Het is ook nog niet zo lang dat we dit zo zien. Vroeger was opvoeden voornamelijk een kwestie van drillen; eruit zien te krijgen wat je fout vond en erin zien te stoppen wat je goed vond. Maar we zijn wijzer geworden. Wij kijken tegenwoordig naar onze kinderen met respect, want we beseffen: dit nieuwe schepseltje komt de wereld iets brengen wat er nog niet is. Hoe kan ik weten wat dat is?
'Elk kind wil gezien worden zoals hij of zij werkelijk is,' schrijft Susan Bögels, hoogleraar Orthopedagogiek aan de Universiteit van Amsterdam in haar boek 'Mindful opvoeden in een druk bestaan.' 'Elk kind wil dat zijn ouders plezier hebben van de aanwezigheid en het contact met hem of haar, genieten van hem of haar, precies zoals hij is. Dat hij niet anders hoeft te zijn dan wie hij werkelijk is. Dat hij al helemaal goed is zoals hij is. Dat hij niet zijn best hoeft te doen voor de liefde van zijn ouders.'
Het is dus een nieuw opvoedideaal: ons kind onvoorwaardelijk accepteren. Ruimte schenken, vertrouwen geven dat het al goed is zoals het is. Maar tegelijkertijd moeten we natuurlijk ook zorgen dat het kind spelregels leert, dat het een min of meer beschaafd wezen wordt, ook voor anderen acceptabel. Hoe kun je opvoeden tot authenticiteit, te midden van omgevallen bekertjes en boze buien, kibbelpartijen en kinderverdriet?

Creëer een dorp

Aandacht is het geheim, volgens Susan Bögels. Mindful opvoeden is echt kijken, alsof je je kind voor het eerst ziet, onbevooroordeeld, met een *beginner's mind*. Dan zie je steeds weer nieuwe dingen.

Volgens haar kunnen we leren van onze kinderen. Dat begint al bij het begin: waarom is het zo heerlijk om een baby vast te houden? Omdat er een totale, intense aandacht in die baby-ogen ligt. Van kleine kinderen kun je vrolijkheid leren en emoties loslaten, want dat doen ze snel en makkelijk. Het maakt een betere ouder van je als het leren wederzijds wordt; je kind voelt zich vanzelf meer gewaardeerd.
Maar aandacht, onverdeelde aandacht is juist zo moeilijk op te brengen, toch? Als je als moeder of vader heel veel ballen in de lucht houdt - baan, relatie, sociaal leven, innerlijk leven - is het razend moeilijk om ook maar tien minuten in totale verstilde aandachtige concentratie naar een peuter te kijken, met je telefoon uit en je gedachten nergens anders.
Volgens Bögels hoef je ook niet alles meteen te kunnen, meteen goed te doen. De relatie met je kinderen gaat je hele leven door en wat je niet kon toen je nog een jonge moeder was, kun je later misschien veel beter. Haar boek leest als een pleidooi tegen schuldgevoelens. Maar het is nog meer een pleidooi tegen schaamte, zegt ze. 'Schuldgevoel kun je repareren door het alsnog beter te doen, en door het te bespreken. Maar schaamte maakt dat mensen zich gaan isoleren. En wat ouders juist nodig hebben, is groepen of gemeenschappen om kinderen in op te voeden. We doen veel te veel alleen, en als we ons schamen, gaan we ons nog meer isoleren. Wat onze kinderen nodig hebben, is een hele gemeenschap van mensen, ouders, grootouders, stiefouders, tantes, ooms, vrienden... dat maakt dat ze zich veilig voelen, omdat er zoveel mensen om hen geven.' Met andere woorden: je hebt inderdaad een dorp nodig om een kind op te voeden, en als je geen dorp om je heen hebt, bouw dan een dorp.

Verwachtingen

Mede-opvoeders die iets minder emotioneel betrokken zijn dan de eigen ouders kunnen makkelijker een open blik hebben, zonder te veel gekleurde verwachtingen. In haar boek beschrijft Bögels hoe normaal het is om verwachtingen te hebben van je eigen kind, als ouder. Bij alles wat het kind goed doet, fantaseren we hardop - vaak voor de grap, maar met een serieuze ondertoon: 'Ze zingt! Ze wordt later een beroemde zangeres.' 'Kijk eens hoe goed hij nu al kan voetballen. Dat wordt een prof.' Het is bijna niet te voorkomen, want natuurlijk straalt het op jou af als je kinderen bijzonder begaafd blijken te zijn: die genen hebben ze toch maar van jou. En jij hebt ze gestimuleerd in hun ontwikkeling. Maar al die verwachtingen sturen kinderen, want van nature doen ze niets liever dan hun ouders plezieren. Hoe kunnen ze dan toch zichzelf worden?
Het is bijna onvermijdelijk dat je etiketjes plakt op je kinderen, maar je kunt er wel voortdurend weer afstand van nemen, door je bewust te worden van wat je doet. Wat helpt, is luisteren naar andere opvoeders, andere 'dorpelingen' om je kind heen. Zo beschrijft Bögels in haar boek dat de leraar Latijn haar dochter over faalangst heen had geholpen. Hoe? Door te stoppen met van alles van haar te verwachten, vertelde hij haar, alleen omdat ze zo slim was. Ook al die nieuwe stiefouders van nu zijn eigenlijk een prachtige manier om een nieuwe gemeenschap te creëren rond een kind, vindt ze. Familie is tegenwoordig iedereen die van je houdt. Dat maakt het minder kwetsbaar. 'Het hoeft niet allemaal van ons te komen,' zegt ze. 'Er zijn zoveel anderen die aandacht geven en dat maakt je opvoedtaak minder zwaar.'

‘Waar het schuurt, daar ligt de schat. Waar je pijn zit, zit ook je kracht’

Storytelling

"Elk kind is de held in zijn eigen verhaal," zegt Mieke Bouma, coach en storyteller. "En elk verhaal heeft een *life-purpose* - dat vind ik een mooier woord dan levensdoel. Het gaat namelijk niet om iets buiten je waarnaar je moet streven, maar om het herinneren van de opdracht waarmee je op aarde komt. Je taak als ouder is je kinderen hierin te helpen. Wat brengen ze mee, waar zijn ze goed in, wat is hun kracht, wat frustreert ze en waar schuurt het?"
Als storyteller weet ze dat er drie fases zijn in een klassiek heldenverhaal. "In de eerste fase, daarin valt de kindertijd, móet je wel een ego ontwikkelen, als beschermer van je kwetsbare ziel. Dus hier is de vraag aan de ouders: hoe kun je je kind helpen zich staande te houden in de fysieke wereld? Het ego is een *persona*, een voorlopig masker dat helpt om dat supergevoelige wezentje dat je bent te beschermen. Een gezond ego helpt de ziel. In de tweede fase is de valkuil dat we ons te veel met de buitenwereld identificeren. Je helpt je kinderen om contact met de ziel te onderhouden, met de binnenwereld, door hun fantasie en verbeeldingskracht serieus te nemen. Zo leren ze erop vertrouwen dat ze hun eigen intuïtie kunnen inzetten. En in de derde fase, maar dan is een mens al volwassen, is het de taak van de held om meester te worden over beide werelden, de binnen- en de buitenwereld. Dan kan hij zijn diepste wezen tot uitdrukking brengen." Die levenswijsheid uit de storytelling kan je als ouder helpen om een wijdere blik te hebben op de ontwikkeling van je kind.

Schatzoeken

"Als je goed kijkt, zie je in ieder kind unieke drijfveren," zegt Bouma. "Mijn ene zoon was als jong kind al ongelooflijk gedreven om zijn ziel tot expressie te brengen in tekenen, toneel, wat niet. Maar hij stelde zulke hoge eisen aan zichzelf dat het hem ook voortdurend frustreerde als het niet lukte. Mijn andere zoon was meer beschouwend en contemplatief en wilde graag ‘weten’. Als hij iets niet snapte, kon hij woedend worden. In storytelling weten we: waar het schuurt, daar ligt de schat. Waar je pijn zit, zit ook je kracht, dat wat tot ontplooiing wil komen. Er zijn altijd obstakels in een heldenverhaal; elke held moet moeilijkheden ervaren, om waarachtig te worden. Dus de ziel kiest moeilijke omstandigheden om te groeien. Dat betekent voor jou als ouder: je kunt niet vermijden dat je kinderen pijn lijden, dat ze uit het paradijs verdreven worden. Er gebeurt altijd wel iets moeilijks... al is het maar dat ze gepest worden op school, of een lastige leraar hebben. En juist daar zit het groeipotentieel."

De binnenwereld

Een ego ontwikkelen, dat doet elk kind vanzelf. Maar contact houden met de binnenwereld, daarbij kun je als ouder een belangrijke rol spelen. Mariska Gieskes is rebalancer en geeft samen met een collega de training 'Lichaamsgericht werken met kinderen'. "Het is mooi als het lijntje naar het gevoel in stand kan blijven," zegt ze. "Het lichaam is waar kinderen steeds kunnen terugkeren naar zichzelf: ze hebben kriebels in hun buik, of ze ademen sneller omdat ze geschrokken zijn - dat is heel tastbaar voor een kind. Zeg je als ouder dan: 'Kom op, het gaat wel over', dan verleert je kind op den duur om te luisteren naar de signalen van het eigen lijf."

Wat helpt, zegt ze, is dat je als ouder zelf aandacht hebt voor wat er in je lichaam gebeurt; dan kun je je kinderen daarin meenemen. "Stel dat je 's ochtends hardop zegt: 'Mijn ogen willen nog niet open' of 's avonds 'Mijn benen zijn zo zwaar.' En als je nerveus bent, dat je hardop zegt: 'Ik voel een knoop in mijn maag.' Dan leef je je kinderen voor wat lichaamsbewustzijn is en dat je emoties mag erkennen, er laten zijn."

Kinderen die onhandelbaar zijn omdat ze iets moeten verwerken, kun je helpen door ze in je armen te nemen, zegt Gieskes. "Geef de boodschap: schop maar, schreeuw maar, ik ben bij je. Binnen de kortste keren zijn ze weer rustig. Wat kinderen willen voelen is verbinding, dat ze er mogen zijn zoals ze zijn."

Toestaan en erkennen

Knuffelen, knuffelen, knuffelen, is dat de oplossing? "Niet ieder kind wil knuffelen," zegt Mariska Gieskes. "Jongens willen vaak liever vechten en dat is ook een goede begrenzing. Met het ene kind ga je op de bank zitten haren vlechten, met het andere doe je stoere dingen. Ik geef ouders weleens het advies: als je je kind naar bed brengt, masseer dan vijf minuten lang zijn voeten. Daardoor komt het uit zijn overactieve hoofd en daalt de energie naar beneden af. Dat fysieke contact is heel goed om rustig te worden, het ontspant enorm. Het lichaamscontact versterkt de verbinding tussen het kind en de ouder, ongeacht wat er overdag ook heeft plaatsgevonden. Ik heb op school bij vijftien-, zestienjarigen ook wel bodyscans gedaan. 'Leggen jullie allemaal je hoofd even op tafel op je armen,' zei ik dan, 'ogen dicht, en we gaan voelen. Ga met je aandacht naar je voeten, je kuiten, je knieën...' Zo ging ik het hele lijf langs en na vijf minuten ging ik weer door met de les. Ze vonden het heerlijk - 'Doen we dit vaker, juf?' vroegen ze meteen. Zelf vinden ze die onrust in hun hoofd ook niet fijn."

Emoties komen en gaan, dat is de natuurlijke staat. Als een kind vaak boos is, kun je het helpen door de boosheid er te laten zijn, en die ook verbaal te erkennen: 'Ik zie dat je boos bent.' "Toestaan en erkennen is stap één," zegt Gieskes, "praten over de oorzaak komt later wel. Het kan iets van het kind zelf zijn, maar het kan ook iets zijn wat in de omgeving speelt en dat door het kind geuit wordt. Als er bijvoorbeeld onderdrukte boosheid is tussen de ouders, die niet wordt uitgesproken, voelen kinderen dat en vaak laten zij het zien. Wij 'gedragen' ons, maar een kind niet, dat is wat het is. Hoe jonger, hoe authentieker de gevoelens."

Moet je als ouder dan eerst perfect met je eigen emoties kunnen omgaan? "Het vraagt wel iets van ouders," zegt Gieskes. "Maar ik ben ervan overtuigd dat elke generatie weer een beetje verder komt. Als je dat kunt erkennen, kun je je kind als spiegel zien, en als ingang om zelf aan het werk te gaan."

De kracht van kristallen

Magische schatten

Een mooi kristal om naast je bed te leggen, aan een kettinkje te dragen of als geheime schat in je zak te doen. Welk kind wordt daar niet blij van? En met hun open geest kunnen ze heel ontvankelijk zijn voor de helpende en helende kracht ervan.

Kinderen zou je kunnen zien als energetisch hoogbegaafd: sommige kunnen hun pijn wegdenken, anderen 'weten' ineens iets waar je je als volwassene over verbaast. Van kristallen wordt gezegd dat ze elk hun hun eigen energie hebben en dat je die energie kunt voelen. Misschien kost het ons volwassen meer moeite om dit te ervaren dankzij een levenslange training in rationeel denken. Maar kinderen, met hun puurheid en rijke belevingswereld, hebben soms maar een kleine hint nodig om zich te verbinden met de magische kwaliteiten van een kristal.

Zuiverheid

Het grote verschil tussen de 'edele' kristallen waaraan we heilzame effecten toeschrijven en de rest is dat ze vele malen harder zijn dan zout of suiker. Je maalt ze niet zo snel stuk met een pepermolen en ze laten zich niet zomaar klein krijgen door een beetje water.

Je eigen frequentie

Hoe onkwetsbaar en stil een kristal er ook bij ligt, onder de oppervlakte is alles in beweging. De atomen en elektronen in kristallen draaien continu om elkaar heen en trillen razendsnel in hun grondvesten. Elk kristal heeft zijn eigen, unieke frequentie, waarvoor hij enorm gevoelig is. Je zou kunnen zeggen dat wij ook een eigen frequentie hebben, waarop we resoneren. En die kunnen we aanraken met de juiste kristallen.

Spel van licht

Kristallen onderhouden een innige relatie met het licht. Ze absorberen de ene kleur en weerkaatsen een andere kleur: zo komen hun schitterende en heldere kleuren tot stand. Licht is een vorm van energie. We reageren anders op blauw dan op rood licht. De eerste kleur werkt kalmerend, de tweede kleur activeert. Als je met de ogen van een kind naar een kristal kijkt, dan raakt het je hart. Een kristal in al zijn schoonheid kan met ons communiceren zonder woorden. Vooral kinderen begrijpen die wonderlijke taal. Geef een kind dat worstelt met een probleem zijn eigen kristallen talisman en je helpt het om zijn innerlijke kracht aan te boren.

TIPS

Kristallenhulp

- BERGKRISTAL ZUIVERT, HARMONISEERT
Haalt zware energieën weg, geeft zuivere energie terug en kan de werking van andere stenen versterken.
- BARNSTEEN BIEDT BESCHERMING
Helpt emotionele en fysieke pijn te verminderen, maakt weerbaar en geeft zelfvertrouwen.
- SMARAGD VERSTERKT DE RELATIE
Activeert het hartchakra, stimuleert liefde en heeft een positieve werking op relaties.
- ROZENKWARTS VOOR MEER ZELFLIEFDE
Opent het hart om liefde te geven en te ontvangen, versterkt gevoelens van zelfliefde en zelfacceptatie.
- CITRIEN BRENGT CREATIVITEIT EN LEVENSVREUGDE
Geeft energie, meer zelfvertrouwen en levensvreugde, bevordert creativiteit en zelfexpressie.

GELUKSTEEN

Tijgeroog: stevig in je schoenen

De tijgeroog met zijn gouden gloed is de vriend van kinderen wiens gevoel van eigenwaarde niet voldoende is ontwikkeld. Volgens de chakraleer is bij deze kinderen de zonnevlecht (*manipura*) niet evenwichtig ontwikkeld. Ze laten zich makkelijk overheersen door andere kinderen. Ze zijn lief en behulpzaam, maar vaak ook té lief waardoor anderen over ze heen lopen of gebruik van ze maken. Daardoor zijn ze niet echt happy. De tijgeroog inspireert ze om op een gezonde manier wat egocentrischer te worden en te doen wat ze echt zelf willen, waardoor ze meer plezier in hun leven krijgen. De tijgeroog kan ook goed zijn voor kinderen wiens ego te sterk ontwikkeld is. Ook dan is er geen balans in de zonnevlecht. Ze proberen anderen te overheersen, willen steeds gelijk hebben en kunnen last hebben van woedeaanvallen. Dat maakt het moeilijk om liefdevolle relaties aan te gaan. Ook deze kinderen worden liever en zachter met de energie van tijgeroog.

TOVERSTEEN

Bergkristal maakt levenslustig

Bergkristal activeert de energiestromen in het lichaam, die binnenkomen via het kruinchakra (*sahasrara*). Als het kruinchakra in balans is, voelt een kind zich vredig en in balans. Een kind dat lusteloos is, weinig energie heeft of moeite heeft om blij te zijn en te genieten van het leven, kan opknappen door contact met deze heldere 'witte' steen, alsof het een toverstaf heeft waarmee het zichzelf gelukkig kan maken. Simpelweg het aanraken ervan kan rustig en vrolijk maken; het kind kan weer putten uit 'de bron' van levensenergie. Bergkristal wakkert dus letterlijk de levenslust aan. Dat is pure magie! Als kinderen ziek zijn, is deze steen een goede ondersteuning: hij bevordert het herstel. Bergkristal leert kinderen ook om op zichzelf te vertrouwen en niet afhankelijk te zijn van minder goede gewoontes zoals snoepen of computerspelletjes spelen.

VOELSTEEN

Tangerine kwarts maakt speels en zorgeloos

De mooie oranje tangerine kwarts wordt gebruikt om vreugde en enthousiasme te versterken. Het activeert het heiligbeenchakra (*svadhisthana*), dat verbonden is met de emoties. Kinderen die afgesloten of geremd zijn, die weinige levensvreugde uitstralen of een trauma bij zich dragen, kunnen goed reageren op de energie van tangerine kwarts. Dit kristal helpt ze om hun emoties te uiten en hun creativiteit en speelsheid terug te vinden. Ook is tangerine kwarts een fijn kristal om kinderen te helpen bij het verwerken van ingrijpende veranderingen zoals een verhuizing of een echtscheiding. Leg er één naast het bed zodat je kind zo vaak het wil kan tappen van zijn vreugdevolle energie.

Ook een goede steen voor kinderen die zich al jong druk maken over 'geld'. Tangerine kwarts kan ze helpen een gevoel van rijkdom te ontwikkelen en het besef dat er genoeg is voor iedereen.

PRAATSTEEN

Aquamarijn geeft je een stem

Het heldere blauw van de aquamarijn stimuleert het keelchakra (*visuddha*), waardoor hij je helpt helder en duidelijk uit te spreken wat er in je leeft. Het is een fijne steen voor kinderen die snel overspoeld raken door emoties van woede of verdriet: aquamarijn steunt ze bij het onder woorden brengen van wat ze dwarszit, waardoor ze hun emoties beter kunnen verwerken. Ook een fijne steen als een kind opziet tegen een spreekbeurt of vaak wordt overstemd door broertjes, zusjes of vriendjes. Aquamarijn helpt om je een stem te geven. Niet alleen bij het praten, maar ook bij het zingen. Dus ook als een kind het eng vindt om bijvoorbeeld een solo te zingen, is aquamarijn van waarde. En lukt het niet om eens even je mond te houden als dat nodig is? Dan brengt Aquamarijn juist meer rust en balans. Draag deze mooie steen als hangertje.

TROOSTSTEEN

Jade maakt sterker én zachter

De zachtgroene jade is een kristal dat aansluit bij de energie van het hartchakra (*anahatha*). Het kind dat last heeft van zijn eerste liefdesverdriet, of lijdt aan verlatingsangst, kan veel steun en troost vinden bij jade. Maar het hartchakra gaat ook over eigenliefde: de liefde die je heel maakt. Kinderen die zich isoleren, geen vriendjes hebben of zich terugtrekken bij een liefkozing, hebben misschien baat bij de jade. Het helpt ze om zich te verbinden met anderen en om te voelen dat ze worden omringd door warmte en liefde. Ook kinderen die niet veel compassie hebben met andere kinderen of met dieren, kunnen zachter en empathischer worden als ze jade bij zich dragen. Bijvoorbeeld als ringetje rond hun vinger.

KRACHTSTEEN

Granaat voor een solide basis

Kinderen die zich makkelijk laten overheersen, worden geplaagd of niet weten hoe ze zich in de groep staande moeten houden, kunnen baat hebben bij de krachtige energie van de rode granaat. Deze steen geeft zelfvertrouwen en helpt je om met beide benen op de aarde te staan. Hij geeft je het gevoel dat je er mag zijn, dat jij je plaats op de aardbol mag opeisen en verdedigen. De energie van granaat stimuleert het wortelchakra (*muladhara*) wat zorgt voor het fundament in je leven. Door een granaat bij je te dragen voel je je veiliger en lukt het beter om jezelf te accepteren. Ook voor kinderen die weinig discipline hebben is het zinvol om het wortelchakra te stimuleren met de energie van de granaat. Draag de granaat in een klein fluwelen zakje zodat je hem altijd bij de hand hebt en even contact met hem kunt maken als je dat wilt.

DROOMSTEEN

Lapis lazuli brengt evenwicht

Indigokinderen, die bijzonder gevoelig zijn voor indrukken uit hun omgeving, hebben affiniteit met de lapis lazuli. Deze kinderen zijn 'vroeg wijs' en worden soms als 'oude zielen' gezien, alsof ze die wijsheid in vorige levens hebben geleerd. Hun intuïtie en gevoeligheid wijzen op een sterk ontwikkeld derde oog, het chakra van het hoger bewustzijn (*ajna*), dat zich bevindt tussen de wenkbrauwen. Raakt je kind makkelijk van slag als er met anderen iets aan de hand is, doet het soms rake voorspellingen, dan kan lapis lazuli zowel kalmeren als helpen om beter te leren omgaan met een bijzondere gave zoals heldervoelendheid of -ziendheid. Kinderen die goed reageren op lapis lazuli kunnen het lastig vinden om de werkelijkheid te onderscheiden. Dat is geen kwestie van oneerlijkheid maar echt opgaan in de droomwereld. Lapis lazuli is daarom bruikbaar als een kind last heeft van enge dromen: hij nodigt fijne dromen uit. Leg een lapis naast zijn of haar bedje.

Veerkracht kweken

Lichter leren leven

Soms leer je iets waarvan je denkt: had ik dát maar eerder geweten. Dat gevoelens altijd weer voorbijgaan bijvoorbeeld, dat je niet je gedachten bent, dat je rustig kunt worden van yoga of je verbonden kunt voelen door meditatie. Hoe jonger je dit weet, hoe onbezorgder je kunt zijn. Tips om je kinderen een lichter leven te geven.

"Het is niet onze taak als ouder om onze kinderen zich altijd goed te laten voelen, het is onze taak om ze bij te staan in alles wat ze voelen", zegt psychologe Jentien Keijzer. "Je kind mág het moeilijk hebben: worstelen hoort bij dit leven. En je mag het ook wel eens niet weten als ouder. Veel mensen willen hun 'project kind' zo graag laten slagen. Maar als mens zijn we kwetsbaar in essentie, daar loop je mee rond totdat je doodgaat. Het leven zal altijd onzeker zijn. Je kunt dus maar beter met die kwetsbaarheid om leren gaan.
Veel ouders willen hun kinderen beschermen en spelen daarom een rol, maar kinderen hebben behoefte aan oprechtheid. Ze hebben het nodig om alle menselijke emoties te zien. Dus als het even niet goed met je gaat, kun je best zeggen: mama is even verdrietig. Dan leren kinderen dat dat gevoel erbij hoort en dat het ook weer over gaat. Ruzie mag ook: als kinderen zien dat je daar ontspannen mee om kunt gaan – en het weer goedmaakt, kunnen ze dat zelf ook."
Jentien vindt het goed om ook de vervelende dingen in het leven te benoemen. "Er is een lente, zomer, herfst en winter - het heeft zo weinig zin om je onwijs te gaan verzetten tegen de herfst en winter, die horen er namelijk gewoon bij. Accepteren betekent niet dat je het leuk hoeft te vinden, maar gewoon erkennen dat het er is. Geef je verzet op. Want je verzetten tegen pijn geeft lijden. En pijn kunnen we dragen, maar als lijden te lang duurt kan het ondraaglijk worden."

Draagkracht

Kinderen hebben nog niet de capaciteit om alles te begrijpen, maar ze voelen wel alles. Ze zijn al vol bewustzijn. Jentien: "Iedere ziel komt hier met de intentie om iets te leren. Voor de ontwikkeling van het bewustzijn zijn er situaties nodig waarin je

'Ja zeggen tegen alle emoties, geeft een enorme ontspanning'

het even helemaal kwijtraakt. Zo was mijn dochter een keer bang voor insecten in bed. Ik kreeg allerlei tips: gebruik monsterspray (water in een plantenspuit) of pak de stofzuiger zodat ze denkt dat je ze weggehaald hebt. Maar iets in mij dacht: dit is niet oké. Ik ben naast haar gaan zitten en zei: 'Lieverd, je bent bang hè?' 'Ja', zei ze. 'Hoe voelt dat dan, bang?' Ze wees naar haar buik. En toen vertelde ik haar dat ik ook wel eens bang ben, en papa, oma en opa ook, en dat dat helemaal niet erg is. Zo vergroot je iemands draagkracht. Want nu zijn het insecten, later worden het inbrekers, dan bazen of deadlines op het werk, noem maar op - er zullen in het leven altijd dingen zijn waar je tegenop ziet. Door kinderen met mindere emoties om te leren gaan, door ze ze te laten voelen in plaats van het weg te maken, geef je ze meer draagkracht. Door die angst weg te sprayen geef je de boodschap om erbij weg te blijven, dat is een enkele reis naar neurotisch gedrag."

Angst is geen call-to-action

Dat vraagt een andere instelling: in plaats van 'hoe komen we daarvan af' kun je kijken hoe je die kant van het kind bestaansrecht kunt geven. "Alles wat onbekend is, codeert ons brein als onveilig - dus schijn licht op duistere kanten, raak er bekend mee. Als het gezien is, kan het transformeren. Dat zie je bij kleine kinderen ook: ze vallen op hun knie, je geeft er even aandacht aan en hup, ze gaan weer spelen."
Als je uitstraalt dat je erop vertrouwt dat een kind zijn eigen angst kan dragen - geef je het zelfvertrouwen. "Angst is geen call to action - want als angsten niet mogen bestaan, kunnen ze later op een verwrongen manier weer naar boven komen. Want patronen waar we nu last van hebben, zijn meestal ontstaan in een periode waarin we afhankelijk waren van onze ouders en dingen niet durfden te laten zien of weggedrukt hebben. Later in je leven kom je die dingen - vaak in de vorm van een crisis - weer tegen. Als je je kind leert dit soort gevoelens niet te negeren, maar er ruimte voor maakt en het er volledig kan laten zijn, kan het transformeren. Ook bij jezelf. Ik geloof niet in dingen 'oplossen', wel in vertrouwen in het leven creëren. Ja zeggen tegen alle emoties, geeft een enorme ontspanning. En neem de verantwoordelijkheid voor je eigen emoties. Ben je zelf gestrest? Neem heel even tijd voor jezelf en kijk ernaar. Wat heb je nu nodig? Probeer dat jezelf te geven."

Beschikbaar zijn voor jezelf

Aandacht kun je maar één keer weggeven. De eerste die er gebrek aan heeft ben je zelf. En als je niet meer beschikbaar kunt zijn voor jezelf, hoe kun je er dan zijn voor een ander?
Jentien: "Iedereen heeft een kinddeel in zichzelf dat zorg nodig heeft. Het verzacht echt als je dat deel aandacht geeft. Het is zo belangrijk je eigen behoeften goed te kennen. Want pas als je in je kracht staat, kun je uitdelen. Hoe bewuster je wordt, hoe meer je ziet. En daarmee krijg je een steeds groter draagvlak. We veroordelen onszelf zo veel, wees lief voor jezelf zoals je voor een angstig kind zou zijn, probeer gevoelens te benaderen met zachtheid en compassie - hard zijn voor jezelf helpt nooit. Liefdevolle vriendelijkheid is de weg."

Het nut van mediteren

Meditatieleraar Tijn Touber vindt dat er op scholen, naast het leren van vakken en feiten, meer aandacht besteed zou kunnen worden aan omgaan met emoties en wat er in de wereld op je afkomt. Daar kunnen we thuis al mee beginnen.

"Veel scholen worden niet alleen door kinderen, maar ook door leraren als een bron van stress ervaren - er zijn niet voor niets zoveel burn-outs. Dat heeft deels te maken met het systeem waar we allemaal in zitten - waar we veel te jong in worden 'geduwd'. We krijgen voortdurend te horen dat we iets moeten. We gaan steeds jonger naar school, worden steeds jonger getoetst, terwijl ik denk dat een kind er veel meer aan heeft om lekker te spelen en de natuur in te gaan.
Het schoolsysteem is niet makkelijk te veranderen, maar we kunnen wel momenten van rust en verstilling creëren met meditatie en yoga. Er is veel onderzoek gedaan naar meditatie op scholen: kinderen worden rustiger en blijer, schoolresultaten verbeteren, en leraren hebben een instrument in handen. In z'n algemeenheid creëer je met yoga en meditatie lieve, compassievollere mensen. Achter al die gedachtes en al die drukte, zit een mooie ziel. Je hoeft niets te doen om jezelf te bewijzen. Bram Vermeulen kon zich heel kwaad maken om mensen die aan kinderen vroegen wat ze wilden worden. Alsof je nu nog niets bent! Meditatie leert je dat je al goed bent zoals je bent. Als je dat gaat zien en jezelf daardoor leuker gaat vinden, ga je anderen ook leuker vinden. Daarmee kun je de sfeer op een school veranderen. Dan kun je een chagrijnige klasgenoot gaan zien als een mooie ziel. Het mooie van yoga is het fysieke, het aanraken en masseren in spelvorm. Met yoga kan spanning ontladen worden - en dat is nodig: ik kan me nog levendig herinneren wat voor spanning ik zelf heb ervaren op school. Dat voelde ik jaren later nog, toen ik bij een reünie terugkwam op die plek: ik werd misselijk zodra ik de drempel over ging. En alle kinderen die op school zitten hebben wel een vader of moeder die een uurtje meditatie- of yogales per week zouden kunnen geven. En ook: er zijn door het hele land yogaleraren, van wie niet iedereen werk heeft. Als die dan op scholen aan de slag kunnen om zo kinderen relaxt te maken, hebben we daar allemaal wat aan.

Mama-tijd

We leven in een rare samenleving: de prioriteit is geld verdienen en presteren. Terwijl goed eten, goed ademen, goed slapen en hoe je met kinderen omgaat en met je emoties, zo veel belangrijker is. Als je je kinderen laat voelen dat je blij met ze bent, precies zoals ze zijn, nemen ze dat in elk geval mee.

'Meditatie leert je dat je al goed bent zoals je bent'

Kinderen een dieren kun je niet voor de gek houden. Zij luisteren naar hun oorspronkelijke natuur en behoeftes. Als een hond moe is, gaat hij liggen. Als wij moe zijn, proberen we daar overheen te komen waardoor we steeds verder van onze innerlijke wijsheid af raken. Mediteren brengt je terug naar je natuurlijke staat van zijn. Grappig is dat kinderen automatisch naar mensen toegaan

die rust hebben. Als jij mediteert, zul je zien dat kinderen en huisdieren het fijn vinden om in je buurt te zijn, want ze voelen dan dat je relaxt bent. Daar verlangen ze naar. Dus wat iedere ouder zou kunnen doen, is mediteren om zo in harmonie komen met zichzelf en kinderen te laten zien hoe dat dat werkt. Ik raad iedereen die wil beginnen met mediteren aan om er een tijdlang met veel discipline elke ochtend en elke avond even voor te gaan zitten. Hoeft maar een kwartier, meer tijd heb je waarschijnlijk ook niet, maar het gaat erom dat je het doet. Dus niet elke ochtend in bed nog tien minuten twijfelen of je wel... die tijd had je al een prachtige meditatie kunnen beleven! En als je dat thuis benoemt: van zeven uur tot kwart over zeven is mama er even niet, dan is het mama-tijd. Zul je zien dat ze binnen de kortste keren bij je komen zitten omdat ze zich ook zo relaxt willen voelen.

Nut van dagdromen

Wat dat betreft: gun je kinderen ook wat 'uitchecktijd'. Er wordt ons geleerd dat we altijd maar 'nuttig' bezig moeten zijn, terwijl juist de momenten van dagdromen de momenten zijn dat de beste ideeën opborrelen. Even uit die mind stappen, uit het gedoe. Genieën en kunstenaars gebruiken het juist bewust: Salvador Dali ging bijvoorbeeld even dutten met een bos sleutels in zijn handen. Als hij in slaap viel vielen de sleutels op de grond en werd hij opgeschrikt, maar kon hij nog zijn droombeelden zien. Daar komen die prachtig schilderijen vandaan. Sjamanen wisten het ook, die zeiden: '*We are dreaming the world into being*. Door middel van je dromen creëer je je wereld."

MEEDEINEN OP DE GOLVEN

In meditaties met kinderen is het in elk geval belangrijk om het visueel te maken. Ga lekker liggen of zitten samen en vertel bijvoorbeeld dat je de zee in gaat. Eerst zwemmen jullie aan de golvende oppervlakte en is het nog druk, dan ga je langzaam onder water, waar het steeds rustiger wordt. Tenslotte is het helemaal stil op de bodem. Daar staat een mooie schatkist. En als je dan aan je kind vraagt wat er in zijn schatkist zit, kunnen daar heel verrassende antwoorden uit komen.

MENEER BOEDDHA (TOT 7 JAAR)

Wat ik met jongere kinderen doe is ze voorstellen aan meneer Boeddha. Dat is dan een beeldje. En dan zeg ik erbij dat ie 2000 jaar geleden wereldkampioen stilzitten was. En dan stel ik voor: zullen we proberen zo stil te zitten als een boeddha? Dat doen we dan een minuutje. En dan zeg ik, hij was ook wereldkampioen stil zijn - zullen we dat ook proberen? Weer een minuutje. Zo maak je er iets speels van.

PLEKJE IN JEZELF (VANAF 7 JAAR)

Met wat ouderen kinderen kun je echt een geleide meditatie doen. Als je niet weet waar je moet beginnen: vraag ze naar een moment in hun leven te gaan waarop ze zich heel goed voelden. Dat gevoel is een mooi startpunt van een meditatie. Laat ze dan naar een plekje in het lichaam gaan waar het rustig is. Dat kan zijn in je hart of je buik of waar het maar goed voelt. Daar kun je naar binnen en de deur achter je dicht doen. Zo kun je ze leren dat ze altijd een plekje hebben in zichzelf waar ze naartoe kunnen, waar ze zichtzelf kunnen zijn en waar het veilig is. In tijden van spanning kun je ze daaraan herinneren.

OEFENINGEN

Ontspanning voor thuis

MAAK JE HOOFD LEEG

Heeft je kind een vol hoofd met veel gedachtes, is er iets vervelends gebeurd, of is het gewoon fijn om het hoofd even leeg te maken? Pak een flesje bellenblaas. Van elke gedachte in je hoofd kun je een bel blazen. Kijk hoe de bel wegzweeft en uiteindelijk kapot spat. Zo heb je de gedachte of het gevoel uit je hoofd gehaald en teruggeven aan de ruimte. Dit is een mooie oefening om te kalmeren.

VOLG JE ADEMHALING

Kom rechtop zitten op je stoel en sluit als je wilt je ogen. Adem een keer diep in door je neus en uit door je mond. Sluit je mond nu en leg je je handen op je buik. Volg je ademhaling: voel hoe de lucht door je neus naar binnen stroomt en waar hij naartoe gaat, komt hij helemaal in je buik? Adem uit door je neus: kun je voelen dat de lucht die je inademt kouder is dan de lucht die je uitademt?

GELUID IN DE RUIMTE

Laat je kind zijn ogen sluiten en maak ergens in de ruimte een bepaald geluid. Laat het kind - ogen dicht! - raden waar het geluid vandaan komt en wat voor geluid het is. Zoek dan weer een andere plek en maak een ander geluid. Deze oefening helpt bij de concentratie.

ZEE-ADEMHALING

Heerlijk om samen te ontspannen. Ga op je rug liggen - op bed, of buiten in het gras - en vraag of je kind zijn/haar hoofd op jouw buik wilt leggen. Kun je samen diepe ademhalingen maken die klinken als de zee? Kun je tegelijk ademalen? Voel je hoe je rustig wordt als je luistert naar de zee-ademhaling?

RUST VOOR JE OGEN

Laat je kind zijn handen warm wrijven en deze warme handen als kommetjes over zijn ogen heen leggen en het warme donker in kijken. Na een minuut mogen de handen langzaam voor de ogen weggehaald worden. Fijne ontspanning voor vermoeide ogen.

YOGAHOUDING DE BOOM

Zorg voor voldoende ruimte om je heen en ga op één been staan. Stel je voor dat dit de stam is van een boom. Onder je voet zitten wortels, stevig in de aarde. Het andere been til je op, de voet ervan zet je net onder je knie - draai je gebogen knie naar buiten, niet naar voren. Kijk naar een punt, houd je ogen stil. Als je stevig staat kun je de boom laten groeien en je armen de lucht insteken. Dan de andere kant. Buig mee met de wind. Voel dat je soepel genoeg bent om stormen te doorstaan. Deze evenwichtshouding helpt bij de concentratie.

DE COMPLIMENTENDOUCHE

Geef elkaar in het gezin één keer in de week op een vaste dag, bijvoorbeeld tijdens het diner, een complimentendouche. Begin met het jongste kind en laat ieder gezinslid leuke, positieve dingen over het kind zeggen die de afgelopen week naar voren zijn gekomen. Iedereen komt aan de beurt om deze douche te ontvangen. Maak hier een speciaal ritueel van, voor wat positieve energie.

VOOR HET SLAPEN GAAN

Zet in het laatste uur voor het slapen gaan een ontspannen muziekje op, doe een kaarsje aan, lees een mooie visualisatie voor of noem samen op waar je dankbaar voor bent. Als je je kind voor het slapen gaan van boven tot onder, van top tot teen afstrijkt, voer je de energie van de dag af. En maak je het systeem, dat zoveel prikkels te verwerken had, een stukje leger. Geef wat extra aandacht aan de voetjes: zo kan je kind nog meer uit het hoofd in z'n lijf zakken en rustig inslapen.

De kracht van yoga

Yogaleraar Johan Noorloos heeft nog steeds contact met het kind in zichzelf en weet daarom precies wat een kind nodig heeft: zelfvertrouwen, een veilig gevoel en waardering. En dat kan heel goed door de beoefening van yoga.

"Het meest basale gevoel wat je kinderen kunt meegeven is dat ze goed zijn zoals ze zijn - daarvoor is het belangrijk dat je als ouder ook voelt dat je goed bent zoals je bent. Wanneer je kinderen kunt geven wat je zelf hebt gemist, kan dat helend werken. Maar geven wat je zelf zo hebt gewaardeerd in je jeugd, is net zo waardevol.
Ik denk dat iedereen in zijn jeugd verlangd heeft naar bepaalde dingen die er op dat moment niet waren - hoezeer ouders ook hun best deden. Veel mensen hebben het gevoel niet te mogen of kunnen zijn wie ze in wezen zijn. Als je zelf de ervaring hebt wat yoga voor je kan doen: dat je niet bent wat je denkt, niet bent wat je voelt, maar dat je het bewustzijn bent dat kijkt - weet je dat je veiligheid en liefde in jezelf kunt ervaren. Leren dat je niet je gevoelens en gedachten bent, geeft een enorme vrijheid. En is dus heel belangrijk ook al door te geven aan onze kinderen. Door gesprekken met ze te hebben bijvoorbeeld, over hoe je contact kunt maken met jezelf, ze mee te nemen op een reis naar binnen door middel van bijvoorbeeld een geleide meditatie of visualisatie. En het hoeft niet lang te duren: twee minuten mediteren voor een toets is prima, een korte visualisatie voor het slapen gaan ook. Een paar minuten zijn er altijd.

Zonnetje

Op het moment dat je liefde kunt voelen voor jezelf, kun je ook liefde voelen voor de wereld om je heen. Dat wat je aan een ander geeft, geef je ook aan jezelf. Het betekent ook dat je je bewust moet zijn van je eigen geschiedenis. En dat heeft tijd nodig - yoga is in vijftien jaar mainstream geworden. Het Nederlands elftal doet aan yoga, in het bedrijfsleven is mindfulness inmiddels gangbaar. En ik hoop straks ook op scholen. Leerkrachten hebben zoveel op hun bord, er is veel stress, veel ziekteverzuim. Voor hen is het ook heel waardevol om de kracht van yoga en meditatie mee te krijgen. Het kan kinderen zich veilig en gewaardeerd laten voelen in een groep. Je kunt het visualiseren als een zon. Als elk kind een straal is, is de klas - of het gezin - niet compleet als er een straal ontbreekt. Zo kunnen kinderen ervaren dat ze er allemaal toe doen.
Ik heb zelf geen kinderen, maar door het lesgeven zijn ze toch in mijn leven. Een leraar zei me ooit: probeer je niet te bemoeien met wat het leven wil. En dit is dus hoe het leven werkt - het heeft zich zo ontvouwd dat er toch kinderen in mijn leven zijn - ik ben daar heel dankbaar voor."

'Van yoga leer je dat je niet bent wat je denkt of voelt'

OEFENINGEN

MINI METTA MEDITATIE

• Kom rustig zitten.
• Adem een keer diep in en uit.
Sluit langzaam je ogen.
Leg je handen op je hart.
• Voel jij je hart kloppen onder je handen? Weet je dat je je hart helemaal kunt vullen met liefde? Een gevoel van liefde, of misschien zie je wel een kleur van liefde voor je waarmee je je hart wilt vullen. Net zo lang tot je hele hart vol is met liefde voor jezelf.
• En als je hart vol is, kun je wat van die liefde delen met andere mensen. Je ademt liefde in naar je eigen hart en op een uitademing stuur je deze liefde naar je vriendjes, vriendinnetjes, opa's, oma's, papa's, mama's, zusjes en broertjes, juffen, meesters, honden, poezen, knuffels en iedereen die je kunt bedenken die je lief vindt.
Zo deel je je liefde. Doe dit een aantal ademhalingen, liefde naar jezelf en liefde naar de ander. Misschien wil je ook liefde sturen naar een bepaalde plek of een situatie, dat kan ook.
• Misschien zijn er ook wel mensen die je even niet zo lief vindt. Deze mensen hebben jouw liefde extra hard nodig, omdat ze die zelf even niet voelen. Ademt weer liefde in naar je eigen hart en op een uitademing stuur je deze liefde naar alle dingen waar je even niet zo blij mee bent.
• Dan adem je weer alle liefde naar jezelf - tover je een lach op je mond en voel weer het kloppen van je hart onder je handen. Wrijf je handen nu stevig tegen elkaar aan en als ze warm zijn leg je ze even op je ogen of op een andere plek van je lichaam die wat extra liefde kan gebruiken.
• Breng je handen weer tegen elkaar aan voor je hart.
Open je ogen.

Namaste.

MINI BODYSCAN

• Laat je kind in bed gaan liggen met zijn ogen dicht.
• Noem één voor één de lichaamsdelen op, van teen tot top. Bij het horen van de verschillende lichaamsdelen, mogen deze een paar tellen aangespannen worden, en daarna weer losgelaten. Je tenen, je voeten, je enkels, je onderbenen, je bovenbenen, je billen, je buik, je rug, je borst.
• Maak twee vuisten van je handen, span je onderarmen aan, je bovenarmen, alle spieren van je gezicht en kijk alsof je in een zure pruim bijt...
Houd vast en... laat los.
• Herhaal dit drie keer, daarna mogen ze het verschil voelen.

De heks, de wolf & andere leermeesters

Wolven die oma's opvreten, kinderen die zonder eten het bos in worden gestuurd, stiefdochters die als huishoudster ingezet worden: zijn al die gruwelijke sprookjes wel geschikt voor de gevoelige kinderziel? Of is griezelen iets wat ze moeten leren? Een leidraad door sprookjesland.

Kinderen de stuipen op het lijf jagen met beelden die jarenlang blijven hangen, dat willen we niet. Maar hoe bepaal je wat goed en leuk is, en waar het te ver gaat? Je hoort wel eens iemand beweren dat kinderen geen last kunnen hebben van dingen die ze toch niet begrijpen. 'Roodkapje is voor een volwassene enger dan voor een kind,' zei Peter Nikken van het Nederlands Jeugdinstituut in een interview, toen het thema van de Kinderboekenweek 'Gruwelijk eng' was. 'Wij weten hoe wolven andere dieren kunnen verscheuren, of wat pijn is, en wij kunnen ons voorstellen hoe het is om alleen in een bos te zijn. Een kind weet dat niet.'
Maar sommige kinderen weigeren resoluut als hen wordt aangeboden het Gouden Boekje van Roodkapje voor te lezen: veel te griezelige plaatjes. En waarschijnlijk hebben de makers van de Disney-Sneeuwwitje ook gedacht dat kinderen niet zouden schrikken van een geraamte dat in een flits voorbijkomt. Toch kan juist dit beeld een onuitwisbare indruk maken op een kinderbrein. 'Vaag eng' kan dus angstaanjagender zijn dan 'concreet eng'.
Het is het nadeel van prentenboeken en films, tegenover vertelde verhalen. Als een kind zich een voorstelling maakt, doet het dat vanzelf gedoseerd en aangepast aan wat het aankan - en dat is vaak al heel griezelig. Maar een beeld dat een volwassene gemaakt heeft, kan dus net te ver gaan.

Griezelen kun je leren

Aan de andere kant: genietend griezelen, bewust angst voelen en die ook weer bewust voelen wegebben, is een ontwikkelingstaak bij het opgroeien. Er is zelfs een bekend Grimm-sprookje dat daarover gaat: 'De jongen die op reis ging om het griezelen te leren.' Een jongen beseft dat hij iets mist: hij kent geen angst. In een spookkasteel gaat hij drie nachten waken en het ene na het andere monster komt hem plagen; halve lijken vallen uit het plafond; woestelingen zwaaien met knotsen, maar hij verslaat ze allemaal kordaat. Als beloning mag hij de prinses trouwen. Hij klaagt dat hij nog steeds niet heeft geleerd wat griezelen is. Als de kamenier van de prinses in de huwelijksnacht een emmer koud water met visjes erin over hem heen gooit, roept de jongen uit: 'O lieve vrouw! Ja nu weet ik wat griezelen is!'

Vreemd, dat je pas in het huwelijksbed angst leert kennen? Of heeft griezelen ergens ook te maken met veel diepere gevoelens, die dicht tegen genot, extase en overgave aanliggen? Is er ook zoiets als lekker bang?

Schaduwdelen in onszelf

Het kwaad wordt altijd gestraft in klassieke sprookjes. Dat bevredigt een oeroud instinct: iets wat alleen maar slecht is, moet helemaal weg, dood, opgeruimd. De scène in het sprookje van Hans en Grietje waarin Grietje de boze heks haar eigen oven in duwt, symboliseert volgens storyteller Mieke Bouma een transformatie die we allemaal doormaken in ons leven. De heks is het schaduwdeel in ons, het onbewuste. Vuur is het bewustzijn dat opflakkert, de zuivere impuls, de intuïtie. (Uit het boek 'Waarom de heks in de oven verdween').

De beroemde psychiater Kees Schuurman schrijft in zijn boek over sprookjes 'Er was eens... er is nog': 'Griezelen is het voorstadium van huiveren, en doorhuiverd moet men zijn om ontroering te kennen: eerst seksuele ontroering, dan liefde-ontroering en ten slotte de religieuze ontroering, dat grootse en meest specifieke geschenk van de natuur aan de mens.' "Sprookjes zoals deze", zegt Schuurman, "waarschuwen tegen het verstand, zijn arrogantie en de daardoor ontstane illusies."

Het gaat om voelen versus denken - bewust lichamelijke sensaties en reacties ervaren, kriebels in je buik, een droge mond, een trillerig gevoel - en niet hoog en droog blijven zitten in het koele, berekenende verstand. Dat voelen heb je óók nodig op je spirituele ontwikkelingsweg. Zonder die *doorhuivering*, dat mooie ouderwetse woord, kun je ook niet het diepe ontzag voelen voor het mysterie van het leven.

Het begint met kietelspelletjes

'Komt een muisje aangelopen... is in baby's nekje gekropen!': lekker bang begint met kietelspelletjes. En vrijwel iedere moeder zegt vroeg of laat tegen haar kind: 'Oooh ik hou zoveel van je, ik eet je op.' Waarna ze net doet alsof ze hap-hap-hapt in dat lekkere mollige armpje of beentje, en het kind gilt en schatert, en het eindigt in een warme knuffel. "Als het spannend is, maar er is tegelijkertijd een veilig gevoel, is het volgens mij gezond griezelen," zegt Nelleke Spiljard, pedagoge en theologe. "Zoals in de boeken van Hanna Kraan over de boze heks. Die maakt mensen boos met haar toverstreken, maar het loopt altijd goed af. Ze blijft wel eng, maar uiteindelijk hoort ze er toch min of meer bij. Ze hoeft niet dood, zoals de heksen in sprookjes."

De grote boze kikker

In het bekroonde boek van Arnold Lobel 'Dagen met Kikker & Pad' staat ook een kindvriendelijk griezelverhaal. Op een koude en donkere avond zitten de twee helden, Kikker en Pad, gezellig samen bij het vuur met een kopje thee.

'Pad,' vraagt Kikker, "vind jij het niet leuk om bang

te zijn? Vind jij het niet leuk om te griezelen?
Pad zegt nee, maar Kikker vertelt toch een spookverhaal, over vroeger toen hij nog klein was. Zijn vader en moeder hadden hem een dagje mee uit genomen.
Op weg naar huis verdwaalden wij. Mijn moeder was ongerust. 'We moeten naar huis,' zei ze, ' anders komen we de grote boze kikker tegen.' 'Wie is dat?' vroeg ik. 'Een vreselijk spook,' zei mijn vader. 'Hij komt 's avonds tevoorschijn en is dol op jonge kikkertjes.'
Pad nipte aan zijn thee. 'Kikker,' vroeg hij, 'verzin je dit allemaal?'
'Misschien wel, misschien niet,' zei Kikker.
En hij vertelt verder. Zijn vader en moeder lieten hem alleen en ja hoor, daar kwam de grote boze kikker aan. Het spook gaf Kikker het ene eind van een springtouw en bond het andere eind aan een boom, en hij kondigde aan dat hij honderd keer ging springen: dan had hij weer honger en zou hij Kikker opeten. Hij sprong twintig keer... vijftig keer... Na negentig keer bedacht Kikker een list. Hij bond de grote boze kikker vast aan de boom, met zijn eigen springtouw. Daarna vond hij zijn ouders weer en ze kwamen veilig thuis. Het verhaal eindigt zo:
'Kikker,' vroeg Pad, 'is dat verhaal echt gebeurd?'
'Misschien wel, misschien niet,' zei Kikker.
Kikker en Pad zaten dicht bij het vuur. Ze waren bang. De theekopjes trilden in hun handen. Ze zaten te bibberen van angst. Maar het was toch een lekker, warm gevoel.
Alle elementen zijn hier aanwezig om het verhaal tegelijkertijd spannend en veilig te maken: het is lang geleden en Kikker is er nog, dus je weet al dat hij niet is opgegeten. Maar je kunt je levendig voorstellen hoe het is om alleen te zijn met een groot, gevaarlijk monster. Na de opbouw van spanning komt een plotwending waarin de held het gevaar bedwingt. Daarna is alles weer goed.

Belangrijk: laat de angst ook weer afvloeien

Angst is een golf van energie die door je lichaam trekt en je voorbereidt op actie: de bloeddruk stijgt, je spieren krijgen meer bloed, de spijsvertering gaat op een laag pitje. Om weer te ontspannen, wil het lichaam bewegen - actie ondernemen, iets slaan of wegrennen, en op zijn minst trillen en beven. Kan dat niet, zit een kind doodstil als het bang is, dan slaat de angst zich op in het lichaam. Dus als je spannende spookverhalen vertelt, laat kinderen dan nog even iets actiefs doen voordat ze naar bed moeten. Een kussengevecht bijvoorbeeld.

Eerst vloeit er bloed, dan komt het goed

Nelleke Spiljard herinnert zich hoe geshockeerd een buurvrouw eens was toen ze haar sprookjesboek van Grimm had uitgeleend aan buurkinderen. Daarin lazen die dat de boze stiefmoeder van Sneeuwwitje in roodgloeiende ijzeren schoenen moet dansen tot ze dood neervalt. Buurvrouw kende alleen de 'gekuiste' modernere versies van de sprookjes.
In de beroemde oorspronkelijke sprookjes van de gebroeders Grimm en van Hans Christian Andersen gebeuren afschuwelijke dingen. In 'Het meisje zonder handen' bijvoorbeeld moet een arme molenaar zijn eigen dochter de handen afhakken en het meisje aan de duivel meegeven. Na vele avonturen groeien haar handen overigens weer terug, 'door God's genade om haar grote vroomheid', en aan het eind is ze getrouwd met de koning en heeft ze een prachtig zoontje. Ze leven nog lang en gelukkig. In 'Bontepels' wil een koning die weduwnaar is geworden, met zijn eigen dochter trouwen en zij vlucht 's nachts uit het paleis. Een tijdlang moet ze de as bijeenvegen in de keuken van een andere koning, voordat alles goed komt. In 'Doornroosje' sterven een heleboel prinsen een jammerlijke dood doordat ze in de doornhaag vast komen te zitten waarachter Doornroosje ligt, voordat de honderd jaar voorbij zijn. En ga zo maar door, bij Grimm.

Het komt goed, dat staat vast, maar voor het zover is, vloeit er heel wat bloed.
Ook Andersen kan er wat van. In 'De kleine zeemeermin' mag het mooie zeeprinsesje haar staart verruilen voor benen, maar de heks snijdt haar tong af, in ruil. Bovendien doet elke stap die ze zet, pijn alsof ze op messen trapt. En het is allemaal voor niks, nou ja, voor een onsterfelijke ziel in de hemel. Wij kennen tegenwoordig de Disney-versie beter, maar het oorspronkelijke verhaal van Andersen loopt heel anders af. Niks redding...
De prins trouwt echt met die ander. De zeemeermin krijgt de kans weer zeemeermin te worden, maar dan moet ze het bruidspaar vermoorden. Dat doet ze niet; ze werpt het mes in de golven en verandert in schuim. Uiteindelijk zal ze een onsterflijke ziel krijgen.

WEETJE

Waarom zijn prinsessen mooi?

In sprookjes is alles symbolisch. De prinses is altijd mooi, omdat ze *goed* is: haar ziel is mooi. In de klassieke Disney-uitvoeringen werden ze meestal blond. Maar Sneeuwwitje heeft in het klassieke sprookje haar zo zwart als ebbenhout, een huid zo wit als sneeuw en lipjes zo rood als bloed. Zwart, wit en rood zijn de kleuren van de alchemie en duiden op ontwikkelingsfasen van de ziel.

Toch maar trouwen met die prins

Het is goed te begrijpen dat de makers van de Disneyfilm die geestelijke beloning uit het verhaal schreven en het meisje haar prins gunden. Sprookjes werden altijd aangepast aan de heersende pedagogische opvattingen. In de tijd van de Verlichting raakten de oude volksvertellingen uit de mode; men vond dat kinderen niet met hun hoofd in fantasieën moesten zitten. Ze moesten de realiteit leren kennen. Maar in de negentiende eeuw vonden opvoeders sprookjes juist nuttig om kinderen het verschil te leren tussen goed en kwaad. De Grimms hebben de volksverhalen die ze verzamelden en die oorspronkelijk alleen voor volwassenen bedoeld waren, geschikt gemaakt voor kinderen, althans volgens hun opvattingen, door er verkleinwoorden in te stoppen en poëtische taal. Maar de gruwelijkheden lieten ze staan, dikten ze zelfs nog wat aan. Angst vond men toen nog een probaat middel om kinderen mee op te voeden. Midden vorige eeuw stelden psychiaters zoals Bruno Bettelheim dat sprookjes kinderen helpen om innerlijke conflicten op te lossen. De oeroude verhalen werken op het niveau van het onderbewuste. Mama is natuurlijk superlief, maar als ze boos wordt, lijkt ze wel een stiefmoeder, of zelfs een heks... Papa is geweldig, maar kan ook soms veranderen in een dreigende reus. Hoe ga je daarmee om, als kind? Het is fijn verhalen te horen waarin kleine machteloze helden toch aan het langste eind trekken. Voor oudere kinderen die beseffen dat het gaat om een fantasiewereld kunnen de klassieke sprookjes in hun originele vorm fascinerend zijn. Maar jonge kinderen van nu hebben een hedendaagse versie nodig. Angst hoort erbij, maar wel aangepast aan de leeftijd en de gevoeligheid van elk afzonderlijk kind. Kinderen houden vooral van griezelen als ze zelf kunnen doseren hoe eng het mag worden.

De goede fee en de boze heks

Voor elke goede fee kom je in de oude sprookjes tien akelige heksen tegen. Waarom? De machtige, boze, oude vrouw stond oorspronkelijk symbool voor de onvoorspelbare krachten van de natuur. Mensen voelden zich nietig en onderworpen aan de natuur, en daarom was Moeder Aarde niet alleen goed en gul, maar ook gevaarlijk.

Krachtdieren

Dieren-energie voor ieder kind

Bescherming voor in de nacht, als ondersteuning bij een toets of als maatje onderweg: een krachtdier kan een kind op allerlei momenten een steuntje in de rug bieden.

Sjamanen zien dieren als helpers, beschermers en begeleiders. Zij geloven dat een dier je iets te zeggen heeft als je het tegenkomt in het wild, in een droom of visioen, of als je je aangetrokken voelt tot een bepaald dier. Zo'n krachtdier kan een langere tijd bij je blijven, maar kan ook langskomen om je te helpen in een bepaalde situatie, een inzicht te geven of een kracht te laten zien waar je op dat moment iets aan hebt. Het gevoel dat je er niet alleen voor staat kan al behulpzaam zijn.
Alle dieren kunnen krachtdieren zijn. Dat hoeven geen leeuwen, beren of olifanten te zijn: ook muizen en lieveheersbeestjes hebben iets te vertellen. Ze hebben allemaal krachten waar we als mensen iets van kunnen leren. Het dier dat op je pad komt is precies het dier dat je nodig hebt, daar kun je op vertrouwen. En eigenlijk logisch als het misschien wat weerstand oproept, want ze laten je vaak iets zien waar nog wat werk aan de winkel is. Een mier is dan misschien klein, maar hij kan tien keer zijn eigen lichaamsgewicht dragen en heel goed samenwerken, zo heeft ieder dier, net als ieder mens zijn eigen kwaliteiten.

Dier op je pad

Kinderen staan meestal wat dichter bij de natuur, dus zijn ontvankelijk voor de boodschappen van dieren. Het is leuk om daarmee te experimenteren. Som kom je een dier tegen op je pad, je kunt ze ook hun krachtdier laten ontdekken door in een dierenboek te bladeren en te vragen welk dier ze het leukst vinden. Als ze er een hebben uitgekozen, kun je samen met het kind kijken wat de belangrijke eigenschappen van dat dier zijn en of ze daar iets van kunnen gebruiken, of dat ze er juist iets te veel van hebben.
Als ze eenmaal hun dier hebben gevonden, kun je ze aan zijn kracht helpen herinneren door bijvoorbeeld een afbeelding op te hangen in de kinderkamer, maar nog leuker is het om samen iets te maken wat aan het dier doet denken. Is het krachtdier een adelaar, dan kun je bijvoorbeeld een dromenvanger maken met veren, voor een zeedier kun je een mooie mandala maken van schelpen. Er zijn voor elk dier ook yoga-houdingen, ademhalingsoefeningen, mudra's of mantra's te bedenken.

Ter inspiratie: 8 krachtdieren

De beer is een optimistisch en krachtig dier, maar eens in de zoveel tijd zoekt hij zijn holletje op om in alle rust na te kunnen denken en zijn ervaringen te verwerken.

Beregezellig

Beren houden van warmte en gezelligheid, maar ook van een lekker knus ingericht plekje om zich af en toe terug te trekken als ze behoefte hebben aan een beetje stilte om zich heen. Maak woensdagmiddag een keer een thuisblijfmiddag, en maak een hut van allemaal dekens en kussens waar ze zich met een stapel duckies lekker een paar uur kunnen verschansen. Echte beren willen daar natuurlijk lekkere hapjes bij: appelpartjes met kaneel, koekjes en kopjes thee (met honing uiteraard). Of je maakt hun hele kamer een 'berenhol' door een blank gordijn te kopen en daarop lekker los te gaan met verf.

Een slang is het symbool voor groei en loslaten. Als ie te strak in zijn vel zit, laat hij 't vallen en dan weet hij met zijn slangenwijsheid dat er vanzelf iets nieuws op zijn pad komt. Misschien is het tijd om een nieuwe stap te nemen.

Sssssssss

Slangen kunnen heel stil liggen, heel lang ook, en dan lijkt het eigenlijk alsof ze niets doen. Maar wat kenmerkend is voor de slang is hun gevorkte tong en de sissende ademhaling. En die kun je oefenen om net zo relaxt te worden als een slang. Ga goed rechtop zitten en adem diep in, en laat vervolgens de adem sissend uit je mond ontsnappen, tot je helemaal leeg bent. Doe dat zo'n drie keer en voel daarna het verschil. Een goede oefening om te doen voor het naar bed gaan, om daarna opgerold lekker in slaap te vallen.

Een kikker staat voor plezier en voor zuivering. Hat heeft te maken met de energie van water. Door te spelen met water reinigt hij zich van negatieve gevoelens. Daarna is er weer ruimte voor nieuwe ideeën!

Kikkersprongen

Iemand die even vastloopt of zich niet zo lekker voelt, heeft veel aan de energie van de kikker. Die roep je op door te doen wat hij doet: lekker zwemmen of een bad nemen. Of met yoga-houding Bhekasana, de kikker: ga op je hurken zitten, met je tenen en knieën naar buiten. Je hielen zijn iets van de grond en tegen elkaar aan. Zet je handen op de grond en strek je benen op een inademing, adem uit en kom weer terug in hurkzit. Goed voor sterke kikkerbillen. En met een paar grote kikkersprongen en wat gekwaak erbij is ook het plezier gegarandeerd.

Een schildpad heeft altijd zijn huis bij zich en hoeft zich dus nergens druk om te maken. Als er iets gebeurt wat hem niet bevalt, kan hij: floep, zo zijn veilige schild in. Hij hoeft niet op zoek naar iets in de buitenwereld, hij vindt alles binnenin zichzelf.

Je eigen schildje

De schildpad is het oudste symbool voor moeder aarde. Zijn beschermende kracht kan je bij je dragen in de vorm van een steen. Dat kunnen allerlei stenen zijn, maar het leukste is ze te gaan zoeken op het strand en er dan iets op te schilderen of tekenen. Zodat het een echt schildje lijkt bijvoorbeeld - of kom er samen achter van welke woorden je kind een veilig gevoel krijgt en schilder die op de steen. Kan net dat ene steuntje zijn bij een spannende gebeurtenis.

Paarden zijn sterk - het woord paardenkracht wordt niet voor niets gebruikt voor auto's. Ze leven in kuddes en zijn daardoor goed op anderen ingespeeld en gericht op samenwerken. Samen sta je sterk!

Gelukbrenger

In de hele wereld staan hoefijzers bekend als geluksbrengers. Misschien ken je nog iemand die er een boven de deur had hangen. Hij hing dan met het open gedeelte naar boven, zodat het geluk opgevangen kon worden - op z'n kop zou het geluk eruit lopen... Hoe dan ook: het blijft een mooi ding. Door samen schatten in het bos te zoeken en die met verschillende touwtjes aan het hoefijzer te hangen, wordt het een stoer amulet voor de kinderkamer.

Vlinders zijn fladderaars en dansen vrolijk van bloem naar bloem. Probeer de dingen niet te serieus te nemen: alle verandering is goed!

Lekker fladderen

Altijd leuk om te doen voor het slapen gaan: samen boekjes lezen. Misschien nog wel leuker: samen een verhalen vertellen. Over het krachtdier bijvoorbeeld, en dan ter illustratie daarbij de vlinders gebruiken die je die middag samen hebt gemaakt van papier (je kunt hele leuke origami-instructies vinden op Pinterest). Of je maakt *good old* schaduwdieren op de muur – kan-ie nog echt fladderen ook.

Tijger

kracht

Wanneer voel jij je sterk?

Kikker

plezier

Waar word jij blij van?

Paard

samenwerken

Welke kwaliteit heb jij in een groep?

Dolfijn

verbinding

Met wie voel jij je verbonden?

Konijn

oplettendheid

Wat geeft jou vertrouwen?

Beer

naar binnen keren

Op welke plek kom jij tot rust?

Vlinder

verandering

Wat zou jij anders willen?

Uil

wijsheid

Luister jij naar je intuïtie?

Wolf

leren

Wat kunnen mensen van jou leren?

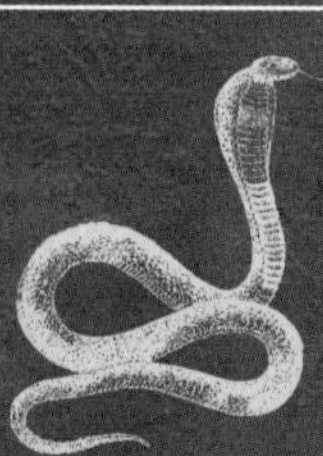

Slang

loslaten

Durf jij nieuwe stappen te nemen?

Schildpad

bescherming

Wat heb je nodig om je veilig te voelen?

Mier

talent

Waar ben jij goed in?

De uil heeft het overzicht: zijn scherpe ogen zien alles, ook in het donker en zijn kop kan bijna 270 graden in de rondte draaien. Daarbij kan hij ook nog heel goed horen. Let op je zintuigen, die vertellen je alles.

Zoeken naar magie

Uilen hebben iets magisch en geheimzinnigs – ze leven in de nacht en komen voor als boodschappers in veel spannende verhalen. Hij staat ook voor de zoektocht naar kennis. Het is mooi kinderen al vroeg te leren op hun intuïtie te vertrouwen, of te zorgen dat ze het nooit afleren, want dit gevoel hebben we allemaal van nature. Het begint bij aanwezig zijn in het hier en nu. Een leuke tip is elke dag iets te doen wat je nog nooit hebt gedaan. Een ketting met mooie veren is een coole totem die aan deze kracht kan helpen herinneren. Of een mooie mobile met veren. Hoeven geen uilenveren te zijn, er zijn prachtige veren te vinden in parken en dierentuinen. Ga er bijvoorbeeld naar één waar jullie nog nooit zijn geweest naar de uilen kijken – twee vliegen in één klap.

De tijger is sterk en kan de wereld aan. Vol moed gaat hij zijn eigen weg. Vertrouw op je eigen kracht en alles komt goed!

Samen brullen

Iedereen kan wel eens wat extra kracht gebruiken. Een mantra kan daarbij helpen. Oefening: Kijk 's morgens voor je naar school gaat in de spiegel, en zeg drie keer: 'ik ben zo sterk als een tijger!' Zorg daarbij dat je voeten stevig op de grond staan – doe alsof je een boom bent die door zijn wortels onder de grond eigenlijk net zo groot is als boven de grond. Let goed op hoe je je daarna voelt, waarschijnlijk krachtiger. Weet dat die tijger altijd in je zit en dat je altijd naar dit gevoel terug kunt gaan.

9 jaar: tussen klein en groot

'Niemand begrijpt mij!'

Je leest van alles over de fasen als ze klein zijn, en er zijn stapels boeken geschreven over adolescenten - maar de overgang van kind zijn naar puberteit zit daar precies tussenin. De negenjarige leeftijd is volgens antroposoof Rudolf Steiner een van de belangrijkste keerpunten in ons leven: 'de val uit het paradijs', noemt hij het.

'Bekijk het allemaal maar! Ik doe het toch nooit goed. Jullie geven mij altijd de schuld van alles!' Bam! Kamerdeur wordt dichtgegooid. Het is weer zover. En de aanleiding? Onbekend. Dit soort buien ontvlammen vaak om niets, om het broertje dat een raar gezicht trekt, om mama die hem verkeerd verstond, om de vader die het waagt zich uit te spreken omdat er geen handen werden gewassen na het toiletbezoek. Het huis is te klein. Als de deur weer open gaat, is iedereen op zijn hoede, hij neemt een aanloop en... knuffelaanval! Wat is hier aan de hand? Prepuberteit? Add? Hoog sensitief? Last van de scheiding? Niks van dat alles, hij is gewoon negen.

De jeugd: 3 fases van 7 jaar

De 9-jarige leeftijd wordt in de antroposofie ook wel 'de val uit het paradijs' genoemd. Op deze leeftijd - van een jaar of acht tot tien - belanden kinderen vanuit het magische denken opeens in de realiteit van alledag, en die is niet altijd even fraai... In elk geval minder magisch.
In de antroposofie wordt de ontwikkeling van de mens gezien in fases van zeven jaar. De jeugd omvat drie van die fasen. De eerste zeven jaar, van geboorte tot tandenwisseling, is de ontwikkeling van het fysieke lichaam. Het bewustzijn zit het meest in het hoofd - een kind neemt alles op uit zijn omgeving. In deze jaren zijn lichaam en ziel nog helemaal met elkaar verbonden en wordt de basis gelegd voor de verdere ontwikkeling. Het is ook de fase van het loskomen, want met het naar school gaan ontstaat er ook een wereld zonder de veilige nabijheid van de ouders.
In de tweede periode van zeven jaar - van zeven tot veertien - komt het etherlichaam tot ontwikkeling. Dan zakt het bewustzijn naar het rompgebied,

het hart, er komt ruimte voor gevoelens en emoties. Dan absorberen kinderen alles op gevoelsgebied. Dit is de fase van het voelen: wat is mijn plek in de groep, waar hoor ik bij.
Van veertien tot eenentwintig jaar wordt het astrale lichaam ontwikkeld. Dit is de fase van het doen, de weg naar zelfstandigheid.

Drie keer ik

Wat de periodes gemeen hebben, is dat ze alle drie een 'ik-fase' kennen. Het eerste 'ik-moment' kent iedereen wel, dat is de 'ik ben twee en ik zeg nee'-periode, ook wel aangeduid als peuterpuberteit en door Steiner het 'ik-bewustzijn' genoemd. Het is een afscheidingsfase tussen moeder en kind. "Het kenmerkende nee-zeggen wordt vaak gezien als dwars, terwijl goed nee leren zeggen heel belangrijk is: met dit woordje kan een kind zich in veiligheid brengen en met deze nee leg je de basis voor de rest van je leven, zegt Jeanette Stam, directeur, founder en hoofddocent van de opleidingen van Magie van kindercoaching. "Mensen die moeilijk nee kunnen zeggen als volwassene, hebben het vaak in deze periode niet goed geleerd of zijn erom bestraft. Het toverwoord is bewustwording: als je dit weet van jezelf, kun je er iets mee doen." Nee mag! (Hoe bevrijdend is dat) - en je doet je kind er dus een heel groot plezier door te luisteren naar zijn nee.
Het tweede ik-moment in een kinderleven - de ik-beleving volgens Steiner - is met negen jaar, en zou geduid kunnen worden met 'ik ben negen en ik ben alleen'. In deze periode voelt een kind zich voor het eerst afgescheiden van de omgeving en leert het dat het een eigen ik heeft. Vanaf deze leeftijd is het kind in staat zichzelf waar te nemen in relatie tot zichzelf, de ander en de wereld om zich heen. Jeanette: "Tot die tijd denken kinderen dat papa en mama alles weten, nu komen ze opeens tot de ontdekking dat ze dingen ook geheim kunnen houden, en dat maakt dat ze zich heel eenzaam kunnen voelen.
De derde ik-fase van de jeugd is net voor het achttiende levensjaar, de 'ik-verwerkelijking'. Dan komt er een weten - namelijk van wat een kind wil bijdragen aan deze wereld. Slim dus om tot die tijd te wachten met een studiekeuze te maken - want dan kunnen ze de stem van hun hart beter horen."

Behoefte aan én angst voor alleen-zijn

In de 9-jaars periode wil een kind zelfstandig worden, maar ook weer niet. Krijgt behoefte aan privacy, maar wil het ook graag samenzijn. Het gedrag op deze leeftijd wordt vaak verkeerd geinterpreteerd. Volgens Jeanette wordt de periode waar een 9-jarige doorheen gaat vaak verward met de prepuberteit. "Maar dat is een hormonaal proces en dat is dit nog niet. Het is meer onbewust. Deze fase begint in het achtste levensjaar en aan het einde van het tiende jaar neemt het weer af. Vanaf twaalf dertien gaan ze echt richting puberteit, waar ze rond veertien, vijftien middenin zitten - maar als dat zover is, dan weet je het meteen. Het meest kenmerkende aan deze leeftijd is het tegenstrijdige ervan: aan de ene kant ontstaat de behoefte om alleen te zijn, maar er is ook een angst om alleen te zijn - soms willen ze zelfs weer een lampje aan 's nachts. Dus het ene moment wordt de deur dichtgegooid, en het andere moment kruipen ze op schoot om je met gekke stemmetjes te vertellen hoeveel ze van je houden."

Spanning tussen volwassen worden en kind zijn

Wat gebeurt er in een kinderlichaam en -hoofd in deze tijd? De periode is natuurlijk niet voor iedereen hetzelfde af te bakenen: maar tot ongeveer het achtste jaar is de wereld van een kind één groot geheel, en is alles met elkaar verbonden. Vanaf een jaar of 8 worden kinderen zelfstandiger en onafhankelijker. Doordat ze kunnen lezen, wordt de wereld ineens veel groter, ook zijn ze steeds beter in staat onderscheid te maken tussen fantasie en werkelijkheid. Het is daarom een goede tijd om verantwoordelijkheden aan te leren.
Niet voor niets gaan kinderen in Nederland gemiddeld vanaf hun negende alleen naar school. Eerder is het nog moeilijk om snelheid en afstand

in te schatten van het omringende verkeer en volgens Veilig Verkeer Nederland kunnen kinderen vaak pas vanaf een jaar of tien goed in een rechte lijn fietsen, zonder slingeren achterom kijken en hun hand uitsteken.

Angela Weghorst legt het simpel uit in haar boek 'Anders', waarin ze Generatie Zenz – de 5- tot 25-jarigen van nu onder de loep neemt. In het stuk over schoolkids van zeven tot negen lees ik dat vanaf het achtste jaar de ontwikkeling van de linker hersenhelft begint – ze gaan meer sociale vaardigheden ontwikkelen en secundaire emoties zoals schaamte en schuld. Daarmee wordt de invloed van en het gedrag in de groep anders: het is belangrijker om geaccepteerd te worden en onzekerheid en het grote vergelijken doet zijn intrede. Er worden groepjes gevormd op school, kleding en muzieksmaak worden belangrijk. Ze zijn zich overal van bewust - vooral van het oordeel van anderen. Het zelfbeeld vormt zich, pesten en eetstoornissen als anorexia beginnen vaak op deze leeftijd. En net op dat moment wordt school moeilijker: in groep 6 krijgen ze opeens topografie mee naar huis om te leren, moeten ze voor de klas staan om spreekbeurten voor te dragen, moeten ze een mening klaar hebben in debat-les.

"Het is in deze periode dat kinderen vaak hoog sensitief worden genoemd, of dat er diagnoses worden gesteld. Maar alle kinderen zijn in deze periode per definitie gevoelig - van zeven tot veertien jaar leven ze in een oerwoud van emoties," zegt Jeanette.

Er ontstaat spanning tussen volwassen worden en kind zijn, daardoor beginnen ze zich los te maken van hun ouders. Jeanette: "Ze zoeken hun veiligheid niet meer thuis, maar bij de groep en lopen op hun tenen om daarbij te horen. Mede door de veranderde groepsdynamiek op school bouwt de spanning zich op. En als ze thuis zijn, reageren ze zich af op de eerste die ze zien. En vaak is dat de moeder. De oplossing voor dit soort 'dwarse' kinderen in groep 5 en 6 wordt vaak gezien in weerbaarheids- en sociale vaardigheidstrainingen, terwijl kinderen eigenlijk begeleiding nodig hebben in hun emoties. Het schoolsysteem is nog veel te veel gericht op belonen en bestraffen – zo creëer je alleen maar faalangst. Als ouder kun je daar een belangrijke rol in spelen."

Teken je gevoel (of maak een vlecht)

Deze leeftijd kenmerkt zich vaak door een gevoel van eenzaamheid, dat komt vaak tot uiting in tekeningen. Laat ze tekenen hoe ze zich voelen. Het schijnt dat je veel ondergaande zonnen en heel kleine poppetjes tegenkomt. En vlechten helpt: papier, maar ook haar of brooddeeg: in een vlecht is alles met alles verbonden, toch is elke stroom autonoom (uit het leerplan van de Vrije School voor 10-jarigen, Rudolf Steiner).

Ademhalingsoefening

De longontwikkeling is in deze fase van belang, goed moment om ademhalingsoefeningen te doen. Leer je kind te ademen naar zijn buik door bijvoorbeeld iets op de buik te leggen in bed - de handen of een knuffel - en vraag het kind daarnaartoe te ademen. Drie keer diep in en uit en daarna het verschil te voelen. Goede manier om los te laten en te ontspannen - ook handig voor in de klas.

Emoties mogen - binnen bepaalde grenzen

Hoe kun je je kind dan helpen in deze periode - zonder een deur in je gezicht geslagen te krijgen? Jeanette: "Probeer de emotie er te laten zijn en geef tegelijkertijd je grenzen aan. Boos zijn mag, je broertje slaan niet. Hou in je achterhoofd dat ze alles op jou uitproberen om te ontdekken hoe de buitenwereld erop zou kunnen reageren.

Dus daar is voor jezelf misschien ook werk aan de winkel: hoe reageer je op een boos kind? Word je zelf ook boos of voel je angst bij een agressief kind tegenover je? Een kind voelt feilloos als je niet sterk in je schoenen staat, en dat spiegelen ze meteen door niet te luisteren. Wat je kunt doen is naar je gevoel gaan, misschien kun je er verbinding mee maken of relateren aan een situatie van vroeger. Herken je 'm? Herpak de controle, probeer te aarden, adem diep in en zeg wat je wilt zeggen. Gegarandeerd dat het nu beter aankomt. Als je een gegronde 'nee' laat horen, zul je merken dat ze wél luisteren."
Dat is niet voor iedereen weggelegd. Kom je er niet meteen uit, benoem dan hoe je je voelt. Jeanette: "Zeg dan: Ik voel me moe, ik voel me boos - niet 'ik ben', maar 'ik voel me', want het is een momentopname - en zeg dat je even tijd nodig hebt. Dan kom je er later rustig op terug, begrijpen ze prima en leren ze zo veel van. Dan reageer je vanuit heling, niet vanuit je bevroren kinddeel. Het is belangrijk om te kijken welke kinddelen van jezelf nog aandacht nodig hebben. Dat is wat je ziet gebeuren als ouders zich net zo gaan gedragen als hun kinderen, net zo hard nee terug gaan roepen bijvoorbeeld, dan zijn ze zelf weer even kind."
Gelukkig leven we in een tijd waarin er gepraat mag worden over emoties. "Er is meer veiligheid en vrijheid. In Nederland zijn we ver op het gebied van persoonlijke ontwikkeling, maar we zijn niet zo van het hulp vragen", zegt Jeanette. Maar kom je er zelf niet uit, is het geen schande om daar hulp bij in te roepen. "Van een kindercoach bijvoorbeeld, of doe een familieopstelling, dat werkt door in alle lagen van een familie en kan ook patronen doorbreken."
Maar het belangrijkste wat je kunt doen, is de voorwaarden scheppen voor je kind om eventuele hobbels op zijn pad te kunnen nemen. Met andere woorden: zorgen voor ontspanning en je kind helpen zo goed mogelijk in zijn vel te komen te zitten. Want dat hebben ze nodig om diep in hun lichaam te komen. Als ze bij jou leren voelen, zichzelf mogen zijn en vooral zien dat jij je hart volgt, zullen zij dat ook doen. En daar krijgen we gelukkige kinderen van, en uiteindelijk gelukkige volwassenen.

Loslaat ritueel

Verzin samen een ritueel om deze nieuwe fase in te gaan. Schrijf op een briefje wat je zou willen voor de komende tijd, of hoe je jezelf over vijf jaar zou willen zien. Vouw een bootje van je wens en laat hem los op het water. Of stop belangrijke spulletjes uit de afgelopen jaren in een doos - foto's, dingen die herinneren aan belangrijke gebeurtenissen, een dagboek - die je een keer per jaar tevoorschijn tovert. En als er iemand overlijdt is het belangrijk om goed afscheid te nemen: maak een mooi monumentje voor de kat of schrijf een brief aan opa. Dat werkt allemaal helend.

Hee, dat gevoel ken ik!

Wat kun je doen om te helpen? "Praat met je kind", zegt kindercoach Jeanette Stam, "benoem zijn emoties, laat weten dat het normaal is wat hij voelt. Vertel hem dat gevoelens ook weer overgaan. Bedenk wat je zelf hebt meegemaakt rond die leeftijd en deel het met hem of haar. Haal foto's erbij, misschien kan oma nog iets vertellen over die periode. Ga op onderzoek naar je eigen kindertijd - misschien is er destijds iemand overleden en mocht je niet bij de begrafenis zijn. Vertellen hoe je je daarover voelt, is helend voor een kind. Dan krijgt hij feedback op zijn emoties. Als je kind die bij jou kan zien, kan hij die weer aanvullen in zijn eigen gevoels-database."

Zo blijven ze zich veilig voelen

Koop een (stoer) nachtlampje, knuffel veel, praat, laat boeken slingeren over gevoelens. Knutsel samen een bordje met 'verboden toegang' voor op de deur. Spreek af dat je klopt voor je binnenkomt (en doe dat ook echt). Spreek tijden af dat ze alleen in de badkamer kunnen zijn (maar dus geen uren). En wees gerust. Het komt goed. Het is al goed. Het is een fase.

Rust

'Laat het los'

· **ELSA**
(FROZEN)

Aarden met je kind

Gewoon even zijn

Is je kind snel afgeleid, is hij druk, onrustig of moe? Grote kans dat hij behoefte heeft aan aarding. Zoek naar 'echte' ervaringen die je zintuigen prikkelen, die je terughalen naar het hier en nu en die je verbinden met de elementen om je heen. Dat is ook fijn voor jou.

Gewoon even zijn. Misschien vraagt jouw kind er ook weleens om. Niet in die woorden natuurlijk, maar bijvoorbeeld om niet mee te hoeven naar de bakker, dat feestje, het voetbalveld. Misschien ziet het bleek en wordt het overal boos om of zeurt het eindeloos om snoep of schermtijd. In de meeste gevallen wil je kind dan eigenlijk 'aarden', letterlijk en figuurlijk weer met z'n voeten op de grond komen – daarom wordt aarden ook wel 'gronden' genoemd.
Als je niet geaard bent, voel je je opgejaagd, onrustig, vluchtig, moe en lukt het maar niet om je aandacht ergens bij te houden. Sommige kinderen kunnen aangeven dat hun 'laatje' vol zit of hun hoofd maar 'doorgaat', maar vaker uit ongegrond zijn zich in jengelig of juist heel druk gedrag.
Ongegronde kinderen komen moeilijk tot spelen en weten niet wat ze moeten doen om van het vervelende gevoel in hun hoofd of buik af te komen. Misschien herken je het zelf ook wel, want ook volwassenen razen vaak maar door totdat ze het gevoel hebben even 'helemaal niks' meer te willen. En al verlang je dan misschien naar chocola, een glas wijn en de tv, waar je wezenlijk naar verlangt is om thuis te komen bij jezelf, op de aarde, in de wereld om je heen.

Leven vanuit je zintuigen

De tijd waarin we leven wordt weleens 'The Quickening' genoemd. In een wereld waarin alles steeds maar sneller gaat, heb je ook steeds sneller het gevoel dat je jezelf kwijt bent, of in elk geval de menselijke maat. Net zoals wij, vliegen ook onze kinderen in de drukte heen en weer. Van hot naar her, van speeldate naar afspraak. Door verkeer naar winkel, van druk schoolplein naar televisiescherm. Je lichaam goed voelen is lastig als je veel in je hoofd zit, het gejaagde gevoel houdt je eigenlijk weg bij je zintuigen, bij het contact met je omgeving, de grond onder je voeten. Wanneer je de energie van de aarde mist, ben je overal, behalve in het hier en nu. En dat is het enige waar je daadwerkelijk zou willen zijn om je prettig, aanwezig en verbonden te voelen.

Aarden is weer terug bij jezelf komen, in jezelf zakken, weer volop leven vanuit al je zintuigen. Zo stevig als een rots. Wat als je na een lange dag thuiskomt met een kind dat een drukke dag van school, sport en boodschappen achter de rug heeft, eens niet de radio of scherm aanzet. Stel je eens voor dat je een kom uit de kast pakt. Bloem, boter, suiker. Ga samen aan de keukentafel zitten waar een kaars brandt en meng alles in een kom. Ga met je handen het deeg in. Van losse kruimels wordt het door het kneden langzaam soepel tussen jullie vingers. Van koud naar warm. Laat het meel stuiven voor je het deeg uitrolt. Steek zorgvuldig koekjes uit en vergeet niet van het deeg te snoepen. Dan de hitte van de oven, het lauwe water om je handen mee te wassen terwijl de koekjes gebakken worden en een heerlijk zoete geur verspreiden door het huis. Het neemt maar een kwartiertje tijd, maar alle zintuigen zijn aangesproken en wakker gemaakt. Met je handen bezig zijn, met de aarde, met water, wind en vuur, voelen, ruiken, zien, proeven, het brengt je terug in de menselijke maat. Op jouw plek in de wereld, stevig op de aarde, met handen die scheppingskracht hebben en een ziel die wakker is en verbonden met de wereld om hem heen.

Met water en zand

Natuurlijk is ook buiten the place to be om te gronden. Daar waar de wind door je haren waait en de zon je huid verwarmt. Geef je kind een schep en ga graven in de aarde, zoek regenwormen of eikels of mooie stenen die schatten zouden kunnen zijn. Plant zaden of ga wieden. Pluk samen bessen voor de vogels of in de zomer voor het toetje.
Bekijk de kleur van de bessen, voel hoe glad ze zijn, maak er eentje open en ruik eraan, of proef zelfs als je tenminste zeker weet dat ze niet giftig zijn. Koop bij de kringloopwinkel oud keukengerei en richt een modderkeuken in, je kind zal eindeloos moddertaartjes voor je bakken en heksensoep voor je koken. Sprokkel hout en maak een vuurtje, loop door het bos en bestudeer elke bloem en paddenstoel uitvoerig. Zet de sproeier eens aan en stamp in de plassen, of laat je helemaal natregenen om vervolgens bij de kachel op te warmen. De natuur heeft honderden manieren om de zintuigen wakker te maken, om je terug in het moment te lokken en je te laten voelen dat de rest van die snelle, vragende wereld best wel even kan wachten.
Bij koud en nat weer is het natuurlijk verleidelijk om maar binnen te blijven en een onrustig kind achter een scherm te zetten om tot rust te komen, maar doe het eens niet. Laat de wasbak vol sop lopen en laat ze er een speelgoedboot inzetten of de afwas doen. En kijk eens hoe snel er weer een blos op de wangen verschijnt. Ga met je kind op de grond zitten en doe een spelletje of rol met de bal of zet samen het parket in de was. Bijna elk huishoudelijk taakje leent zich perfect om te aarden, als je het samen doet en met aandacht. De bedden verschonen, schud het beddengoed op, spring op de bedden, laat de dekens wapperen uit het raam en voel de koude wind het huis in komen. Of ga samen in bad en kies allebei een olie die je lekker vindt en wrijf er elkaars rug mee in. Bij een groot kind: maak een bad klaar en zet er wat spullen bij die de zintuigen activeren. Zoals een vergiet waarbij het water steeds opnieuw door de gaatjes loopt, of grove zeezoutkristallen die langzaam oplossen als je ze door je handen beweegt. Maak zelf muziek en ga dansen, het hoeft niet mooi te klinken of er leuk uit te zien, als het maar lekker voelt. Zet een parcours van kussens in de woonkamer uit en kijk wie er met de meeste koprollen doorheen kan. Bouw een hut onder de tafel en lees lekker lang voor.

Bij nat weer is het extra verleidelijk om een onrustig kind achter een scherm te zetten. Doe het eens niet

Ritme en afwisseling

Aarden gaat over het contact met de aarde, de grond, maar ook over het echte contact met de elementen en met je eigen lichaam. Omdat we nu eenmaal veel tijd binnen, beschut voor de elementen, doorbrengen, en veel van wat we zien en horen elektronisch is, moet je meer je best doen om dat contact met de elementen op te zoeken. Je kunt je kind leren om bij zichzelf te blijven en mee te bewegen op het ritme van het leven door het 'echte' ervaringen te geven en zijn natuurlijke ritme te bewaken. 'Echte' ervaringen zijn die van vallen en opstaan: van klimmen en klauteren, van fietsen en een heel hoge blokkentoren bouwen, van met heel veel honger aan tafel gaan zitten en met smaak je bord leegeten, van nat en koud worden als het regent en dan weer opwarmen bij een warme kachel, van dikke tranen huilen als niet jij maar je zusje een verhaal uit mag kiezen om voorgelezen te worden.
Het gaat bij 'echte' ervaringen dus niet alleen maar om prettige ervaringen. Als je daaropuit bent, boen je als het ware de intensiteit en uitdagingen van het leven weg voor je kind, en leer je het onbewust dat het altijd op zoek moet gaan naar fijne ervaringen om een goed gevoel te krijgen. Bij echte ervaringen gaat het er juist om dat leuk en niet leuk elkaar afwisselen. Dat ritme is heel belangrijk, zoals eigenlijk al het ritme belangrijk is om goed geaard te zijn. Want het fijnste is het natuurlijk als je geaard kunt blijven. Ritme is behalve regelmaat ook een goede afwisseling tussen actie en rust, tussen alleen en samen zijn, tussen binnen en buiten zijn, tussen eten en niet eten. Maar ook rommel maken en samen weer opruimen, vies worden en lekker schoonwassen. Je brengt de elementen met elkaar in evenwicht en zorgt voor een tegenovergestelde activiteit. Na een drukke verjaardag ga je eventjes alleen tekenen of een beetje scharrelen in de tuin en niet nog een skype gesprek met oma of naar een volgende drukke plek. Ritme is als ademen. Na de inademing komt de uitademing, en samen zorgen ze voor voortgang van het leven.

Een stevig fundament

Aarden is in het dagelijks leven de grond, het fundament en vertegenwoordigt stevigheid, waarden, veiligheid en orde. Het zorgt ervoor dat we weten wie we zijn en waar we thuishoren. Het hoeft niet altijd leuk te zijn, maar het levert wel een evenwichtig en gezond gevoel op dat je de wereld om je heen begrijpt en aankunt. Nu het leven steeds sneller gaat en zich steeds meer binnenshuis en achter schermen afspeelt, worden we steeds meer uitgedaagd om gegrond te blijven. Als je eenmaal ziet wanneer je kind ongegrond is, zul je het beter herkennen en het kunnen leren wat het op dat moment nodig heeft. Iedereen heeft zijn eigen manier om te aarden. De een bakt eindeloos eenhoornkoekjes, de ander zingt graag liedjes in een modderige zandbak en weer een ander kan uren met een bal tegen de garagemuur trappen.

Zoek samen naar 'echte' ervaringen die je zintuigen prikkelen, die je terughalen naar het hier en nu en die je opnieuw verbinden met de elementen. Lach om wat er gebeurt, ook als het misgaat, neem de tijd om wat je tegenkomt op je pad te onderzoeken. Die poes achter het raam, de lekke band van de fiets of de afgevallen beukennootjes. De wereld nodigt je de hele tijd uit om contact te maken, om te ruiken, vast te pakken, te voelen, te proeven, je te verwonderen. Je kind zal dankbaar meegaan, jouw belevingswereld in. Natuurlijk is er vaak haast, dat is de tijd waarin we leven, maar als je zorgt voor het juiste ritme: vertraging na het haasten, leegte na de drukte, leer je je kind al vroeg om zich staande te houden in onze snelle wereld. En om weer bij zichzelf te komen als het zijn verbinding met de aarde toch even verliest.

TIPS

7 manieren om te gronden

Naast buiten zijn, lekker spelen en deeg kneden zijn er nog allerlei andere manieren om te gronden. Het is wonderlijk om te aanschouwen hoe je kind weer bij zichzelf kan komen door een van deze activiteiten, hoe het weer een blos op zijn wangen krijgt, stralende ogen en nieuwsgierig wordt. Het contact met Moeder Aarde brengt echte aanwezigheid, en wat kun je je kind nu liever geven dan dat.

- KNOLGROENTEN **zoals wortels, aardappels, zoete aardappel, bieten en gember werken heel grondend voor ons systeem. Bereid ze het liefst warm met verwarmende kruiden zoals koriander, kaneel en kardemom.**
- KRISTALLEN **als zwarte toermalijn, rode jaspis en rookkwarts helpen om de energie naar beneden te brengen en overtollige energie af te voeren.**
- HET STRAND, **zwemmen in de zee of spelen in de branding brengen je kind meteen weer terug bij de aarde.**
- **Heb je geen tijd om te koken of naar buiten te gaan,** ZET MUZIEK OP EN BEWEEG! **Het maakt niet uit hoe, je kind zal dankbaar meedoen. Beweging brengt levens-energie op gang zodat die vrij door kan stromen en contact kan maken met de aarde.**
- **Geen tijd? Laat je kind een paar keer** ZUCHTEN. **Zet eventueel het raam open of doe het buiten. Maar lekker diep zuchten helpt meteen om een teveel aan energie kwijt te raken en weer in het lichaam te zakken.**
- **Heb je wel tijd? Ga naar buiten en trek jullie schoenen uit. De zolen van je** BLOTE VOETEN **zullen met al hun energiepunten direct de aarde-energie opnemen en een gevoel van ontspanning en verbondenheid brengen.**
- **Leg een** KLEINE TUIN **aan voor je kind - dat kan ook in een plantenbak op het balkon - en laat het letterlijk met zijn handen de aarde ingaan. Wroeten, spitten, woelen, alles is goed. Of laat het werken met echte klei, dat komt letterlijk uit de aarde, en vraagt kracht van de handen waardoor je kind al zijn aandacht nodig heeft.**

Veilig voelen

Hier ben ik thuis

Je geborgen voelen, waar zit 'm dat in? In dat dekentje met die kenmerkende geur, die stukgeknuffelde knuffel, de sfeer, de plek? Het is een ongrijpbaar iets, het veilige gevoel van je ouderlijk huis.

Gedragen worden

Negen maanden heeft het kindje je hart horen kloppen met als ondertoon je bloedstroom. Ze zeggen ook wel dat baby's daarom rustig worden van het sssh, sssh - omdat dat lijkt op het ruisen van je bloed. Dus niets heerlijkers dan ook na de geboorte gedragen worden, veilig tegen mama (of papa) aan, de warmte, de nabijheid en de ondersteuning van de hand onder de billen: allemaal voorwaarden voor een veilig gevoel. En jij kunt je ondertussen vrij bewegen - ook niet onbelangrijk.

Omhullend licht

Het is een hele overgang vanuit de buik naar de buitenwereld, van warm naar koud, van water naar lucht en van donker naar licht. Het is fijn om die transitie zo natuurlijk mogelijk te laten verlopen. Je kindje omhullen in warmte spreekt voor zich, maar denk ook aan geluid en licht. Praten op gedempte toon en het zachte schijnsel van een zoutlampje doet denken aan de tijd in de baarmoeder en werken dus ook mee aan een geborgen gevoel.

Beschermend laagje

Vooral in de eerste zeven jaar is warmte heel belangrijk voor een kind. Het ondersteunt de ontwikkeling van het immuunsysteem en het ikje van het kind. Als je het lekker warm hebt, voel je je fysiek én emotioneel fijner, en dat is een goede basis voor groei. Kleding van natuurlijke materialen, zoals wol, zijde, bamboe en katoen in de zomer, helpt kinderen hun eigen lichaamswarmte te reguleren. Wol is warm als het koud is en koelt als het warm is - het omhult je kind letterlijk met warmte en doet daarmee onbewust denken aan de tijd in de baarmoeder. Veilig en vertrouwd.

Inner circle

Omringd worden door degenen van wie we houden, maakt ons sterk. Het kind in het midden en daaromheen papa, mama, broertjes, zusjes, vriendje, vriendinnetje, nichtjes, neefjes, ooms, tantes, oma's, opa's, die lieve buurvrouw en vergeet ook de voorouders niet - volgens de sjamanen vergezellen die ons op onze reis. Niet iedereen is altijd fysiek aanwezig, maar een foto met een lichtje erbij houdt de herinnering en de liefde levend. Zo heb je altijd je tribe om je heen.

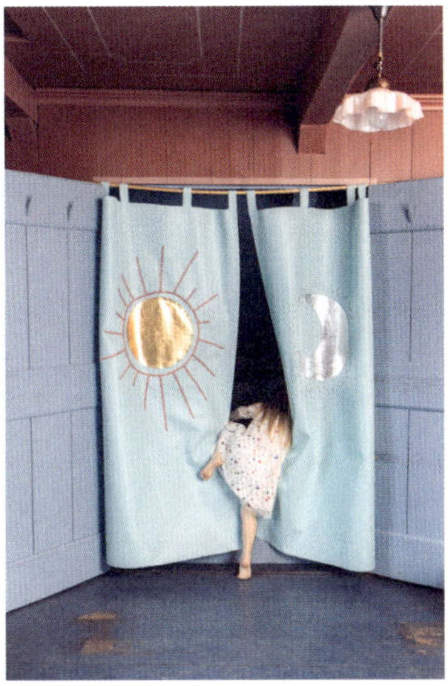

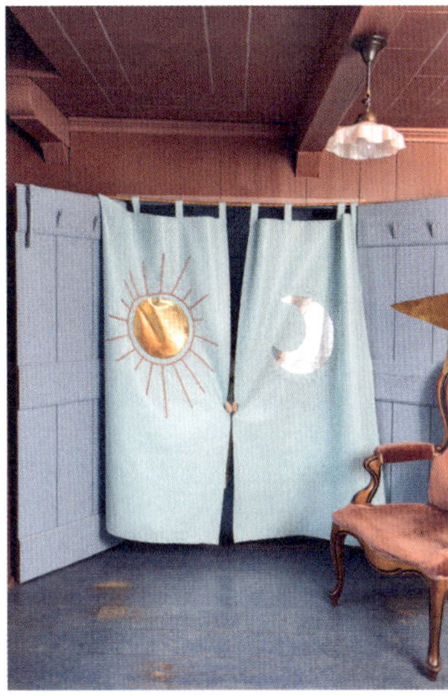

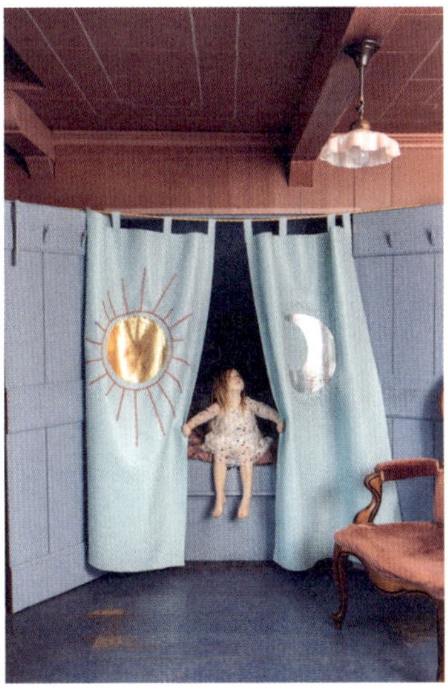

Een wakend oog

In het begin heeft een kind geen enkel besef van tijd. Door een vast ritme aan te houden, gaat het langzaamaan de zekerheid van dag en nacht ervaren. Morgen is het een nieuwe dag en komt de zon weer op. Dat biedt ook veiligheid, dat niet alleen de ouders er zijn als je wakker wordt, maar dat je je gedragen kunt voelen door Moeder Aarde. En kunt vertrouwen dat de zon opkomt, die verwarmt en de dag glans geeft. En 's nachts de maan in stilte met je meebeweegt en over je waakt.

Een warm bad

Een badje met water op lichaamstemperatuur is een heerlijke herinnering aan het vruchtwater. Maar een baby hoeft niet te vaak in bad: het is goed de beschermende laag van de babyhuid intact te laten en de eigen geur van jou en je baby zijn belangrijk voor de binding. Dus gebruik liever geen geparfumeerde producten, maar strooi wat bloemen of kruiden in bad. Goudsbloem heeft een helende werking. En masseer je kindje daarna met een natuurlijke olie om de natuurlijke weerstand te versterken.

Familiedeken

Met een dekentje op de bank als je niet lekker bent en thuis mag blijven van school: iedereen herinnert zich zo'n moment van vroeger. Die deken om je heen, die naar thuis ruikt en waaronder je altijd mag zijn wie je bent, geeft omhulling en kan, net als een knuffel, een hele jeugd meegaan. Extra bijzonder wordt het als zo'n knuffeldeken gebreid is door oma, gegeven door een dierbare buurvrouw of zelfgemaakt is met lapjes vol herinneringen: een stukje voetbalshirt van de grote broer, een deel van het kookschort van tante Pien, een stukje van het eerste slaapzakje - zo ben je nooit alleen.

Alles begint met aanraking

Contact van huid op huid is voor kinderen net zo'n levensbehoefte als ademen en eten. Kinderen leren als eerste met hun lichaam. Met massage en leuke aanraakspelletjes geef je ze een stevige basis mee voor een gezond en gelukkig leven.

Dicht tegen elkaar aan een boekje lezen, lekker op je rug gekriebeld worden, een beetje stoeien, een dikke knuffel als je elkaar weer ziet - als kinderen regelmatig liefdevol worden aangeraakt legt dat een stevige basis voor lichaamsbewustzijn en zelfvertrouwen, zegt Marijke Sluijter, auteur van het boek 'Aanraken: een levensbehoefte'.
In de huid zitten receptoren die bij prikkeling een signaal aan de hersenen geven, waardoor die oxytocine aanmaken, een hormoon dat een gevoel van veiligheid, verbinding en welbehagen geeft. Je baby uitgebreid masseren is dus heel heilzaam, dat blijkt ook uit onderzoek. Baby's die regelmatig worden gemasseerd, groeien beter en ontwikkelen zich sneller. Kinderen die regelmatig en liefdevol worden aangeraakt leren makkelijker, zijn minder vatbaar voor ziektes, geestelijk weerbaarder en kunnen zich beter inleven in anderen.
"Alles begint met aanraking," zegt Marijke Sluijter. "Hiermee maak je echt contact met anderen, woorden vormen pas de tweede laag. Bovendien speelt aanraking een heel grote rol bij het aanleren van sociale vaardigheden aan kinderen. Kinderen leren met hun lichaam. Wat ze fysiek ervaren, wordt direct opgeslagen, en een helder lichaamsbesef vergemakkelijkt het denkproces."
Ook de aanraking tussen kinderen onderling is belangrijk om ze sociaal vaardig te maken. "Het leert ze op natuurlijke wijze met hun grenzen en die van de ander om te gaan. Ze ontwikkelen

respect voor zichzelf en elkaar, zitten beter in hun vel en pestgedrag neemt af. In een kindergroep waar aanraakspelletjes en 'massage' deel zijn van de dagelijkse activiteiten voelen kinderen zich meer geborgen en deel van de groep. Iemand die je hebt aangeraakt, is geen vreemde meer. Iemand die vriendelijk voor je is geweest, hoort voortaan bij jouw binnenkring."

'Baby's en kinderen die worden geknuffeld en gemasseerd, ontwikkelen zich beter'

Ontspannen leren

In Zweden maakt bewuste aanraking op veel kinderopvangcentra en scholen onderdeel uit van het dagelijkse programma. Bijvoorbeeld via het versje van 'Hansje Pansje Kevertje', in vele talen misschien al wel honderd jaar gezongen. Met handgebaren beelden de kinderen uit hoe het kevertje omhoogkruipt, de regen het kevertje wegspoelt en de zon hem weer droogmaakt - op elkaars rug, en daar genieten ze enorm van. Nog een voorbeeld is zand van de kleren kloppen na het buitenspelen. Dat gebeurt vrijwel altijd met een liedje, en wat is er eenvoudiger dan het jasje van het kindje vóór je ook nog even af te kloppen? Kinderen leren zo om zich heen te kijken en elkaar te helpen.
De Zweedse kinderen die de kindermassage hadden geleerd op de opvang, namen deze gewoonte mee naar de basisschool. Daar viel op hoe sociaal vaardig ze waren, waarop de leerkrachten besloten de massage te handhaven. Later bleek dat er tot dertig procent hogere leerresultaten werden behaald dan voorheen, terwijl er niets aan de leermethoden was veranderd. Een verklaring zou kunnen zijn dat er met minder stress meer ontspannen kan worden geleerd. Want behalve het stimuleren van oxytocine, reduceert huidcontact ook de aanmaak van stresshormonen. Stress sluit de neocortex, het deel van het brein waarmee je nieuwe dingen leert - en ontspanning zorgt dat je open kunt staan voor nieuwe leerstof. Ook op een aantal Nederlandse scholen wordt nu meer aandacht besteed aan aanraking. "Dit is extra belangrijk omdat veel kinderen zo lang op school en in de kinderopvang zitten, en ze thuis vaak veel tijd doorbrengen achter de (spel)computer of televisie. Dat urenlange stilzitten maakt dat ze minder lichaamsbesef ontwikkelen," zegt Marijke Sluijter. In haar boek staan aanraakspelletjes voor kinderen onderling en eenvoudige massagetechnieken die je zelf kunt toepassen bij je baby of kind. Want met speels en liefdevol aanraken kun je niet vroeg genoeg starten, en het is nooit te laat om er alsnog mee te beginnen.

Aanraakspelletjes

VOOR PEUTERS

Hansje Pansje Kevertje

DOEL: *huidstimulatie van de borst, buik en armen.*

De peuter ligt op zijn rug en als ouder zing je:

- 'Hansje Pansje Kevertje, die klom eens op een hek' - loop met je vingertoppen over buik of arm naar boven
- 'Toen kwam de regen, die spoelde Hansje weg' - tokkel met de vingertoppen op de borst en buik
- 'Toen kwam de zon, die maakte Hansje droog' - wrijf met je handen over de borst en buik
- 'Hansje Pansje Kevertje, die klom toen weer omhoog' - loop met de vingertoppen weer omhoog

VOOR KLEUTERS

De dieren hebben jeuk!

DOEL: *huidstimulatie, leren vertrouwen, lichaamscontact.*

Alle dieren hebben jeuk, en ze hebben geen vingers om zich te krabben. Dat is lastig, hoe moet dat nu? Gelukkig is er een slim dier dat bedenkt dat ze elkaar kunnen helpen. Twee aan twee wrijven ze hun ruggen, schouders en heupen tegen elkaar, aan de lichter- en rechterzijde. Misschien hebben de dieren ook jeuk aan hun kop - mag ik je rug even lenen?

VOOR 6 TOT 8 JAAR

Het weerbericht

DOEL: *huidstimulatie en sociale vaardigheden; rekening met elkaar houden, leren vragen om wat je prettig vindt.*

Dit spel kun je eerst aanleren zoals het hieronder staat en als het bekend is, gebruiken als 'verzoeknummer'. De een zegt zijn weerbericht op, de ander voert het uit.

- 'Vroeg in de morgen schijnt de zon' - strijk met je volle hand cirkels over de rug
- 'Dan komen er stapelwolken' - leg je handen om en om op de rug
- 'Daarna gaat het regenen' - trommel met je vinger-toppen op de rug
- 'De regen gaat over in hagel' - trommel steeds harder
- 'Het wordt glad' - hand over hand, steeds glijdend een stukje opschuiven
- 'Er komt onweer' - geef een klapje op de rug
- 'En bliksem' - maak zigzagbewegingen op de rug
- 'Het gaat ook nog hard waaien' - strijk over de rug en blaas erbij
- 'Hierna gaat de zon weer schijnen' - met de volle hand cirkels over de rug maken
- 'Aan het eind van de dag gaat de zon weer onder' - strijk met beide handen van boven naar beneden

VOOR 8 TOT 12 JAAR

De tube tandpasta

DOEL: *spanning opruimen.*

Een lange schooldag vergt heel wat van schouders en armen; daar zet zich veel spanning vast. Met deze speelse techniek kan de energie weer vrij stromen. Vertel de kinderen dat jullie elkaars armen gaan 'leegknijpen' als een tube tandpasta. Voel eerst bij de ander hoe stevig je mag knijpen.

1. Begin met het losmasseren van de schouders. Ga achter de ander staan, leg je handen op z'n schouders en kneed de spieren los met knijpende bewegingen.
2. Pak dan met beide handen de bovenarmen van de ander beet en knijp greep voor greep, van boven naar beneden, de hele arm 'leeg' alsof het een tube tandpasta is. Sla het elleboogggewricht over.
3. Nu moet het laatste restje tandpasta er nog uit. Ga naast de ander staan en pak met beide handen een schouder vast. Druk met je handen de hele arm, van de schouderkop tot aan de pols, nog eens na. Pers tot slot stevig (maar niet te hard!) de hand tot en met de vingertoppen leeg tussen je twee handen.
4. Pak de hand dan op, zodat je met een duim vanaf de pols tussen de botjes van de bovenhand kunt strijken, eindigend bij de huid tussen de vingers. Vooral die kleine 'zwemvliesjes' kun je dan even zacht masseren tussen duim en wijsvinger.
5. Tot slot pak je elke vinger nog eens apart en masseer je die kootje voor kootje, inclusief de duim. Daarna trek je stevig langs de hele vinger tot aan de vingertoppen, alsof je alle spanning eruit trekt. Nu is de tube leeg en is de andere arm aan de beurt. Dan even losschudden.

Eenvoudige massagetechnieken

1. KALMEERT EEN HYPERACTIEF KIND, VERGROOT DE FYSIEKE EN EMOTIONELE STABILITEIT EN VERSTERKT DE SPIJSVERTERING.

Je kind ligt op de rug. Strijk met de vingers van beide handen over de middellijn van de romp, van de borst tot het schaambeen, laat de handen dan elk naar een zij uiteengaan en strijk omhoog tot de oksels. Maak draaiende bewegingen over de borst en laat de handen elkaar weer op de middellijn ontmoeten. Dit brengt het hart en de nieren in evenwicht. Oefen de druk uit die je zou gebruiken om een verkreukeld papieren zakdoekje glad te strijken zonder het te scheuren. Deze techniek vereist grote gevoeligheid voor een optimaal resultaat. Doe de massage op een rustig moment, liefst op de blote huid.

DUUR: *circa 21 cycli van elk 10 seconden*

2. REGULEERT DE SPIJSVERTERING, ONTSPANT HET SYSTEEM EN IS GOED VOOR DE BLOEDAANMAAK.

Ga aan de rechterzijde van het kind zitten en strijk met de vingertoppen of de handpalm, en direct gevolgd door de andere hand, van de linkerkant van de buik naar de rechterkant. De ene hand volgt de andere om een golvend effect op de zonnevlecht uit te oefenen. Gebruik lichte druk, alsof je een breekbare vaas aanraakt. Dan ga je aan de linkerzijde zitten en haal je de handen over de buik van rechts naar links.

DUUR: *tot 180 strijkbewegingen in elke richting. Neem 2 tellen rust tussen het wisselen van richting.*

3. VERLICHT CONSTIPATIE OF JUIST DIARREE (ALS JE TEGEN DE KLOK IN WRIJFT), STIMULEERT BLAAS, DARMEN, PANCREAS EN MAAG, VERSTERKT DE NIEREN.

Je kind ligt op de rug. Wrijf met je handen rond en rond de navel, eerst met de klok mee, dan tegen de klok in. Oefen de druk uit die je gebruikt om in een pan soep te roeren. Deze natuurlijke beweging kan vaak worden uitgevoerd zonder je kind te hoeven ontkleden. Het is beter niet met de klok mee te wrijven als het kind diarree heeft.

DUUR: *24 keer met de klok mee wrijven, 36 keer tegen de klok in*

4. HELPT OORINFECTIES EN OORPIJN VOORKOMEN EN VERSTERKT HET HELE SYSTEEM, VOORAL DE NIEREN EN DE RUGGENGRAAT.

Deze techniek is erg krachtig en heeft effect op het hele lichaam, omdat het oor reflexzones en -punten van alle lichaamsdelen bevat. Je kind ligt op de rug. Plaats je duimen achter de oren en je wijsvingers in de oren. Houd eerst je duimen stil om de oren te fixeren, terwijl je met je wijsvinger om het oor masseert in elke plooi en alle kleine hoekjes. Houd vervolgens de vingers stil en masseer met de duimen achter de oren. Masseer het gehele oor, ook de oorlellen. Gebruik dezelfde druk als wanneer je met potlood lijnen uitgumt. Maak ronddraaiende bewegingen, iets sneller dan een seconde per beweging.

DUUR: *maximaal 3 minuten of totdat het oor heet aanvoelt*

Voetreflexmassage

Door aanraking op de juiste drukpunten kun je ook via de voeten zorgen voor ontspanning en verbinding.

Een voetmassage ontspant de spieren, stimuleert de bloedcirculatie en verlicht spanningen. Een voetreflexmassage gaat nog wat verder. Daarmee kun je je kind helpen bij het verlichten van darmklachten, meer zelfvertrouwen te krijgen of een betere nachtrust. Ook het is een manier om op energetisch niveau contact te maken met je pasgeboren baby, onderzoekende peuter of afwezige puber.
Voetreflexmassage is gebaseerd op het idee dat op onze voeten reflexzones en acupunctuurpunten liggen. Volgens de Chinese traditie staan deze via energiebanen in verbinding met onze zenuwen, organen, klieren en chakra's. De reflexzones van je voet zijn de spiegel van alles wat zich in het lichaam afspeelt op fysiek, emotioneel en energetisch niveau. De tenen en bovenkant van je voet staan in verbinding met je hoofd en borstgebied. Het midden van je voet staat voor het buikgebied en de onderkant correspondeert met je bekkengebied. Het masseren van de reflexzones en acupunctuurpunten zou blokkades kunnen opheffen waardoor energie weer vrij naar je organen kan stromen en dat stimuleert het zelfhelend vermogen. Volgens de Westerse kijk op voetreflexologie stimuleer je met het uitoefenen van druk en het masseren van reflexzones de zenuwuiteinden die samenkomen in je voetzool. Via de zenuwuiteinden zou je contact kunnen maken met het centrale zenuwstelsel dat in verbinding staat met alle organen.

Zo geef je je kind voetreflexmassage

Voetreflextherapeut Leonie Verhulst en holistisch therapeut Simone van Lieshout geven beiden in hun praktijk voetreflexmassage aan kinderen van alle leeftijden. Dit zijn hun tips voor thuis.

Huilende baby geruststellen

Leonie: "Als je baby op de commode ligt, kun je een minuutje nemen voor een zachte voetreflexmassage. Wrijf je handen warm en doe er een beetje mosterdolie op. Dat is een verwarmende, aardende olie. Maak eerst voorzichtig contact met de onderkant van de voetjes en maak daarna zachtjes - maar niet té zacht want dat kietelt - met je duimen of wijsvingers cirkels op de onderkant en bovenkant van de voeten. Pak de hieltjes in de kom van je handen en wieg de voeten rustig heen en weer. Alleen al het wiegen kan een huilende baby geruststellen. Volgens de leer van voetreflexologie maak je namelijk contact met het bekken, en voelt je baby zich als het ware gedragen. Leg de voetjes weer neer. Ga dan met je duimen naar de plek onder het 'kussentje' van de grote teen en maak zachte neerwaartse strijkbewegingen vanaf daar waar het kussentje stopt en de bovenkant van de voet begint."

Simone: "Neem je baby op schoot, leun en beetje achterover en laat je kindje met zijn of haar ruggetje lekker lui tegen jouw buik aan liggen. Met je armen langs de zijkant van het lijfje geef je je baby steun. Zorg dat je ademhaling diep en rustig is. Streel tegelijkertijd met je handen van de bovenbenen naar beneden, je vingers zijn richting de tenen. Bij de voetjes aangekomen ga je met je vingers richting voetzool en laat je je duim richting grote teen gaan. Pak de grote teen eventjes zacht tussen duim en vingers vast en ga dan met zachte cadans strelend over de bovenzijde van de beentjes terug naar de heupen. Dit herhaal je bij iedere teen: streling naar beneden, teenpulsje, streling naar boven. Leg daarna je handen even koesterend op de buik van je kind."

Peuter of kleuter stil laten zitten

Leonie: "Met vooraf een voetenbad kun je de aandacht van de peuter of kleuter alvast naar de voeten brengen. Laat het zelf eventueel een olie kiezen voor in het voetenbad en begin na het afdrogen rustig met de voetmassage. Een boekje of lievelingsknuffel erbij mag, als dat je kind helpt om stil te zitten."

Hooggevoelig kind kracht geven

Leonie: "Een massage mag bij hooggevoelige kinderen niet te lang duren, want elke prikkel komt intens binnen. Waar deze kinderen vaak behoefte aan hebben, is het terugvinden van innerlijke kracht zodat hij of zij beter grenzen kan aangeven. De reflexzone van de zonnevlecht is verbonden met het derde chakra. Dat is ons krachtcentrum, ik noem het ook wel het 'reset-punt'. Door deze reflexzone te masseren, help je je kind om spanningen los te laten en weer in eigen kracht te staan. De reflexzone van de zonnevlecht zit in het midden van de voetzool. Pak met je handen de voet vast met je vingers tegen de wreef en je duimen tegen de voetzool. Druk zacht de reflexzone van de zonnevlecht in en laat rustig los. Herhaal dat een paar keer, terwijl je steeds contact houd met je duim tegen de voetzool."

Lekker in slaap vallen (5-11 jr)

Leonie: "Als je kind in bed ligt, kun je voor het slapen gaan het slaappunt masseren. Dit zogenaamde insomniapunt vind je in het midden van de haklijn. Je kunt hiervoor druivenpitolie gebruiken waaraan je een druppel etherische lavendelolie toevoegt. Druk het slaappunt in, tel rustig tot vijf en laat de druk weer los. Herhaal dat een aantal keer. Masseer daarna dit gebied zachtjes ter ontspanning. Strijk vervolgens met milde druk je kind met een neerwaartse beweging af, vanaf het hoofd tot aan de voeten. Doe dat driemaal."

Simone: "Voor het slapen gaan is een fijn moment om de voeten van je kind te masseren met warme olie terwijl je de dag afsluit met de *five for life*. Stel tijdens de voetmassage de volgende vijf vragen aan je kind:

- Wat was fijn vandaag?
- Heb je iets liefs voor iemand gedaan?
- Wat vond je niet zo fijn vandaag?
- Ben je vandaag ook even alleen geweest; had je tijd voor jezelf?
- Wat is je wens voor morgen?

Je kunt de vragen ook aan elkaar stellen: kinderen willen ook weten hoe het met papa of mama gaat."

Laat je puber ontspannen

Leonie: "Pubers gaan door een enorme ontwikkelingsfase en het is fijn als je ze kunt laten ontspannen. Bijvoorbeeld door een massage van de binnenzijde van de voet, vanaf de grote teen tot aan de hiel. Dat gebied staat in verbinding met de wervelkolom waar uitlopende zenuwen in zitten die in weer in verbinding staan met alle organen. Je masseert dus eigenlijk het hele lichaam en dat brengt ontspanning. Wrijf je handen warm, doe wat olie in je handen en maak afstrijkende bewegingen vanaf de teen naar de hiel. Daarna zet je je duim tegen de zijkant van de grote teen en maak je als het ware een 'lopende rups'-beweging met je duim richting de hiel. Herhaal dit een paar keer, eerst de ene voet, dan de andere."

Kies je olie

Eventueel kun je bij het masseren olie gebruiken. Als basis is een koudgeperste natuurlijke olie geschikt, zoals kokos-, sesam- of olijfolie. Sesamolie werkt verwarmend, lekker voor koude kindervoetjes, terwijl amandelolie juist verkoelend werkt. Een druppel essentiële lavendelolie is lekker als je de voetjes masseert vóór het slapengaan. Dat werkt al ontspannend, de lavendel versterkt het kalmerende effect en bevordert de nachtrust. Bepaalde ingrediënten ruiken niet alleen lekker, maar hebben ook effect op de massage.

VERWARMEND - **mosterd, gember, rozemarijn**
PIJNSTILLEND - **arnica**
VERKOELEND - **mint, kamille, kokos**

Rust voor de zintuigen

Hoor je de stilte?

De wereld lijkt soms één grote prikkel, niet alleen qua geluiden, maar ook visueel. Kinderen weten vaak niet beter, daarom is het belangrijk ze bewust te leren wat stilte kan brengen. Want alleen in stilte kun je voelen wie je bent en wat je wilt. Stilte voedt het bewustzijn.

Stilte Ervaren

Stilte kunnen ervaren heeft vooral te maken kunnen 'zijn'. Kun je zijn zonder afleiding? Kleine kinderen kunnen dat heel goed, die raken juist duidelijk overprikkeld als je ze te veel aanbiedt. Gaandeweg worden ze geïntroduceerd in de 'grote' wereld, die continu vol prikkels is. Te beginnen met de bliepende telefoon van papa en mama. De steeds sneller verspringende beelden op tv, computerspelletjes, maar ook wat ze allemaal 'moeten' op een dag, school, sport, clubjes, vriendjes... Leer ze dat het belangrijk is om je af en toe terug te trekken, zodat je jezelf kunt blijven horen en de roep van je ziel niet ten onder gaat in het dagelijkse rumoer. En zorg ervoor dat ze een plek hebben waar ze even op zichzelf kunnen zijn: al is het maar een hoekje in de kamer - een rusthoekje, stilteplekje, een eigen peace-corner.

PEACE

Stilte Horen

De stilte wordt vaak pas echt 'hoorbaar' als er eerst geluid is geweest. Je kunt dus eerst muziek maken met je kinderen, of een liedje opzetten, om het daarna uit te zetten en dan te luisteren naar de stilte. Een heel mooie oefening is die met een klankschaal. Sla hem aan en luister hoe het geluid wegebt - soms denk je dat je niets meer hoort, maar als je de schaal dan bij je oor houdt, hoor je dat ie nog wel degelijk zingt. Steek je hand op (in stilte dus) als je vindt dat het nu echt stil is. Het zal je verbazen hoe lang dat duurt en dat dat moment voor iedereen verschillend is.

Stilte Proeven

Stilte beoefenen kan goed op een vast moment. Een spreuk zeggen voor het avondeten kan helpen de aandacht een beetje te focussen, maar omdat dat vaak ook het moment is waarop je weer samen bent na een werk- en schooldag, is eten met aandacht er niet vaak bij. Terwijl het heel belangrijk is. Voor de rust, de smaak, het verteren. Wat leuk is om te proberen - en haalbaar: eet de eerste vijf minuten in stilte. Het eten wordt beter geproefd, beter gekauwd en echt met aandacht gegeten. Na vijf minuten kun je een belletje rinkelen. Daarna zijn de verhalen van de dag aan de beurt. Daar is ook meer aandacht voor nu de eerste honger gestild is.

Stilte Voelen

Neem je zelf eigenlijk wel eens bewust een moment van rust, om te voelen hoe het echt met je gaat? We worden vaak zo meegenomen in ons drukke leven dat we áls we even tijd hebben - doordat er een afspraak uitvalt of je kind zichzelf opeens goed lijkt te vermaken - we dat moment juist aangrijpen om weer iets te gaan doen: nog even de was, iets opruimen... Zo'n gevoel dat je lijstje afgevinkt moet zijn voor je rustig mag zitten, heb je vaak van huis uit meegekregen. Om dat niet ook weer aan jouw kind door te geven kun je bewust een aantal rustmomenten inbouwen op een dag. Neem bijvoorbeeld samen drie minuten adempauze.

1. Richt je aandacht naar binnen: hoe voel ik me nu? Welke gedachten gaan er door me heen? Je hoeft er verder niets mee te doen, alleen te voelen.
2. Richt je nu op de ademhaling. Waar zit ie, in je buik of in je borst. Wat is het tempo? Adem bewust diep in door je neus en uit door je mond.
3. Breid de aandacht uit naar je hele lichaam. Voel je spanning ergens, leid je adem daar naartoe en probeer te ontspannen. En probeer dit verruimde bewustzijn mee te nemen naar de rest van je dag. Als je deze oefening een paar keer per dag doet (met je kinderen), bouw je momenten in om je systeem tot rust te brengen. Waardevol voor de rest van hun leven.

Stilte Zien

Ook je ogen hebben behoefte aan stilte. Visuele stilte maakt het makkelijker jezelf te voelen. De natuur opzoeken helpt - kijken naar het ontvouwen van de wereld brengt automatisch een vertraging met zich mee, een afstemming op de natuurlijke tijd. Waar wijde horizonten de blik letterlijk helpen verruimen, kan focussen op één punt de geest kalmeren. Het staren in de vlam van een kaars is een beproefde methode, maar een (zelfgemaakte!) zandloper maakt het speelser voor kinderen. Als je hem omdraait, kijk je naar het zand dat loopt. Tot het helemaal weg is. Het lijkt weinig, maar ook voor vijf minuten zullen je ogen je dankbaar zijn. Ook goed in te zetten als er een probleem is: je mag eraan denken zolang het zand loopt, daarna is het klaar en gaan we iets anders doen.

Stilte Ruiken

Een stiltewandeling in de natuur maak je leuk voor kinderen door er een opdracht aan te koppelen. Wat ruik je allemaal in het bos? Wat hoor je tijdens de wandeling? Ruik je de herfst, hoor je het ruisen van de bomen in de wind, het knisperen van blaadjes onder je voeten, de vogels. Neem na de wandeling even de tijd om op te schrijven wat je allemaal hebt ervaren. Hoe voelde het om stil te zijn? Heb je energie opgedaan, of voel je je rustig? Je kunt ook opdrachten meegeven: voel de soorten bast van de diverse bomen, het mos of het natte gras. Een stiltewandeling in de natuur is een feest voor alle zintuigen.

Stilte Helder Horen

Sommige kinderen zijn continu afgeleid door geluiden, dat is vaak een teken van een vol hoofd. Heel waardevol is het om te leren dat je niet altijd 'aan' hoeft te staan en overal op hoeft te reageren. Als je van je hoofd naar je hart kunt gaan, en kunt zakken in je buik - zal het ook rustiger worden in je hoofd. Leer je kind aarden. Dat kan ie doen zonder dat iemand het ziet: zittend in de klas, denk je dat er wortels uit je voeten en zitbotten groeien, zó de grond in. Je kunt jezelf verbinden met het netwerk van bomwortels onder de grond. Dan zul je je stevig geworteld voelen. Dan word je niet afgeleid door het ruisen van de wind in je takken en ritselende bladeren, maar ben je rustig en stevig als een boomstam.

Mudra's

Energie sturen met je handen

De sierlijke handhoudingen die je ziet bij Boeddhabeelden, zijn mudra's. Het zijn gebaren die we zelf kunnen gebruiken om het contact met ons innerlijk te onderhouden.

Met onze handen grijpen en 'begrijpen' we dingen. Het zijn onze voelsprieten: wat je met je handen aanraakt, geeft je een tastbaar idee van de wereld buiten je. Ze vormen een verbinding tussen wat we ervaren als onze binnen- en buitenwereld. We geven energie via onze handen en we communiceren ermee: door iemand de hand te schudden, te kietelen of te strelen. Het wemelt van de gebaren die je met je handen en vingers kunt maken.
Een aantal van die gebaren is niet zozeer bedoeld om contact te maken met anderen, maar eerder om het contact met ons innerlijk te onderhouden en versterken. *Mudra's* worden ze genoemd. Je vindt ze in verschillende oosterse culturen: bij de Indiase yogi's, in het hindoeïsme, boeddhisme, taoïsme en shintoïsme. Ze worden uitgevoerd in Balinese dans, in tai chi, qigong en kungfu. Mudra's werden al vermeld in de Veda's, de oudste heilige hindoegeschriften. Je kunt ze gebruiken om yogabeoefening of meditatie krachtiger te maken. Naast handgebaren worden ook sommige bewegingen van de ogen en lichaamshoudingen 'mudra' genoemd. De Hatha yoga kent 25 verschillende mudra's.

Levensenergie

Een andere benaming voor mudra's is zegels, en dat geeft goed aan welke functie ze hebben: de subtiele energie die via de handen en vingertoppen naar buiten kan stromen, bewust binnen je eigen lichaam laten circuleren.

Volgens de yogaleer hebben we in ons lichaam een uitgebreid netwerk van *nadi's*, kanaaltjes die de levensenergie, *prana* genoemd, door ons lichaam vervoeren. In totaal zouden we 72.000 nadi's hebben. Chakra's zijn belangrijke knooppunten van de nadi's, waar de energie verzameld en verdeeld wordt. Er worden ook kleinere energiepunten onderscheiden, *marma*-punten. We zijn het meest bekend met de zeven belangrijkste chakra's, die langs de ruggengraat liggen, maar er zijn er volgens de yogaleer nog veel meer. Wel 114 in totaal, en ook in de handen bevinden zich zulke kleine centra van energie. Ook zijn er punten op de handen die corresponderen met de zeven grote chakra's.

De traditionele Chinese geneeskunst onderscheidt een vergelijkbaar netwerk: dat van de meridianen, en de levensenergie die daar doorheen stroomt wordt dan *qi* genoemd. Door de handen stroomt een aantal belangrijke meridianen. Zo eindigt de longmeridiaan in de duim, de hartmeridiaan in de pink en de pericardiummediaan in de middelvinger. En de dikke-darmmeridiaan start in de wijsvinger, de drievoudige verwarmer in de ringvinger en de dunne-darmmeridiaan in de pink. Volgens de eveneens van oorsprong Chinese leer van de reflexologie is in de hand een weergave van het hele lichaam te vinden: organen en lichaamsdelen zijn in specifieke zones op de hand vertegenwoordigd.

Met andere woorden: als je de ene vingertop op de andere plaatst, gebeurt er meer dan dat je twee stukjes huid tegen elkaar zet. Je beïnvloedt je energiesysteem.

Innerlijke dialoog

Energie en bewustzijn, daar draait het allemaal om. 'Mudra's zijn houdingen van de hand die iets mystieks kunnen aanduiden of symboliseren, of een bepaalde energie kunnen oproepen. Ze kunnen een bewustzijnstoestand vertegenwoordigen en een beoefenaar helpen die toestand te bereiken,' zegt yogadocent Sandra Kynes in haar boek 'Lees je hand'. Wil je bijvoorbeeld tot rust komen, of je concentratie versterken, dan kun je een mudra uitkiezen die je helpt dit te ervaren. 'Omdat onze handen boodschappen naar en van de hersenen

Vijf elementen

Onze gehele stoffelijke wereld is opgebouwd uit de natuurlijke elementen, die dan ook terugkomen in de handen. Aan elke vinger is volgens de yogaleer een element gekoppeld, met bijbehorende eigenschappen.

- **Pink: water** (JAL) **- stromend, neerwaarts, samentrekkend**
- **Ringvinger: aarde** (PRITHVI) **- standvastig, solide, samenhangend**
- **Middelvinger: ether of ruimte** (AKASH) **- stil, onbelemmerd, stralend**
- **Wijsvinger: lucht** (VAYU) **- beweeglijk, op-en-neergaand, mentaal**
- **Duim: vuur** (AGNI) **- opwaarts, zich openend, uitbreidend**

'Als je de ene vingertop op de andere plaatst, beïnvloed je je energiesysteem'

overbrengen, kunnen we onze handen gebruiken om onze voornemens kracht bij te zetten en verandering te bewerkstelligen. We kunnen de innerlijke dialoog tussen het bewuste en het onderbewuste sturen,' aldus Kynes. Mudra's werken dus het best als je ze met een duidelijke intentie inzet. Bedenk voor je op je meditatiekussen of yogamatje gaat zitten dus eens waar je je op wilt richten. Wat wil je bekrachtigen in je leven? Waar heb je behoefte aan? Wat heb je nodig om in balans te komen? Wijsheid, helderheid, moed, ontspanning, zelfvertrouwen of kalmte - er is een toepasselijke mudra voor.

Cirkel

Een van de meest gebruikte mudra's tijdens meditatie of ademhalingsoefeningen (*pranayama*) is Jnana mudra, het 'gebaar van wijsheid'. Ook wel Chin of Gyan mudra genoemd. Hierbij duw je de top van de duim tegen of op de top van de wijsvinger, terwijl de andere vingers ontspannen gestrekt blijven. De duim staat symbool voor goddelijk bewustzijn, de wijsvinger voor individueel bewustzijn. Samen vormen ze nu een cirkel. 'Wanneer vinger en duim elkaar raken, staat dat voor het opgaan van ons bewustzijn in de bron, en voor verbondenheid daarmee'. Wil je je hierbij gegrond voelen, dan laat je je handen op je knieën rusten met de handpalmen naar beneden. Als je je wilt openstellen voor wijsheid vanuit het universum, dan open je de handpalmen naar boven.

Ook een heel bekende is Namaskara, of Anjali of Atmanjali mudra: het gebaar waarbij je de handpalmen tegen elkaar brengt voor je hart. Zo kun je respectvol groeten – '*Namaste*!' - of in meditatie je aandacht makkelijker naar binnen richten en afstemmen op je hart.
Hoe vaker je mudra's toepast, hoe soepeler je handen en vingers zullen worden. Deze soepelheid zul je dan ook in je geest ervaren - lichaam en geest zijn tenslotte verbonden en beïnvloeden elkaar. Die verbinding bewuster maken, daar hebben de mudra's ook weer bij geholpen.

Hoe, hoelang, wanneer?

Mudra's werken het effectiefst als je ze minimaal een paar minuten aanhoudt. Tot maximaal een kwartier ongeveer, en dan indien nodig tot drie keer per dag.
'Het dagelijks beoefenen van zegels kan helpen oude gewoonten en ongezonde energieën los te laten, waardoor de beoefenaar zich opgeladen voelt met een nieuwe en energieke levenskracht,' zegt yogadocent Robert Butera in zijn boek 'Puur yoga'. Hij raadt wel aan ze te leren onder begeleiding van een docent, omdat ze, hoe eenvoudig ze ook lijken, het bewustzijn zo sterk kunnen veranderen. Je kunt bijvoorbeeld de subtiele energie in je lichaam gaan voelen stromen, en mudra's gaan doen alleen maar om dat gevoel te ervaren - maar daar ging het niet om, het ging om de intentie waarvoor je de mudra inzette. Sterk spul, dus. Aan de andere kant kun je sommige mudra's ook best 'tussendoor' doen, als het zo uitkomt. Zo kun je tijdens een lange vergadering waarbij versuffen op de loer ligt, discreet Jnana mudra toepassen (je duim en wijsvinger tegen elkaar drukken) om je hoofd helder te houden, tipt Butera. Kinderen kunnen dit tijdens een lastige les op school doen.

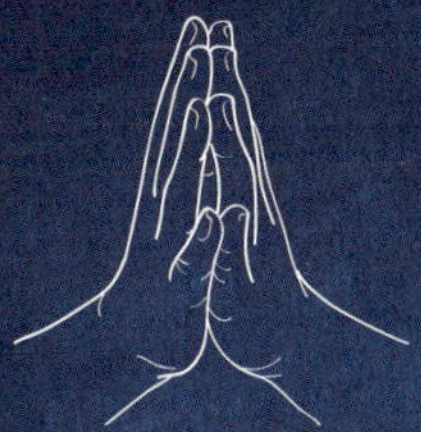

ANJALI
HARTOPENER

In contact zijn met je hart, de liefdevolle plek in jezelf. Ook een manier om elkaar respectvol te groeten.

De handen worden tegen elkaar voor het hart geplaatst, met de duimen tegen het borstbeen.

VAYU
OPLUCHTING

Maakt de geest rustiger. Verbetert de spijsvertering, fijn bij een opgeblazen gevoel (Vayu is de god van de wind).

Buig je wijsvinger naar de handpalm en druk met de duim er schuin over de vinger licht aan, de andere vingers blijven recht.

HAKINI
CONCENTRATIE

Goed voor het geheugen en de concentratie.

Druk de vingertoppen tegen elkaar, waarbij de handen voor je gericht zijn.

GANESHA
MOED

Voor positiviteit en moed in spannende situaties. Tijdens de mudra breng je je aandacht naar je hart-centrum en je longen, die je 'opent'.

Plaats je linkerhand voor je borst met de handpalm naar buiten en de duim naar beneden. Plaats je rechterhand voor de linker- en haak de vingers van beide handen in elkaar.

DHYANA
RUST

Voor diepere concentratie en rust.

De rechterhand rust in de linkerhand, de handpalmen wijzen naar boven, de duimen raken elkaar eventueel. De rechterhand staat voor verlichting, een spirituele staat van zijn, de linkerhand symboliseert de wereld van illusie (maya). Met deze handpositie wordt de Boeddha vaak afgebeeld.

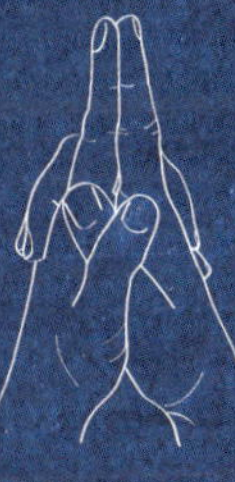

KSEPANA
POSITIVITEIT

Helpt te ontgiften, laat negativiteit en frustratie afvloeien.

Strengel de handen in elkaar, de duimen zijn ook gekruist, strek de wijsvingers tegen elkaar omhoog.

JNANA
WIJSHEID

Gebaar van wijsheid, kalmeert het denken, goed voor concentratie.

De duim en wijsvinger vormen samen een cirkel, de andere vingers zijn ontspannen gestrekt. De duim staat hier voor kosmisch of goddelijk bewustzijn, de wijsvinger voor menselijk bewustzijn.

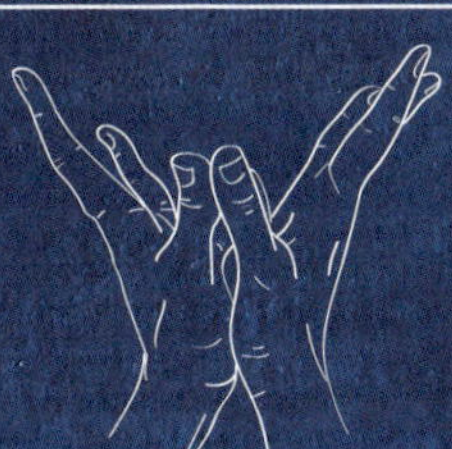

LOTUS
ONTSPANNING

Helpt om kalm te worden.

Houd de handen in gebeds-houding voor de borst. Spreid de vingers op een inademing (op de duimen en pinken na) als een opengaande lotus. Breng ze op de uitademing weer in gebedshouding. Herhaal 3 keer of meer.

PRITHVI
ZELFVERTROUWEN

Geeft zelfvertrouwen en werkt aardend - prithvi is Sanskriet voor aarde.

Plaats de duim en ringvinger tegen elkaar. De andere vingers zijn ontspannen gestrekt.

HAPPY
DREAMS

Zacht naar de nacht

Hoe geef je je na een drukke dag over aan de nacht? Met liefdevolle aandacht, verpakt in een mooi slaapritueel, help je een kind om zich te ontspannen en een soepele overgang te maken naar dromenland.

Van dag naar nacht. Van licht naar donker. Van actie naar rust. Voor volwassenen is het soms al moeilijk om die stap te maken - vooruit, nog één aflevering van die serie - voor kinderen is dat het helemaal. De grens overgaan naar volledige ontspanning, zich 'moeten' overgeven, toegeven aan slaap, zich niet meer verzetten... dat is nogal wat. Kinderen hebben nogal de neiging om zich af te zetten tegen regels en grenzen - en geef toe, wij ook, denk: verkeersregels. Maar door heldere rituelen te bedenken én uit te voeren geef je je kind, van welke leeftijd dan ook, veiligheid en houvast. Daardoor zal hij zich minder tegen die regels verzetten en gemakkelijker de grens naar de nacht overgaan. Pedagoog José Sagasser, auteur van 'Slaapproblemen de baas': "Vanaf een jaar of zeven, acht richten kinderen zich meer op andere kinderen. Vanaf dan wordt het belangrijk om ergens 'bij' te horen. Ze richten bijvoorbeeld geheime clubs op met eigen rituelen: alleen als je dít doet, mag je er bij. Dat geeft ze een vertrouwd, veilig gevoel. Een bedritueel is vergelijkbaar. Binnen het gezin heb je gewoontes die van jullie zijn. 'Zo doen wij dat' zeg je daar zonder woorden mee. Dit ritueel is van ons. Jij hoort bij ons. Wij horen bij elkaar. Daarmee geeft zo'n ritueel je kind veiligheid. Hij kent de afspraken en voelt zich daar fijn bij. Hij wordt gezien."

Herhaling werkt

Een goed ritueel is prettig, herkenbaar en duidelijk. Het is dan helder voor je kind dat hij zich niet meer hoeft te verzetten tegen slapen gaan. Hij weet wat er komen gaat en kan zich daarom ontspannen. Afhankelijk van je kind en jullie situatie duurt het vijf tot maximaal twintig minuten. Te kort? Dan heeft hij te weinig tijd om afscheid te nemen van de dag. Te lang? Dan lijkt het eindeloos te duren en zal hij om méér en méér blijven vragen. Er is dan geen helder einde. Je zet het proces al in werking

Mediteren met sprookjes

Heksen, wolven en andere griezels zijn weggelaten, maar al het warme en positieve uit sprookjes is gebleven. Sprookjesmeditaties zijn eenvoudige visualisaties die de fantasie van kinderen de ruimte geven en ze in een prettige, verstilde stemming brengen. Na een dag vol prikkels bied je je kind de kans om zich even terug te trekken en zijn eigen binnenwereld te verkennen. Dat verlicht spanningen en bevordert slaap. In het boek 'Meditaties voor kinderen en tieners' staat bijvoorbeeld een verhaal over een sprookjestuin waar je kind via een magische poort binnengaat. Daar ziet hij gekleurde bloemen, glinsterende dauwdruppels en vrolijke vlinders. En in de weerspiegeling van de sprookjesvijver ziet hij zijn gezicht: 'Wat zie je er leuk uit...! Kijk eens naar je eigen gezicht in het water, er is op de hele wereld niemand hetzelfde al jij. Je bent heel speciaal. Uniek.' De meditatie eindigt met de boodschap dat je kind op deze plek kan terugkomen wanneer hij maar wil. In 'Relax kids. Sprookjesmeditaties voor kinderen' vind je sprookjes over onder meer Alice in Wonderland, Peter Pan en Pinokkio. Bij deze laatste maakt je kind zich eerst zwaar als de houten pop, om daarna een zacht, warm mensenkind te worden, bewust van zijn ademhaling. Op een speelse manier komt je kind zo in aanraking met meditatie, en is hij bezig met thema's als zelfvertrouwen, ontspanning, loslaten, vriendschap en bijvoorbeeld zingeving, afhankelijk van het thema dat je kiest.

door aan te kondigen dat het bijna bedtijd is, daarmee bereid je je kind voor. Je doet dan misschien nog een laatste korte activiteit - spelletje afmaken, warme melk drinken - en vervolgens gaat hij zich uitkleden, wassen en tandenpoetsen. Zorg dat dezelfde elementen dagelijks terugkomen, bereid bijvoorbeeld samen de slaapkamer voor op de nacht (gordijnen dicht, lampje aan) en laat je kind in bed liggen nadat je het bed voorbereidt: kussen opschudden, knuffels erbij. Dan doe je nog iets waarmee je liefdevolle aandacht geeft, zoals een verhaaltje voorlezen, een raadseltje, een meditatie, de dag doornemen, een voetmassage of een liedje zingen. Wat je precies doet maakt niet uit, als het maar liefdevol en rustig is. Dus geen harde muziek, geen beeldscherm met fel licht en geen superdruk stoeispelletje waarvan hij juist helemaal 'aan' gaat staan. En het is belangrijk voor je kind dat hij voelt dat de tijd van dit bedritueel helemaal van hem is. Ten slotte neem je afscheid.

Plant een zaadje

Soms werkt een ritueel niet meer. Een kind groeit en kan iets ineens kinderachtig vinden. Maar dat vertelt hij je meestal niet. Je merkt dan slechts dat hij chagrijnig wordt of niet meer wil slapen. Vraag dan wat er is, meestal ontdek je na voorzichtig doorvragen wel wat er speelt. Misschien is hij erachter gekomen dat iedereen in zijn klas een kwartier later naar bed mag. Of heeft een vriendje gezegd dat zijn Ernie-dekbed stom is. Wanneer je luistert en het ritueel of de kamer wellicht wat aanpast, kun je een nieuw ritueel maken dat weer goed werkt.

Behalve dat je je kind de nacht in helpt, is een bedritueel belangrijk voor de band tussen ouder en kind. Dít zijn de momenten die je kunt aangrijpen als ouder om goed in contact met hem te zijn en te blijven. Zeker de ouder die als laatste thuiskomt kan zo wat extra aandacht geven om zo samen een mooi moment te beleven en herinneringen te maken. Tegelijkertijd plant je zaadjes om je kind steeds bewuster te laten zijn van wie hij is. Bijvoorbeeld doordat je de dag speels met hem doorneemt, een kleine meditatie-oefening of wat kinderyogahoudingen. Dat geeft hem rust en zelfvertrouwen. Hij groeit daardoor als mens. Sommige kinderen vinden het prettig om samen naar een zacht muziekje te luisteren. Bijvoorbeeld met natuurgeluiden. Gebruik dan geen geluiden van stromend water of een rainstick: dat kan een blaasreflex opwekken en dan zit-ie weer rechtop in bed.
In de foto's vind je een aantal slaaprituelen ter inspiratie. Kies wat bij jullie past. Welterusten!

Een goed ritueel is prettig, herkenbaar en duidelijk

Ademhalen met een mala

Diep ademhalen heeft invloed op fysiologie, gedachten én humeur. Je voor het slapen concentreren op de ademhaling is dus goed voor de ontspanning. Je kunt in het ritme komen met een mala - die wordt al eeuwenlang in vele tradities gebruikt als gebedssnoer. Een mala bestaat meestal uit 108 kralen, minder kan ook - als het aantal kralen samen opgeteld maar uitkomt op 9, dus 18, 27, 36, 45, etc. De grote kraal, ook wel Goeroe- of Moederkraal genoemd, is het beginpunt. Voor deze kindermala zijn 72 kralen gebruikt: 12 diertjes en een 'hoofddiertje' - de inktvismoeder - geregen tussen 60 houten kralen. Ga samen op bed zitten, laat je kind de kralen vanaf de inktvis één voor één verschuiven en haal samen bij elk diertje een keertje diep adem. Het verschuiven van de kralen zorgt voor aandacht en concentratie. Weer bij de inktvis aangekomen is het hoofd van je kind als het goed is helemaal leeg en rustig.

Middelpunt van het universum

Na een drukke dag, met moeilijke sommen op school, lachen met vrienden, een hockeytraining, fietsen, hond uitlaten en topo leren, ligt je kind in bed. Geen wonder dat het vaak nog even doorratelt in zijn hoofd. Om je kind weer helemaal te laten landen in zijn lijf kun je een visualisatie doen. Jij praat en je kind luistert, liggend op zijn rug. Liefst met zijn ogen dicht, maar dat hoeft niet. Vertel hem dat hij leeft in het universum. Geef hem even de tijd om het universum voor zich te zien. En dan ga je stapje voor stapje terug. Dat in het universum de aarde ronddraait. Dat er op de aarde werelddelen zijn en dat hij in Europa is. Dat hij in Nederland woont. En dan ga je door naar jullie stad, wijk, straat, huis, zijn kamer en ten slotte zijn bed. Vraag hem om rustig te ademen, door zijn neus in, door zijn mond uit, zodat hij zijn lichaam goed voelt. Dan kun je nog een korte bodyscan doen: van boven naar beneden benoem je zijn lichaamsdelen en je vraagt of hij dat lichaamsdeel goed kan voelen en zacht en ontspannen kan maken. Je eindigt bij zijn voeten.

Yoga nidra

Samen ontspannen

Het wordt ook wel slaapyoga genoemd, maar dat is het niet. Bij yoga nidra verkeer je in een staat tussen waken en slapen in. Ook goed voor kinderen - ze worden er rustig van. Heerlijk om samen te doen.

Wanneer je kind stuitert en raast, met het hoofd vol avonturen, plannen en afspraken. Wanneer het vierkanten ogen heeft van een beeldscherm, piekergedachten over een spreekbeurt of een brein vol krioelende beelden van aanstaande feestdagen, zoevende auto's, stoeipartijen en volle zwembaden. Dan gun je je kind wat rust en kalmte, juist omdat die het zichzelf maar moeilijk kan geven.

Een mooie manier om je kind hiermee te helpen is yoga nidra, in de volksmond slaapyoga genoemd, maar in de praktijk heel wat vernuftiger dan doezelig op een matje liggen. Yoga nidra is een methode waarbij je je lichaam en je geest ontspant terwijl je in een staat tussen slapen en waken verkeert: je rust uit terwijl je geest helder blijft. Het goede nieuws is dat kinderen dat heel goed kunnen, mits je de vorm aanpast aan de leeftijd en ontwikkeling van je kind.

Hersengolven

Hoewel mensen al eeuwen diep kunnen ontspannen tijdens yogahoudingen, werd yoga nidra pas zo'n vijftig jaar geleden ontwikkeld en verspreid. Barbara Kündig vertelt in haar boek 'Yoga nidra' over een Indiase yogaleerling die als nachtwacht werkte op zijn yoga opleiding en in de vroege ochtenduren sliep. Enige tijd later herkende deze leerling het reciteren van bepaalde heilige verzen, terwijl die alleen maar tijdens zijn slaapuren als nachtwacht waren uitgesproken. Zo ontdekte hij dat je dingen kunt leren zonder dat je je zintuigen bewust inzet. Dit inzicht werd verwerkt in wat nu yoga nidra heet.

Tijdens de oefeningen, die volgens een vrij strak patroon verlopen, wissel je telkens ontspanning en halfslaap af. In die 'toestanden' vertonen je hersenactiviteiten verschillende hersengolven. Met een elektro-encefalogram (eeg) kun je die

OEFENING

Yoga nidra voor kinderen

OEFENING VAN FEMMY BRUG

- Ga lekker liggen op je matje. Doe een deken over je heen als je wilt.
- Lig rustig en stil. Probeer heel stil te blijven, op je rug, doe je ogen maar dicht. Je ademt lekker door. Voel je dat je ademt?
- Denk aan wat een mooi kind jij bent, en hoe speciaal. Er is niemand op de wereld hetzelfde als jij. Ben je vriendelijk, sterk, tevreden, aardig? Denk aan alles wat goed is in jou. En denk aan waar jij goed in bent: voetballen of helpen of dansen of iets anders.
- Nu kun je een van die dingen kiezen, voor dit moment en het tegen jezelf zeggen: jouw speciale zin. Bijvoorbeeld: 'Ik ben speciaal', of 'ik ben een goede helper' of 'ik ben een goede danser' of 'ik ben tevreden'. Kies er maar één, een speciale zin voor jou voor vandaag en zeg het zachtjes tegen jezelf, drie keer, zo zachtjes dat niemand anders het kan horen.
- Nu stel je voor dat een vlinder naar je toe komt. Een mooie vlinder, kies zelf de kleur, een vriendelijke vlinder. De vlinder gaat even op jouw lichaam uitrusten, luister goed, maar blijf helemaal stil.
- De vlinder gaat naar jouw vingers, naar je hand, naar je arm, naar je schouder, naar de zijkant van je lichaam, naar je been, naar je voet en naar je tenen.
- Nu aan de andere kant: naar je andere hand, naar je arm, naar je schouder, naar de zijkant van je lichaam, naar je been, naar je voet, naar je tenen.
- Nu naar de achterkant, maar daar kan de vlinder niet bij, dus nu zie je alleen de kleur van de vlinder op de achterkant van je hoofd, je nek, je schouders, je rug, je billen.
- Nu de voorkant. Daar is de vlinder weer: naar je gezicht, je keel, je borst, je buik. Je hele lichaam. Je hele lichaam.
- Nu gaat de vlinder weg. Stel je nu een groot groen grasveld voor, vol met bloemen en met dansende witte vlinders. Dan komen er andere gekleurde vlinders bij, roze en blauwe, gouden en zilveren vlinders dansen in het zonlicht, misschien zie je nog meer gekleurde vlinders. Je ruikt het gras en je voelt de zon, het is heerlijk en vrolijk en licht.
- En in dat licht met de vlinders om je heen zeg je je speciale zin weer tegen jezelf, drie keer, weet je het nog? Dezelfde zin als in het begin en alleen jij kan het horen als je het tegen jezelf zegt.
- Voel dat je ligt en voel je hele lichaam. Niet langer in het gras, maar hier in deze kamer. Voel dat je ademt en voel de grond. Ga rustig bewegen, met je tenen, je vingers, je armen, je benen en rek je uit, maak je zo lang als je kunt.
- En kom dan rustig zitten en doe je ogen langzaam open.

spanningswisselingen precies meten, weergegeven in hertz, trillingen per seconde. Grofweg zijn er vier frequentie-bereiken. De snelste trillingen, bèta-golven, zie je bij (hyper)activiteiten, alfagolven komen voor bij ontspanning en bijvoorbeeld het lezen van een boek, thètagolven, die nóg wat trager zijn, vlak voor het in slaap vallen of rond het wakker worden en soms bij dagdromen. En deltagolven, met soms minder dan een trilling per seconde, bij diepe slaap. Volgens Kündig pendel je tijdens yoga nidra door de bijzondere opbouw en de begeleidende tekst waar je naar luistert, heen en weer tussen het alfa- en het thèta-domein, zonder helemaal in de delta-fase van de diepe slaap te komen. Karen Brody, auteur van 'Durf te rusten', schrijft dat mensen in onze hectische cultuur nog maar weinig naar thèta of delta gaan. Daardoor zou ons lichaam niet genoeg terug-schakelen en krijgt het niet de kans om zichzelf te herstellen. "In thèta vertragen je gedachten en kom je in de fase van het 'super-leren' terecht. Volgens haar ervaren kinderen en kunstenaars ook veel meer thèta-activiteit in hun brein en vinden emotionele integratie en loslaten hier ook plaats. Een persoon in thèta kan kleuren of visioenen zien, of de stem horen van een pratend persoon, maar tegelijk de stem toch niet horen."

Dieper bewustzijn

In het gebied tussen slapen en waken kun je in contact komen met het onderbewuste in jezelf, legt Femmy Brug uit. Ze is yogadocent en schrijver van 'Yoga nidra voor kinderen en tieners'. "Ons denken is nodig en krachtig, maar het kan ons ook in de weg zitten. Door alles wat we meemaken in ons leven ontwikkelen we conditioneringen die ons beperken. Daardoor accepteren ons intellect en onze logica niet alles van ons: ze wijzen soms nieuwe plannen, inzichten of ideeën af. Maar wanneer je tijdens de yoga nidra een nieuw idee aanbiedt aan je diepere bewustzijn, kan het niet worden afgewezen. De beperkende conditioneringen zijn dan uitgeschakeld. Het is daarom een heel krachtige techniek om veranderingen in jouw leven te brengen, of om voornemens en positieve gedachtes over jezelf diep te laten indalen. Het is een systematische manier om fysieke, mentale en emotionele ontspanning teweeg te brengen en tegelijkertijd krijgt je psyche inzichten die anders verborgen blijven achter afweer en gewoontes."

Rustig en kalm

Yoga nidra voor kinderen verschilt in uitvoering van de volwassen yoga nidra, maar het doel en de basis zijn hetzelfde. Je ligt tijdens de sessie meestal op je rug in de houding die yogi's savasana noemen - de lijkhouding - en je luistert naar de stem van degene die een tekst voordraagt. Die tekst helpt je eerst om je lichaam te ontspannen. Daarna word je gevraagd om in gedachten een sankalpa te noemen, een voornemen voor jou persoonlijk in de tegenwoordige tijd, alsof het al zo is. Dus bijvoorbeeld: 'Ik ben rustig en kalm'. Daarna maak je, begeleid door degene die de tekst uitspreekt, in gedachten een rondreis door je lichaam. Femmy Brug: "Het is belangrijk om daarbij een specifieke volgorde te hanteren, want je volgt het neurologische netwerk van de hersenen dat correspondeert met de verschillende lichaamsdelen." Vervolgens is er aandacht voor je ademhaling. Er worden paren van tegenstellingen genoemd, zoals zwaar en licht, koud en warm, daarna volgt een visualisatie of een opgesomde reeks beelden. Dan wordt de sankalpa herhaald en ten slotte richt je de aandacht weer naar buiten om in het hier en nu terug te komen. Dat laatste is heel belangrijk: je moet weer aarden en wakker worden. Wetenschappelijk bewezen is het niet, maar er wordt beweerd dat een yoga nidra-les gelijk staat aan drie of vier uur slaap. In een tijd waarin zowel volwassenen als kinderen veel moeite hebben met slapen - en slaap tekort komen - is dat mooi meegenomen.

Niet doen, maar (los)laten

Leve de luie ouder!

Met vallen en opstaan worden we groot, en wijs. Om je eigen kind dit aan den lijve te laten ervaren, hoef je helemaal niets te doen. Leun achterover, laat los en schep ruimte om het beste in jou en je kind naar boven te laten komen.

We leven in een tijd waarin ouders vrijwel alles doen om hun kinderen zo goed mogelijk te laten gedijen. Kosten noch moeite worden gespaard om hen te stimuleren, te helpen, gelukkig te maken - want dat is natuurlijk wat we beogen. Maar doen we dat inderdaad door ze steeds bij de hand te nemen? Door ze van de ene naar de andere sport te rijden, elk moment van de dag voor ze klaar te staan en ze niets op eigen houtje te laten uitzoeken? Er zijn stemmen die juist pleiten voor het tegendeel - voor lui ouderschap. Niet doen, maar laten...
Een sprekend voorbeeld van een ouder die inzag dat het anders kan, is Tom Hodgkinson. De Engelsman die met het boek 'Luie ouders hebben gelijk' veel stof deed opwaaien onder ouders die allemaal zo enorm hun best aan het doen waren.
Als vader van drie kinderen beneden de tien jaar merkte hij hoe hoog de eisen waren die hij aan zichzelf stelde. Toen op een dag zijn zoontje van vijf tegen hem schreeuwde 'ik... wil... vermaakt... worden,' realiseerde hij zich dat dankzij zijn eigen gedrag van 'chronische overstimulatie', zijn kind niet wist hoe het moest spelen.

Met een flinke dosis zelfspot laat Hodgkinson zien hoe hij het roer omgooide. Hij werd daarbij geïnspireerd door de Engelse romanschrijver D.H. Lawrence, die al in 1918 de volgende passage schreef: 'Hoe moet de opvoeding van een kind worden aangepakt? De eerste regel is: laat hem zijn gang gaan. De tweede regel is: laat hem zijn gang gaan. De derde regel is: laat hem zijn gang gaan. Dat is de hele aanpak'. Precies dat werd het nieuwe, simpele devies van Hodgkinson. Word een luie ouder die niet voortdurend ingrijpt, activiteiten bedenkt en zijn kinderen beschermt. Laat het ze zelf uitvinden. Ten eerste wordt je eigen leven daar makkelijker door en ten tweede geef je ze de vrijheid om zelf uit te vinden hoe het leven in elkaar zit. Met valkuilen en al. Laat ze maar vallen en hun knieën schaven, of nat en smerig worden. Laat ze over rotsen klauteren. Gevaar hoort bij het leven, net als pijn en plezier. Laat ze ook vooral helpen in huis. Zelf verhuisde Hodgkinson naar een boerderij waar hij zijn kinderen flink de handen uit de mouwen laat steken. Afwassen, opruimen, eten maken, tuinieren. Als hij eieren gaat verzamelen of hout

> **'Geef kinderen de vrijheid om zélf uit te vinden hoe het leven in elkaar zit'**

gaat halen voor de kachel, dan huppelt zijn jongste zoontje van vier vrolijk met hem mee. Voor hem is het spel, geen werk.
Hodgkinson daagt je uit om het beeld van 'de perfecte ouder' bij te stellen. De perfecte ouder, die bestaat niet. De kunst is juist om voor je kinderen zo veel mogelijk jezelf te zijn - in plaats van een krampachtige versie van jezelf die overdreven hard z'n best doet. Daarmee geef je je kinderen júíst het gevoel dat ze niet goed genoeg zijn. Als jij rustig bent en je prettig voelt, dan is de kans groot dat je kind dat overneemt. Maak je eigen leven leuk, dan geef je je kinderen het goede voorbeeld. Probeer eens elke dag minstens een kwartier voor jezelf te creëren. Laat je kinderen zichzelf vermaken, reik ze niets aan, terwijl jij onderuitzakt met een boek, bloemen plukt, iets lekkers voor jezelf kookt, noem het maar op. Alle dingen die jij met plezier doet, kunnen alleen maar goed zijn voor je kind. Dat is nog eens andere koek dan de hele dag als een taxichauffeur van de ene naar de andere bezigheid rijden.

Scharrelkinderen

Een luie ouder zijn klinkt simpel, maar het vergt van ouders twee belangrijke stappen die helemaal niet zo eenvoudig zijn: loslaten en vertrouwen hebben in je kind. In Amerika ontketende columnist Lenore Skenazy een rel toen ze schreef over haar zoon van negen die ze in zijn eentje met de metro naar huis had laten gaan. Min of meer heel Amerika keerde haar de rug toe. Le-vens-gevaarlijk. Maar gelukkig ontketende ze ook een tegenbeweging van ouders die ervoor pleiten kinderen hun vrijheid terug te geven: de *free-range kids* of scharrelkinderen. Scharrelkinderen gaan alleen naar de bibliotheek, hangen in bomen of slenteren met vriendjes over straat. Het zijn kinderen die worden losgelaten, die zelf fouten kunnen maken en bloot staan aan de gevaren die er nu eenmaal zijn.
Het zijn kinderen die de kans krijgen om zélf te ontdekken wat ze allemaal kunnen.
Ontwikkelingspyscholoog Steven Pont zegt over het idee achter scharrelkinderen: "Je moet niet aan het gras trekken, je moet het van onderen voeden en er vertrouwen in hebben dat het groeit. Dat gras groeit al een paar miljoen jaar." Kinderen, zegt Pont, leren dingen op twee manieren: door instructie en ervaring. Baby's en heel kleintjes hebben de meeste aanwijzingen nodig, om ze te behoeden voor gevaren. Hoe groter ze worden, des te makkelijker het wordt om ze zelf dingen te laten ervaren. Wat kinderen leren door ervaring heeft een grotere invloed op hun hersenen - en dus hun gedrag - dan wat er via aanwijzingen tot ze komt. Voor wie het lastig vindt om te bepalen hoeveel vrijheid je een kind moet geven, heeft Pont twee regels. De eerste luidt: vraag je af of wat je kind doet levensgevaarlijk is. De tweede: kijk of anderen er last van hebben. Als het antwoord op beide vragen 'nee' is: laat het z'n gang gaan, ook al ziet het er onhandig uit of heb je het idee dat het allemaal veel sneller kan.
Vind je het heel moeilijk, denk dan aan de woorden van Patty Jongemaets, die opleidingen kinderyoga en opvoedcursussen geeft: "Je mag echt vertrouwen op de wijsheid van je kind. Kinderen kunnen zo veel zelf bedenken.
Ouders komen vaak naar me toe en vertellen dat hun kind zo onzeker is. Maar als je het alles uit

handen neemt, máák je het onzeker. Je kind doet dingen op zijn eigen manier. Laat een vierjarige z'n eigen drinken inschenken en maak als kinderen ouder worden afspraken. Geef ze verantwoordelijkheid en benoem die ook. Zeg: 'Goh, wat fijn dat je je verantwoordelijkheid hebt genomen en je aan onze afspraak hebt gehouden.' Zo haal je wat ik de 'deugd' of 'zielskwaliteit' van een kind noem omhoog, dat maakt ze krachtig."

De zin van vervelen

Als er geen dagvullend programma voor je kind voorhanden is, dan is de kans groot dat het woord 'vervelen' zal vallen. Geen paniek. Vervelen mag - vervelen is zelfs goed. Ook al is het best vervelend als een kind naar je toekomt met de woorden 'ik verveel me zo'. Bedenk dat kinderen door zich te vervelen zelf op onderzoek uitgaan. Michael, vader van vier kinderen, weet er alles van. Zijn kinderen verlangen elk jaar opnieuw hevig naar de week dat ze met het hele gezin in Normandië zijn. Ze hebben, net als de meeste leeftijdgenoten, min of meer alles: van fiets tot iPod tot muziekinstrument. In Normandië is niks. Een kaal huis, geen tv, alleen veel natuur. Eenmaal daar gaan ze bramen plukken, stenen verzamelen, kevers bestuderen en visjes vangen. En natuurlijk vervelen ze zich ook. Maar dat duurt nooit lang en levert altijd de meest verrassende ontdekkingen op voor henzelf. Het maakt ze creatief. Kinderen vinden dingen uit, doen van alles zonder vooroordelen en vaststaande ideeën waar wij als volwassenen mee opgezadeld zijn. We maken ons voortdurend druk over hun toekomst, terwijl we op dit moment geen flauw idee hebben hoe die eruit zal zien. Het enige wat we kunnen doen, is onze kinderen zo laten opgroeien dat ze over de creativiteit beschikken om bestaande problemen op te lossen. Sir Ken Robinson, professor in de Engelse literatuur en begenadigd spreker, pleit voor een nieuw onderwijssysteem waarin veel meer ruimte is voor creativiteit. Als sprekend voorbeeld schetst hij het meisje van zes dat in de klas een tekening aan het maken is. Haar lerares vraagt wat het voorstelt. "Ik ben God aan het tekenen," zegt ze. "Maar niemand weet toch hoe God eruitziet?" reageert de lerares. "Zometeen wel," antwoordt het kind.

Helden

Het blijkt dat juist degenen die we in het leven beschouwen als 'geslaagd', losgelaten zijn. Leuk is het verhaal van Richard Branson, de man achter de succesvolle onderneming Virgin. Branson vertelt in zijn autobiografie hoe hij als kleine jongen door zijn moeder op pad wordt gestuurd. Hij moet naar een plaats die 80 kilometer verderop ligt, waar hij nog nooit is geweest. Een pakje brood krijgt hij mee, en de boodschap dat hij onderweg zelf wel water kan regelen. Branson: "Mijn moeder dacht dat het me uithoudingsvermogen en richtingsgevoel zou bijbrengen." Hij kan zich niet meer voor de geest halen hoe hij het allemaal voor elkaar kreeg, maar een dag later kwam hij weer heelhuids thuis. "Ik herinner me hoe ik de keuken binnen kwam lopen als een *conquering hero.*"

'Als je elk moment van het leven van je kinderen invult, hebben ze geen ruimte om zichzelf te zijn. Als je voortdurend druk op hen uitoefent, zullen ze breken. Als je hen overlaadt met bergen speelgoed, zal hun hart klein worden van bezitterigheid. Als je hen altijd op hun wenken bedient, ben je hun gevangene in plaats van hun ouder.'

UIT: 'TAO TE KING VOOR OUDERS, OPVOEDEN MET LAO TSE'

Kracht

‘Ware moed is:
het tegemoet gaan
van het gevaar
als je bang bent’

· **DE ANGSTIGE LEEUW**
(DE TOVENAAR VAN OZ)

De 12 zintuigen

Poorten van de ziel

Iedereen kent de vijf zintuigen waarmee je contact maakt met de buitenwereld: tast, smaak, reuk, gehoor en zicht. Rudolf Steiner, grondlegger van de antroposofie, beschreef zeven extra zintuigen die het contact met onze binnenwereld beslaan.

De zon zien schijnen, iemand horen lachen, een met zorg bereide maaltijd proeven, de geur van versgebakken appeltaart, omhelst worden: iedereen kent de vijf zintuigen die Aristoteles beschreef: zicht, gehoor, smaak, reuk en tast. Met deze zintuigen maak je contact met de buitenwereld.
Maar onze zintuigelijke ervaring gaat nog een stap verder dan alleen de buitenwereld. Binnen alle spirituele stromingen wordt het onderscheid gemaakt tussen de zichtbare en onzichtbare wereld om ons heen. En die onzichtbare werkelijkheid neem je als mens evengoed waar. Zo is er de beweging van naar buiten treden en je verbinden met de wereld om je heen. En de beweging naar binnen toe, om de indrukken die je buiten hebt opgedaan te verinnerlijken. Als een ademhaling: verbinden en weer loslaten.
Rudolf Steiner, grondlegger van de antroposofie, beschreef vanuit dat idee nog zeven extra zintuigen die de waarneming van onze binnenwereld beslaan. Samen verbinden deze twaalf zintuigen de binnen- en buitenwereld met elkaar en, mits goed ontwikkeld, zorgen ze voor een harmonieuze, warme relatie met de mensen en de wereld om je heen. Steiner noemde de zintuigen niet voor niets 'de poorten van de ziel.'

Boodschappers van de wereld

De zintuigen geven de boodschappen uit de wereld om ons heen aan ons door, in licht, kleur, beeld, ruwheid, gladheid, gewicht, beweging, vorm, geur, smaak, warmte, koude, klank, woord en gedachte. Ze vormen de basis van de relatie met jezelf, met je omgeving, met de mensen om je heen. Hoe gezonder en vitaler je bent, hoe intenser en ontvankelijker je observaties zijn. Andersom geldt dat ook: hoe beter je kunt waarnemen, hoe meer je verbonden bent met je omgeving en hoe gelukkiger je je voelt. Want als al je zintuigen optimaal ontwikkeld zijn, is je waarneming van de wereld ook optimaal, evenals je deelname eraan.
Naarmate een kind groeit, ontwikkelen zijn zin-

'Geef kinderen de vrijheid om zélf uit te vinden hoe het leven in elkaar zit'

tuigen zich beetje bij beetje en vouwt de omgeving zich als een bloem steeds iets verder open, tot hij uiteindelijk weet wie hij is in de wereld. En hoe beter je als kind hebt geleerd je zintuigen te gebruiken, hoe beter je kunt meevoelen en meebeleven wat er om je heen gebeurt. Juist in deze tijd, waarin veel 'echte' ervaringen verruild zijn voor digitale ervaringen, groeit de behoefte om de wereld om ons heen te kennen en lief te hebben in al zijn hoedanigheden. Zodat we empathie en compassie kunnen voelen voor alles wat we tegenkomen in het leven.

Overladen met prikkels

Vandaag de dag ligt de nadruk van onze waarnemingen buiten onszelf - kinderen worden vaak overladen met prikkels die voor een leeg gevoel kunnen zorgen, of juist hongerig kunnen maken naar nóg meer stimulering. Het is lang niet altijd makkelijk om een balans te vinden tussen de ervaringen die via de zintuigen binnenkomen, het innerlijk leven en de wereld om ons heen. Prikkels van buiten kosten veel energie. Dat is helemaal niet erg, als de beweging naar binnen maar op tijd en goed gemaakt kan worden. Het evenwicht tussen de in- en de uitademing tussen je binnen - en buitenwereld. Na een druk feestje alleen in bad met veel schuim. Na een lange autorit de tijd nemen om met je blote voeten over het gras te lopen. Na schermtijd de wereld weer even voelen door lekker te stoeien of de planten water te geven.

Inzicht in de 12 zintuigen

Omdat opvoeden bijna altijd óók over zelfopvoeding gaat, helpt een dieper inzicht in de twaalf zintuigen niet alleen om je kind te begeleiden op weg naar een eigen plaats in de wereld, maar ook om de dingen waar je zelf tegenaan loopt een plek te geven. De twaalf zintuigen zijn onder te verdelen in drie fasen. Vanaf de geboorte tot ongeveer het zevende jaar ontwikkelt je kind de waarneming van zijn eigen lichaam via de tast-, levens-, bewegings- en evenwichtszin. Zintuigen die zich richten op het bewonen van het lichaam. Vanaf zijn zevende tot veertiende jaar ontwikkelt je kind de zintuigen die horen bij het gevoelsleven: de reuk-, smaak-, warmtezin en het zicht. In deze periode gaat je kind zijn ziel voeden met wat hem aangereikt wordt door mensen om hem heen. Tussen 14 en 21 jaar ontwikkelen de zintuigen van de immateriële wereld zich: de hoor-, spraak-, denk- en ik-zin. Zintuigen die gaan over contact met de ander en je eigen plek vinden daarin. Je kind leert nu zelfstandig te worden met eigen ideeën, idealen en empathie voor anderen.

0-7 jaar

In deze fase richt het kind zich op het beheersen en waarnemen van zijn eigen lichaam. Kleine kinderen bootsen instinctief na wat volwassenen doen. Als je in je handen klapt, doet een kleuter dan ook, terwijl een groot kind dat pas doet als je het vraagt. Een klein kind kan een gat in de lucht springen als het iets moois ziet of huilend op de grond liggen trappelen als het boos is. Die grote lichamelijke reacties horen helemaal bij deze fase. Kinderen kijken niet alleen naar wilde bloemen, maar plukken ze ook, ruiken eraan, proeven er zelfs van. Ze ervaren de bloem met al hun zintuigen.

TASTZIN - OERVERTROUWEN

Al in de baarmoeder ontdekt een baby de tastzin. Hij stoot tegen de zachte baarmoederwand, hij voelt zijn eigen lijfje en houdt de navelstreng vast. Deze waarneming is heel subtiel in het warme vruchtwater. Zodra de baby geboren wordt, gaat de tastzin helemaal open. Ineens voelt hij warm en koud, een handdoek, kusjes, vastgehouden worden, de geur van zijn moeder, de smaak van melk. Het is een explosie van beleving. Het kind leert: Ik heb een lichaam. Als een baby vastgehouden wordt, voelt het de steun van de arm die het wiegt, het zakt niet weg in een bodemloze leegte. Een baby vasthouden wekt een gevoel van existentiële veiligheid. Deze hele vroege beleving vormt de ervaringsgrond voor het latere existentiële vertrouwen. Freud noemde dit het oervertrouwen. Hoe je als baby ontvangen en benaderd wordt, zegt veel over hoe je als volwassene de wereld om je heen vertrouwt.

Daarnaast is de tastzin belangrijk voor innerlijke geborgenheid. De tastzin gebruikt een baby in de eerste ontmoeting met anderen. Wie houdt mij vast? Is er liefdevolle aandacht voor mij? De baby probeert het wezen van iets of iemand af te tasten. Als je als ouder werkelijk met je ziel aanwezig bent bij je kind, ontwikkelt het een gevoel van innerlijke geborgenheid. In tijden van onzekerheid kan het terugvallen op zijn herinneringen aan deze geborgenheid. Dan is er de instinctieve zekerheid dat het weer grond zal vinden. Het gevoel in de wereld geborgen te zijn, legt de basis voor het je geborgen weten in de liefde van anderen.

Om de tastzin van je kind extra te stimuleren kun je het vasthouden en knuffelen. Vooral de blote huid strelen en zacht masseren en kriebelen. Bij heel jonge baby's maak je ronde bewegingen en niet afstrijkende, omdat ze hun notie van waar ze beginnen en ophouden nog moeten ontwikkelen. Geef je kind speelgoed gemaakt van natuurlijke materialen. Een gladde bal gemaakt van het hout van een boom die licht en water heeft opgenomen, wind heeft voelen waaien en door mensenhanden is gevormd, prikkelt de tastzin op heel veel lagen. Neem je baby mee naar buiten, wijs de zon aan, de sterren en de maan, laat de bast van een boom voelen, luister naar vogels en water in de beek. Oudere kinderen spelen buiten met zand, helpen afwassen of broodjes bakken. Zo plant je zaadjes voor diep vertrouwen in de wereld om hen heen.

LEVENSZIN - LEKKER IN JE VEL

Het zintuig van de levenszin leert het kind de toestand van zijn eigen lichaam kennen. We zeggen: 'Lekker in je vel zitten'. Dat is waar het hier om draait: ontwikkelen van welbehagen in het eigen lichaam. Ritme is belangrijk voor de levenszin. Geregelde maaltijden, op vaste tijden slapen, een harmonische sfeer in huis en het afwisselen van actieve en ontspannende activiteiten - het eerder genoemde in- en uitademen - dragen bij aan een basaal gevoel van tevredenheid. Op geestelijk vlak geeft deze harmonie je kind het vermogen om samenhangend te denken. Dat klinkt misschien nog ver weg als je een jong kind hebt, maar een lichaam dat zich lekker voelt en harmonie ervaart, heeft het vermogen om ook onuitgesproken signalen waar te nemen en samenhang te ontdekken in de gedachten en woorden van een ander. Een empathische kwaliteit, waarvoor de basis via de levenszin gevormd wordt.

BEWEGINGSZIN - VALLEN EN OPSTAAN

De bewegingszin gaat over fysiek bewegen, maar ook over emotioneel bewogen worden. Over klimmen en klauteren, springen en rennen, maar ook over schrikken als er ineens geschreeuwd wordt, je over kunnen geven aan de verwachting van de taart in de oven of je ontspannen in een warme omhelzing. Dit zintuig ontwikkelt zich tussen het eerste en derde levensjaar, de periode waarin je kind zijn lichaam echt gaat bewonen en bewegingsvrijheid leert kennen. Hoe groter het oervertrouwen in het eerste jaar, hoe vrijer je kind nu de wereld gaat onderzoeken. Met vallen en opstaan. Mogen vallen is nodig om weerstand te verduren en vervolgens weer op te staan. Frustratie helpt om wilskracht te ontwikkelen en door te zetten. Een kind dat vrij mag bewegen en de vrijheid heeft om te vallen en op te staan zal zijn bewegingszin als vanzelf ontwikkelen.

EVENWICHTSZIN - JE STAANDE HOUDEN
Dit is het zintuig dat je gebruikt om te voelen of je in evenwicht bent. Letterlijk, maar ook emotioneel. Met een gezonde evenwichtszin kun je je staande houden in je innerlijke wereld én in de buitenwereld. Zelfs als je uit het veld geslagen bent, kun je snel weer in balans komen. Innerlijk uit evenwicht zijn uit zich in innerlijke onrust, niet stil kunnen zitten, overal om huilen, schreeuwen of te hard lachen. Als je in je latere leven moeite hebt met innerlijk evenwicht, kun je proberen om dit terug te voeren op de ontwikkeling van de evenwichtszin in je vroege jeugd. Om kinderen te helpen bij de ontwikkeling van hun evenwichtszin, kun je ze laten klimmen in bomen, steltlopen, hinkelen, balanceren. Voor volwassenen helpt yoga bij het hervinden van je evenwicht.

7 - 14 jaar

Als je kind ongeveer zeven jaar is, bewoont hij zijn eigen lichaam helemaal en gaat hij zijn ziel voeden met indrukken van buitenaf. Nu krijgt hij meer aandacht voor de reuk-, -smaak-, -gezichts- en warmtezin. Je kind wordt in deze fase gevoed door mooie verhalen, kleuren en muziek. Hij slurpt het allemaal op en leert nu hoe hij deze voeding vanuit de buitenwereld kan ontvangen door verbindende communicatie. Ook leert je kind nu lezen, schrijven en rekenen waardoor het een onderdeel wordt van de buitenwereld: hij kan nu op een andere manier meedoen met het sociale leven.

REUKZIN - INTEGRITEIT & EERLIJKHEID
Vanaf het zevende jaar gaan kinderen letterlijk meer ruiken. Smaak en reuk zijn nauw verbonden, iedereen kan proeven hoe saai het eten smaakt als je je neus dichthoudt. Reuk staat in nauwe verbinding met de levenszin: we hebben vaak een hele sterke reactie op iets wat heel lekker ruikt of juist vies. Naast het herkennen van geur, ontwikkelt ook de moraliteit. We zeggen: 'dat zaakje stinkt'. Je ontwikkelt nu ook een neus voor integriteit en eerlijkheid. Als je kind een slechte eter is, kun je hem betrekken bij het maken van het eten: geur activeert de smaakzin en maakt nieuwsgierig. Ook kun je geur inzetten om je kind te laten ontspannen of juist te activeren met etherische oliën en aromatherapie.

SMAAKZIN - EIGEN KEUZES
Tegen de tijd dat de smaakzin zich ontwikkelt, heeft je kind al zoveel ervaring opgedaan met proeven dat eten niet meer op de voorgrond staat. Wel leert je kind nu om zijn eigen smaak te ontwikkelen. Het zal nu steeds meer eigen keuzes gaan maken. Van sport tot kleding tot welk muziekinstrument het zich aangetrokken voelt. Maar ook smaak voor vrienden. Met wie wil je je inlaten en in hoeverre laat je je beïnvloeden door de smaak en voorkeuren van anderen? Hoe krachtiger de zintuigen in de eerste zeven jaar ontwikkeld zijn, hoe steviger het kind nu zijn eigen voorkeuren zal uiten.

GEZICHTSZIN - OOG VOOR DE WERELD

Dit zintuig gaat over zien, maar meer nog over waarnemen. Je kind krijgt nu oog voor de wereld. Het gaat kritischer kijken en ook steeds meer verbanden zien. Je kunt je kind nu vaker vragen wat het ergens van vindt en verbaasd staan over de observaties en samenhang die hij waarneemt.

WARMTEZIN - VAN ZON TOT ZIEL

Warmtezin gaat over fysieke en emotionele warmte. Hoe je letterlijke en figuurlijke warmte ervaart, ligt aan de verzorging van je warmtezin. Onbewust oefent je kind nu om verschillende warmtekwaliteiten bewust te beleven. Zonne-, kachel-, zielen- of geestelijke warmte, de uiteenlopende warmte van mensen. Tot na de puberteit hebben kinderen hulp nodig om zich warm genoeg te kleden, maar ook om gepast gekleed te gaan en sociale grenzen te bewaken. Warmtezin gaat ook over relationele warmte: je kind kan nu diepe vriendschap ervaren, misschien dient een eerste verliefdheid zich aan of raakt je kind oververhit in ruzies. Allemaal oefeningen in warmte tussen zichzelf en de ander.

14 - 21 jaar

In de periode van 14 tot 21 jaar groeit je kind op tot een zelf nadenkend, bezield mens. Gevoed door sociale ontmoetingen, muziek en biografische verhalen ontwikkelt hij idealen en neemt hij zijn plek in in de wereld in. Als ouder heb je nu veel minder te zeggen over je kind, en ben je vooral het voorbeeld hoe je tot originele, eigen gedachten, standpunten en meningen komt, en daarbij empathisch blijft voor denkbeelden van anderen.

GEHOORZIN - LUISTEREN MET JE HART

Dit zintuig laat ons letterlijk horen, maar ook luisteren. Pubers oefenen nu in het luisteren naar de wereld om ze heen, wat nog best moeilijk kan zijn, want luisteren is horen met je hart. Het is horen met aandacht, in verbondenheid met jezelf en de wereld. Gehoorzin is ook het zintuig waarmee je innerlijk hoort wat de ander van iets vindt. Wat klinkt er door in een stem? In dit luisteren ontwikkelt je kind zijn innerlijk moreel. Hoe kan ik iemand helpen? Hoe kan ik me verbinden met 'het goede' en wegblijven bij 'het slechte'? Als je als ouder liefdevolle grenzen wil bieden, heb je dit zintuig nu hard nodig. Bijvoorbeeld om de vraag te horen die achter de vraag ligt die het kind stelt.

WOORD-ZIN - JEZELF LEREN UITEN

Nu ontdekt je kind de kracht van het woord en het vermogen om met eigen woorden zijn innerlijke wereld naar buiten te brengen. Ineens kun je gesprekken met je kind hebben over hoe iets voelt. Ook beginnen ze soms te schrijven, een dagboek bij te houden of te dichten nu ze woorden kunnen vinden voor wat ze diep in zichzelf ervaren.

DENK-ZIN - EEN EIGEN MENING

Je kind ontdekt hoe het zijn gedachten onder woorden kan brengen en gaat zijn eigen, vrije gedachten vormen. Samen met de gehoor- en woord-zin ontwikkelt zich nu een idee over welke standpunten hij wil innemen in de wereld.

IK-ZIN - WIE JE IN WEZEN BENT

Dit is de kroon op alle zintuigen. De ik-zin laat zien wie wij in ons diepste wezen zijn en weet wat werkelijk goed voor ons is. Ook in relatie tot de medemens en de wereld. Als alle zintuigen goed ontwikkeld zijn, staat hier een stevig, evenwichtig, warm en ontwikkeld mens dat weet wie hij is, wat hij wil en vindt, en compassie en liefde kan voelen voor alles waarmee en met wie hij verbonden is.

Voor dit artikel is geput uit de wijsheid en het schrijven van Rudolf Steiner, Loïs Eigenraam, Michaela Glückler, Monique Wortelboer en Dr. Albert Soesman

Waterdieren yoga

Doe de dolfijn

Yoga spreekt niet ieder kind tot de verbeelding, maar dieren nadoen is altijd leuk. Speciaal voor happi•kids maakten we een flow met waterdieren. Om samen te doen, voor ontspanning en plezier.

Dit heb je nodig:

- **Een yogamat of een dekentje**
- **De lievelingsknuffel, of een mooie steen**

GOED OM TE WETEN:
De houdingen mogen nooit pijn doen. Rek is prima om te voelen, maar bij pijn mag het een tandje minder. Is een houding te ingewikkeld, sla 'm dan over of doe een versimpelde versie. Per houding staat er een tijdsindicatie bij.

OM HET MAKKELIJKER TE MAKEN:
De vetgedrukte delen zijn de oefeningen, zo kun je je kind vertellen hoe ze in de desbetreffende houding kunnen gaan liggen/ zitten/ staan (en zelf meedoen natuurlijk. Wie is de gevaarlijkste krokodil, en wie de mooiste zwaan?) De rest van de tekst is informatie over de oefening.

Zo begin je - We starten met een rugligging om te ontspannen, in deze houding kun je meteen kijken waar de ademhaling zit. **Ga op je rug liggen. Voel de grond waarop je ligt. Met welke delen van je lichaam maak je contact met de vloer? Voel je waar de adem naartoe stroomt?** Laat het kind zelf zeggen of ie het weet, en kijk ondertussen wat omhoog komt: de borst of de buik. Een diepe ademhaling naar de buik is het beste voor het lichaam, en fijn om jong aan te leren. Dat doe je zo:
Leg je knuffel op je buik en adem daar naartoe, kun je ervoor zorgen dat je knuffel de lucht in gaat? Hoe voelt je buik? Is je kind zijn knuffel ontgroeid, dan kun je ook een pittenzakje nemen of een mooie steen. Zo leren ze welk gevoel er bij een buikademhaling hoort. Het is een belangrijke plek voor een kind om naartoe te durven gaan: hier kun je voelen hoe het echt met je gaat. Ook een mooie oefening om te doen voor het slapen.

1. De vis

Blijf op je rug liggen. Zet je ellebogen op de grond, richt je onderarmen en vingers naar boven - dat zijn je vinnen. Duw je borst omhoog zodat je een holle rug krijgt. Buig je hoofd naar achteren en raak met je kruin de grond aan. Adem uit en laat je weer op de grond zakken. Herhaal de beweging nog een paar keer.

Wanneer voel jij je als een vis in het water?
De vis is een achteroverbuiging en hartopener.
De houding maakt de rug sterk en flexibel en versterkt het middenrif, wat goed is voor de ademhaling. Maak het speels door kinderen te vragen wat voor vis ze zijn.
KRACHT: **Voelen**

2. De flamingo

Ga rechtop staan met je voeten naast elkaar en maak jezelf lang. Steek je linkerarm omhoog, buig je rechterknie, breng je rechtervoet naar je bil en pak je tenen vast met je rechterhand. Blijf 10 tellen op een been staan. En wissel dan om.

Voel jij je stevig staan?

De flamingo is een balanshouding waarmee je de gewrichten en spieren in de benen versterkt, je evenwicht oefent en waarmee je je concentratie verbetert. Leuk om tussendoor de voeten even te masseren en te ervaren hoe het staan dan voelt - vaak kun je dan beter je evenwicht bewaren.

KRACHT: **Balans**

3. De dolfijn

Kom op handen en knieën. Leg je onderarmen op de grond. Zet je handen tegen elkaar en druk ze in de grond. Krul je tenen onder je, en duw je billen zover mogelijk de lucht in. Houd je hoofd tussen je armen, strek je benen en maak je rug lang. Loop op je tenen naar je ellebogen. Tel tot 10 en laat je op je knieën zakken. Herhaal drie keer.

Waar word jij blij van?
Deze oefening geeft energie en is goed voor de arm- en schouderspieren. Hij laat het bloed naar de hersenen stromen en helpt daarmee het geheugen en leervermogen.
KRACHT: **Vrolijkheid**

4. De zwaan

Ga nu op je buik liggen, buig je benen naar je billen en pak je enkels vast. Kom omhoog en maak een holle rug: wieg zachtjes naar voren en naar achteren. Doe dit 20 tellen.

Ben je trots op jezelf?
Deze oefening maakt de heupen flexibel en versterkt de spieren in de rug en nek. Hij is ook goed voor de buik: met het wiegen masseer je de organen.
KRACHT: **Inspiratie**

5. De krokodil

Ga op je buik liggen en plaats je handen onder je schouders. Houd je benen tegen elkaar en strek je tenen. Duw je bovenlichaam omhoog en brul zo hard je kan. Laat je weer langzaam zakken. Doe dit drie keer.

Wanneer durf jij jezelf uit te spreken?
De oefening maakt de rug sterk en flexibel.
Versterkt het middenrif, goed voor de ademhaling.
KRACHT: **Geduld**

6. De schildpad

Ga zitten met je voeten tegen elkaar en je knieën uit elkaar. Buig voorover. Breng je armen onder je benen door naar achteren. Maak je rug rond, breng je handen naar je billen en je hoofd naar je voeten. Blijf 30 seconden in deze houding zitten.

Hoe bescherm jij jezelf?
Deze oefening is goed voor de rug en de organen, door jezelf op te vouwen geef je je organen een massage.
KRACHT: **Veiligheid**

7. De zeester

Ga rechtop staan en maak jezelf lang. Spreid je benen en spreid je armen. Blijf een minuut zo staan, en vergeet niet te ademen.

Wanneer voel jij je vrij?
Deze oefening is goed voor de doorbloeding. Brengt lichaam en geest in balans en zorgt voor een betere concentratie.
KRACHT: **Expressie**

8. De schelp

Ga nu rechtop zitten met de gespreide benen. Leg je handen voor je op de grond en buig naar voren. Je voorhoofd ligt op de grond. Sluit je ogen en voel na. Doe dit een minuut.

Weet je wel hoe waardevol je bent?
Deze laatste oefening geeft rust en zet aan tot naar binnen keren, een mooie afsluiter van de reeks. Deze houding kalmeert de geest en kan zorgen voor een goede nachtrust. Hierbij kan het kind het knuffeltje of de steen gebruiken om omheen te vouwen en het zo koesteren, zo keren ze nog meer naar binnen.
KRACHT: **Wijsheid**

Afsluiting - Als er tijd is, is het fijn om te eindigen met een rugmassage. Dat kan in de schelp, nog meer ontspannen is de schelp iets kleiner maken, de rotshouding: **trek je onderbenen onder je, buig voorover en leg je armen langs je lichaam. Stel je voor dat je rug de zee is. Mijn handen zijn het water.**
Je kunt nu een golvenmassage geven. Begin met spettertjes water, waarbij je zachtjes op de rug tikt. Dan komen rustige golven - langzame streken over de rug - en wordt de zee steeds woester met kneepjes in de rug. Laat het water tenslotte weer kabbelen met geklop van de vingers. Strijk de rug van boven naar beneden af als afsluiter.

Wat heeft jouw kind nodig?

Volgens de ayurveda ligt bij de geboorte je aard in grote lijnen vast: je bent een van de drie dosha's - energietypes - vata, pitta of kapha. Voor een kind wordt het duidelijk als je deze koppelt aan een dier - een hert, tijger of olifant. En als je het dier in je kind herkent, weet je wat bij hem past.

Ieder kind heeft zijn eigen fysieke en psychologische behoeftes, hoe speel je daar als ouder zo goed mogelijk op in? Ayurveda, een gezondheidsleer die samen met yoga uit India is komen overwaaien, heeft daar een eenvoudige, effectieve kijk op. Ayurveda gaat ervan uit dat wij onderdeel zijn van de natuur en wij ook opgebouwd zijn uit de vijf elementen: lucht, ether, water, vuur en aarde. Ieder van ons heeft die elementen in zich, in verschillende mate. Omdat bepaalde combinaties veel voorkomen, heeft ayurveda ze onderverdeeld in drie groepen, ofwel drie energiestromen: vata, pitta en kapha. De energie vata is verbonden met lucht en ether; pitta met vuur en water en kapha met aarde en water. Deze drie levensenergieën worden dosha's genoemd, en vormen het hart van de ayurvedische leer. Je hebt ze alle drie in je, maar soms is de ene energie meer aanwezig dan de ander. Een kapha is bijvoorbeeld een rustig, onverstoorbaar type, een vata is beweeglijk en een pitta vurig. Maar vaker komt het voor dat twee dosha's overheersen.
Je krijgt het pakketje dosha's bij de geboorte, prakriti heet dat in het Sanskriet. Dat betekent aard. Het is een blauwdruk die in grote lijnen voor de rest van je leven vastligt. Maar de drie levensenergieën zijn wel altijd in beweging. Ze worden beïnvloed door voeding, het klimaat, seizoenen, leeftijd, stress en zelfs de tijd van de dag. Kinderen begrijpen hun type soms beter wanneer je het koppelt aan een dier met vergelijkbare eigenschappen. Vata zou je kunnen zien als hertje, pitta als tijgertje en kapha als olifantje. Als de verhouding tussen de drie levensenergieën uit balans is, kan dat leiden tot fysieke, mentale of emotionele verstoringen. De ayurvedische leer kan je helpen het evenwicht te hervinden, zodat je kind letterlijk in zijn element komt. Door de juiste voeding bijvoorbeeld. Elke energie vereist een andere aanpak. Welke, dat lees je op de volgende bladzijdes.

Vata - Hertje

Bijbehorend element: lucht.
In balans: creatief, vlug van begrip.
Uit balans: moeite met inslapen, snel uit zijn doen.
Hoe herken je het hertje? Rank, fijngebouwd kind dat snel koude handen en voeten heeft. Het is emotioneel, enthousiast, creatief, gevoelig en het heeft een actieve geest - het gaat snel van de hak op de tak, is vaak een dromer die moeite heeft met focussen en die nerveus kan zijn. Hertjes kunnen vaak niet goed poepen en zijn moeilijke slapers. Ze leren het beste via geluiden en kunnen snel leren, maar zijn het relatief snel weer kwijt. Als ze uit balans zijn, maken ze zich veel zorgen, ook over wereldproblemen. Baby's willen vaak al veel bewegen en overal aanzitten. Oudere hertjes zijn veel aan het denken.
Waardoor raken ze uit balans? Ze raken uit balans als het luchtelement extra wordt gestimuleerd. Bijvoorbeeld door koud eten en drinken, en droge voedingswaren. En ook bij te weinig rust, te veel prikkels, sociale media, computerspelletjes.
Wat is goed voor ze en hoe krijg je ze weer in balans? Het is fijn om ze kwaliteiten te geven die tegengesteld zijn aan kou en lucht. Warme, aardende voeding bijvoorbeeld. Houd hun lichaam lekker warm (altijd een extra vestje of jasje meenemen), masseer ze met warme olie en knuffel veel. Verder is genoeg rust belangrijk: op tijd naar bed, lang slapen en geef ze af en toe een plekje voor hen in hun eentje in stilte, om te aarden.
Wat is hun gevoelige plek? De onderrug en de heup. Als deze kinderen onrustig zijn, of het is koud, bind dan een deken of doek stevig om hun onderrug en -buik. Dan voelen ze zich stabieler. Vermijd een blote onderrug of blote buik, dan lekt hun energie naar buiten.
Welke massage is fijn voor hertjes? Aardende massages, dus bijvoorbeeld onder hun voetjes voor het slapen. Gebruik een warme olie, het liefst sesamolie als basis, want die is stevig en aardend (gewoon dezelfde olie als waarin je bakt). Wanneer je een paar druppels essentiële olie wilt toevoegen als aromatherapie, is lavendel fijn, want dat kalmeert. Maar ook basilicum, citrus of kaneel werken goed, vraag maar wat je kind lekker vindt. Het hertje is uit zichzelf snel, dus houd je massage rustig, doe het niet te stimulerend, maar kalmerend en niet te stevig. Hertjes zijn gevoelige kinderen, dus doe het liefdevol en zacht, met lange halen en een beetje extra aandacht voor de gewrichten en de heupen.
Welk eten is goed? Liefst drie keer per dag iets warms. Bijvoorbeeld ontbijt met havermout waar een dadeltje in zit. Zoete vruchten zijn goed voor ze, zoet (maar geen snoep) is aardend en kalmerend. Verder bijvoorbeeld soepen, pompoen, wortel, avocado, spinaziecurry, knolselderijsoep, linzen, tofu, walnoten, vijgen, bananen, eieren, paneer, kaneel, komijn, anijs, gember en knoflook.
Welk eten vermijden? Rauwkost, rode pepers. Ze kunnen ook beter geen bonen, kool, chips, crackers, rijstwafels en popcorn eten: daar zit veel lucht in of het is te droog. Liever ook geen koude dranken met bubbels of zuiveldranken.
Kleuren: Het is fijn om hun kamer aan te kleden met aardekleuren; terra, bruin, groen, warmrood en pasteltinten. Vermijd harde tinten.
Fijne muziek: Rustgevende trage klanken, geen snelle beats, niet te stimulerend maar lieflijk.
Bewegen: Stabiliserende houdingen: lotushouding/kleermakerszit en dan rustig ademhalen. Of de boom: je staat op één been, je trekt je andere been omhoog en plaatst de voetzool stevig tegen de zijkant van je been.

Zoete aardappel-rijstmuffins met kurkuma en appel

VOOR 12 MUFFINS OF 24 MINI-MUFFINS

Verwarm de oven voor op 180 graden. Zet de cakevormpjes in de muffinvorm. Kook *100 gram volkoren basmatirijst* volgens de instructies op de verpakking. Schil *3 middelgrote zoete aardappelen*, snijd in kleine stukjes en kook in een pannetje met water in 8 minuten gaar. Doe *2 eieren, 100 ml karnemelk, 50 ml milde olijfolie* en *2 eetlepels ahornsiroop* in een kom en meng door elkaar. Prak de zoete aardappel met een vork tot een puree en meng door het beslag. Voeg vervolgens de rijst, *100 gram amandelmeel, 2 theelepels bakpoeder, 1½ theelepel kurkuma, 1½ theelepel kaneel, 1 theelepel nootmuskaat* en *1 theelepel zeezout* toe en roer alles met een garde door elkaar. Rasp 2 Elstar appelen en meng door het beslag. Schep het beslag in de cakevormpjes en zet in de oven tot goudbruin en gaar. Dat duurt ongeveer 30 minuten, of 20 minuten voor de mini-muffins. Laat de muffins even afkoelen op een rooster. Versier met toppings naar keuze. Bijvoorbeeld: *blanke rozijnen, Griekse yoghurt, wortelreepjes, kokosvlokken* of *gepofte quinoa*.

RECEPT VOOR
TIJGERTJES

Gevulde avocado met quinoa, zwarte bonen en pompoen

VOOR 4 PERSONEN

Schil een ½ *kleine pompoen,* snijd in blokjes en kook in een pannetje met water in 8-10 minuten gaar. Kook *100 gram quinoa* volgens de instructies op de verpakking. Halveer *2 avocado's* en lepel het vruchtvlees eruit. Bewaar de schillen. Gebruik ¾ van de avocado voor de salade en bewaar de rest voor de yoghurtsaus. Doe de avocado, *pompoen,* quinoa, *200 gram zwarte bonen uit blik* en *2 theelepels komijn* in een kom, meng goed en breng op smaak met zout en peper. Snijd *1 maïskolf* in dunne plakjes en kook 3 minuten in een pannetje met water.

Doe voor de yoghurtsaus *200 milliliter yoghurt,* het restje avocado, *1 theelepel kurkuma* en een snuf *zeezout* in een keukenmachine en meng tot en gladde massa. Vul de avocadoschillen met de warme salade en serveer met plakjes maïskolf en yoghurtsaus.

Pitta - Tijgertje

Bijbehorende elementen: vuur en water
In balans: geconcentreerd, doelgericht, gedreven
Uit balans: jaloers, dominant, veeleisend
Hoe herken je het tijgertje? Gemiddeld gebouwde, vurige kinderen die wat sproeten en huidproblemen zoals eczeem of pukkeltjes kunnen hebben. Ze hebben het snel warm, een rood gezicht en meer uithoudingsvermogen dan hertjes. Tijgertjes zijn ongeduldig, snel boos en slechte verliezers. Zonder begeleiding kunnen ze bazig gedrag vertonen. Ze zijn competitief, gedreven en willen graag de beste zijn. Ze hebben een sterke focus, zijn vaak visueel ingesteld en goed met grafieken en wiskunde. Tijgertjes leren snel en onthouden het ook. Als ze stress hebben moeten ze ineens naar de wc, ze hebben sneller last van losse ontlasting en diarree. Als ze niet op tijd eten, worden ze chagrijnig. Ze raken gefrustreerd als ze hun energie niet kwijt kunnen en wisselen snel van stemming.
Waardoor raken ze uit balans? Ze raken uit balans als er te veel vuur in hun leven komt: te veel prikkels, te veel beweging of te veel hitte door bijvoorbeeld voeding. Hun over-enthousiasme kan hun vijand worden en doorslaan naar perfectionisme.
Wat is goed voor ze en hoe krijg je ze weer in balans? Verkoeling en gematigdheid helpt tijgertjes. Wanneer ze te fanatiek zijn, kunnen ouders ze temperen en helpen met rustig doen. Push deze kinderen niet, want daarmee stimuleer je hun perfectionisme. Prikkels verminderen is belangrijk. Ook tijgertjes hebben tijd voor zichzelf nodig. Kleine kinderen vinden het vaak fijn om met een zand- en watertafel te spelen, want water is verkoelend. Even de handen onder de kraan houden, helpt ook.
Wat is hun gevoelige plek? Rond de navel en iets daar boven, bij de maag, de solar plexus. Tijgertjes hebben snel buikpijn door spanning. Regelmatig eten is daarom belangrijk.
Welke massage is fijn voor tijgertjes? Je kunt ze masseren met kokosolie om wat af te koelen. Als aromatherapie kun je wat lavendel toevoegen, of sandelhout, jasmijn of pepermunt. Geef hun buikje extra aandacht. Je hoeft niet zo langzaam te masseren als bij het hertje, maar houd het liefdevol en niet te stimulerend, gewoon lekker insmeren op gemiddelde diepte.
Welk eten is goed? Ze hebben behoeft aan koel en neutraliserend eten zoals kokos(water), venkel, kolen, erwten, spinazie, kiemen, bleekselderij, courgette, watermeloen, avocado, geitenkaas, koriander, munt, dille. Voor het ontbijt is een kokos-chiapudding met frambozen lekker. Mocht je brood willen geven, dan zijn humus of amandelpasta prima als beleg, maar als granen zijn gerst, quinoa en haver beter voor tijgertjes.
Welk eten vermijden? Zuur, zout en spicy voedsel liever niet. Vermijd knoflook, ui, pepers en oude kaas: alles wat extra verhit. In de puberteit gaat het vuur extra opspelen, dan krijgen tijgertjes meer last van hun huid. Dan is passende voeding nóg belangrijker. Alcohol is funest voor tijgertjes, dat haalt ze uit balans.
Kleuren: Verkoelende kleuren zoals blauw en groen zijn goed, net als pasteltinten hiervan, zowel in hun kleding als in hun kamer.
Fijne muziek: Tijgertjes houden van bewegen, dus vrolijke muziek is fijn, maar geen heftige hardrock, dan gaan ze in de overdrive.
Bewegen: De vis-pose werkt fijn verkoelend. Je ligt op je rug en trekt je schouders een beetje naar je bekken toe, met je hoofd naar achter. Je leunt dan op je hoofd en houdt je benen gestrekt en je armen onder je benen. Je buik krijgt zo wat ruimte.

Kapha - Olifantje

Bijbehorend element: aarde en water
In balans: vrolijk en loyaal
Uit balans: koppig, bezitterig, niet vooruit te branden

Hoe herken je het olifantje? Wat zwaarder gebouwde kinderen die relatief langzaam bewegen en diep slapen. Ze hebben een natuurlijke kracht van zichzelf en zijn teamplayers doordat ze de stabiele, verbindende factor zijn. Ze willen niet de baas spelen en niet de snelste zijn, ze gedijen goed in groepen. Ze zijn rustig van aard, laten zich niet gek maken, hebben een goed geheugen, zijn koppig maar hebben geen stemmingswisselingen. Ze leren langzaam, maar als ze het doorhebben onthouden ze het voor altijd. Olifantjes leren het beste door iets te doen of te ervaren. Hun huid is wat dikker en steviger en kan wat vet, olieachtig zijn. Ze hebben vaak wat meer slijm, waardoor ze sneller verkouden zijn en hoesten. Ze hebben heel vaak een snotneus.

Waardoor raken ze uit balans? Doordat ze wat langzamer zijn, schieten ze niet snel uit balans, maar hun valkuil is dat ze te traag of sloom worden. Als het niet goed met ze gaat, verstillen ze zo sterk dat ze te veel gaan slapen en lethargisch worden. Ze blijven dan op de bank liggen en worden zwaar op de hand en emotioneel.

Wat is goed voor ze en hoe krijg je ze weer in balans? Olifantjes doen het goed wanneer ze gestimuleerd worden en bewegen. Buiten zijn, wandelen, is goed voor ze. Ook qua voeding kunnen ze wel wat pit gebruiken. Probeer ze vroeger naar bed te sturen en vroeg op te laten staan, dan komen ze beter in actie. Wanneer ze te laat opstaan, komen ze nóg trager op gang.

Wat is hun gevoelige plek? De slijmvliezen en longen. Als olifantjes uit balans zijn, gaat daar te veel slijm zitten. Daardoor kunnen ze naast verkouden en ziek, ook depressief worden, geen initiatief meer tonen en niet vooruit te branden zijn. Dit worden als je niet uitkijkt lamlendige pubers.

Welke massage is fijn voor olifantjes? Amandelolie is een goede, lichte, basisolie. Gebruik bij olifantjes aroma's die stimuleren, zoals eucalyptus en kruidnagel. Je masseert ze liefst vrij stevig en wat sneller, zodat ze geprikkeld worden. Je brengt zo wat vuur en lucht in hun lichaam. Masseer het hele lichaam, maar besteed wat extra aandacht aan de longen.

Welk eten is goed? Om niet te zwaar en koel te worden, hebben ze behoefte aan licht, verhittend en scherp eten zoals rucola, kool, paprika, gember, bonen, zwarte peper, uien, kurkuma, kikkererwten en kiemgroenten. 's Morgens hebben ze vaak niet veel trek. Als ze niet te jong zijn is een smoothie dan fijn, of boekweitpap. Als tussendoortje liever niets, maar als je toch iets wilt, dan iets lichts zoals zonnebloempitjes of gedroogde abrikozen.

Welk eten vermijden? Zware en zoete vruchten zoals dadels, vijgen en bananen en geroosterde noten. Ook slijm producerende voeding is niet goed voor olifantjes: zuivel, pasta, pizza, ijs en snoep. Daar worden ze nog trager van. Omdat hun spijsvertering traag is, is niet-snacken belangrijk, want anders kunnen ze gewichtsproblemen krijgen.

Kleuren: Stimulerende kleuren voor de kamer en de kleding, zoals rood, goud en paars. Rood is weliswaar aardend, maar ook vurig.

Fijne muziek: Vurige, ritmische muziek waardoor ze lekker wild gaan dansen. Je wilt deze geaarde kinderen met de voeten van de grond krijgen, dus spring lekker samen door de kamer.

Bewegen: Een fijne stimulerende yogahouding is de neerkijkende hond. Je staat dan in een soort driehoek met je billen omhoog, je handen een stuk voor je voeten op de grond en je duwt je gewicht naar achteren terwijl je ruimte maakt in je rug en schouders (longen) en je benen gestrekt houdt.

Regenboogpasta met 'kaas' van bloemkool

VOOR 4 PERSONEN

Schil *2 rode bieten,* snijd in stukjes en kook in een pannetje met water in 10 minuten gaar, tot ze zacht zijn. Doe de bieten met *1 theelepel gemberpoeder* in de keukenmachine en meng tot een gladde puree. Schrap *4 wortelen,* snijd in stukjes en kook in een pannetje met water in 5 minuten gaar, tot ze zacht zijn. Doe de wortelen met *1 theelepel komijn* in de keukenmachine en meng tot een gladde puree. Kook *250 gram spinazie* in een pannetje met water in 3 minuten gaar. Doe in een zeef en druk het overtollige water eruit. Doe de spinazie met *1 theelepel kaneel* in de keukenmachine en meng tot een gladde puree. Kook *250 gram speltspaghetti* volgens de instructie op de verpakking. Verdeel de gare pasta over 3 kommen. Voeg aan elke kom een groentepuree toe zodat je 3 kleuren pasta hebt. Meng goed zodat de pasta helemaal gekleurd is en bedekt met een laagje puree. Doe van elke kleur pasta een beetje op een bord en hussel een beetje door elkaar met een vork. Maak de regenboogpasta af met wat rasp van een kwart van een *kleine bloemkool,* zodat het lijkt op Parmezaanse kaas, en serveer.

No. Date
Date
CROIX ROUGE

Eerste hulp uit de natuur

De helende werking van olie zit 'm voor een deel in de liefde die je geeft bij het inwrijven. Met kruiden, planten of bloemen die afgestemd zijn op wat je kind nodig heeft, geef je hem op een diepe laag warmte, liefde en vertrouwen mee.

Van oudsher smeren mensen elkaar al in met olie ter genezing. Een fijne manier om je kind te ondersteunen als het ziek is, of in te zetten als er een gebied is dat wat meer aandacht nodig heeft. De antroposofie gebruikt genezende oliën om drie belangrijke redenen. Allereerst omdat het warmte geeft, zowel fysiek als emotioneel. Je verwarmt de olie en brengt het aan met warme handen, dat heeft op de ontvanger een weldadig en ontspannend effect. De tweede reden is het kruid dat in de basisolie zit; dat heeft volgens kenners een helende werking. En de derde reden is de (ouder)liefde die je geeft wanneer je de olie aanbrengt. Het geeft je als ouder letterlijk iets in handen wat je kunt doen voor je kind. De huid is immers het grootste orgaan en ons tastzintuig zit daarin. Door deskundigen ook wel het oerzintuig genoemd, het eerste zintuig wat kinderen ontwikkelen. Het is daarom het makkelijkste zintuig om contact te maken met je kind en wellicht het meest effectief wanneer je iets wilt bereiken. Maar de huid is ook heel kwetsbaar, en het spreekt vanzelf dat je aanrakingen voorzichtig, betrokken en met aandacht doet, vooral als het kind nog zo klein is. Wrijf de olie zacht en liefdevol in, en laat je kind warmte voelen en veiligheid. Het kan vertrouwen op jou, en daarmee leg je onder meer een basis voor de rest van het leven.

Helende werking

De basisolie, waar later helende elementen aan worden toegevoegd, is afkomstig van vruchten en zaden. Goede basisoliën zijn bijvoorbeeld amandel-, jojoba-, olijf-, lijnzaad-, zonnebloem-, kokos- of sesamolie. Allemaal heel zachte oliën die in principe geen allergische reacties oproepen. Om de olie helend te maken, worden er planten, bloemen en/of kruiden aan toegevoegd die weken tot maanden, afhankelijk van de plant, in de olie weken. Ook worden ze in afwisselend licht en donker gezet en sommige worden een paar keer geschud. Het resultaat? Heerlijke olie, zoals de

beroemde goudsbloemolie, kamilleolie of sint-jansolie.
Soms worden er ook enkele druppels etherische olie aan toegevoegd. Dat is een stof die vluchtig (etherisch) is, aromatisch en kenmerkend voor de plant, zo hebben sommige planten een geur om specifieke insecten aan te trekken en andere een geur om parasieten te verdrijven. Volgens Wikkel-fee, een site over genezende (etherische) oliën op basis van antroposofische verpleegkunde, is dit het medicament voor de plant zelf; hiermee houdt de plant zichzelf gezond.
Etherische olie wordt ook wel essentiële olie genoemd. Soms zit de etherische geurstof in de bloemen, zoals bij rozen, soms in de schil, bijvoorbeeld bij sinaasappels, of in de zaden, bladeren of wortels. Het is wel zo dat er voor deze etherische druppels heel veel kruiden, vruchten of bloemen nodig zijn. Zo heb je voor een liter rozenolie drie ton bloemen nodig, voor een liter citroenolie 1500 tot 3000 citroenen, voor een liter lavendelolie honderd kilo bloemen en voor een liter tijmolie vierhonderd kilo tijm. Het gaat vaak om biologische teelt, maar kost wel veel grondstoffen.

Een olie voor elke kwaal

Door de sterke concentratie kun je de etherische olie niet puur gebruiken. Dat kan brandwonden veroorzaken. Maar met heel kleine kinderen is het hoe dan ook raadzaam om voorzichtig te zijn met olie die heel sterk geurt. Zelfs als er maar een klein beetje geurige etherische olie is toegevoegd. Wees er altijd alert op hoe de kinderhuid reageert, en ook of het kind er zelf hinder van ondervindt. Oudere kinderen houden meestal weer wel van een geurtje.
Voor elke kwaal is een olie te vinden. Om te weten welke plant of kruid waarvoor werkt, is goed naar de kwaliteit van de plant gekeken. De roos bijvoorbeeld heeft heel veel zorg nodig om mooie bloemen te geven. De kwaliteit van de bloem is dan ook liefde, iemand bijzonder laten voelen, voor hem of haar willen zorgen. Rozenolie is echte verwenolie, ook voor als je wilt troosten.
Hoe zit het met allergieën? Deskundigen beweren dat natuurlijke basisoliën, behalve pindaolie, bijna nooit kwaad kunnen, maar oliën die wolvet bevatten, met lanoline erin, zouden soms wel een allergische reactie kunnen veroorzaken. Ook olie waaraan alcohol is toegevoegd voor de houdbaarheid, is wellicht te heftig om op jonge huidjes te smeren. Het is wijsheid van tevoren de ingrediënten op de verpakking na te lopen.

Met liefde en aandacht

Maak je handen en de olie warm, en richt de aandacht op je kind en je handen, het werkt echt beter zonder tv of telefoon op de achtergrond. Maak een kuiltje van je hand, doe daar een theelepel olie in en verspreid het over je hand. Wrijf de olie zachtjes op de plek die aandacht nodig heeft. Het is meer insmeren en inwrijven dan masseren. Wrijf enkele minuten tot de olie goed is aangebracht en het plekje lekker warm is. Belangrijk: dek de plek daarna warm toe. Bijvoorbeeld met een pluk heil-wol, een wollen romper, een wolwikkel (een lap gemaakt van wol) of een andere niet-synthetische lap, dan kan het doorwarmen.

‘De huid is een oer-zintuig: het makkelijkste zintuig om contact te maken met je kind’

‘Wanneer je je kind inwrijft met olie, omhul je het liefdevol met warmte’

5x olie-EHBO

1. Kamilleolie
bij buikklachten

Kamilleolie mag je vanaf de geboorte inzetten en werkt voor elke leeftijd, maar vooral voor kinderen van nul tot zes maanden wrijf je het in bij buikkrampjes, spugen en reflux.

Waarom? Kamille heeft een ontkrampende, rustgevende werking. Het plantje wordt ook moederkruid genoemd omdat het een enorme toewijding nodig heeft om de bloemetjes te laten groeien. Alle kracht van de plant zit in de bloem, net zoals een ouder alle toewijding aan het kind geeft. Het is een zachte, subtiele, gevende bloem.
Hoe? Breng de olie zachtjes en vol warmte en aandacht aan met één ontspannen hand over het zachte deel van de babybuik. Draai gedurende drie minuten tien cirkels met de klok mee, heel langzaam dus. Dek het warm toe, bijvoorbeeld met een wolzijde romper of een wolwikkel. Je kind kan er de hele nacht mee slapen.
Let op: Niet doen bij koorts, ga in dat geval naar de huisarts.

2. Lavendelolie
bij slaapproblemen

Lavendelolie kun je gebruiken bij onrust en slaapritmestoornissen voor kleintjes vanaf de geboorte, het biedt veiligheid en vertrouwen. Ook bij grotere kinderen - en volwassenen - werkt het goed, bijvoorbeeld wanneer ze piekeren, zich zorgen maken en gestrest zijn, waardoor ze niet kunnen slapen.

Waarom? Lavendel is een rust- en ontspanningsbrenger. Het is een ingetogen, rustig struikje dat niet hoog van de toren blaast, wel uitdijt maar niet opdringerig is: het heeft ranke, kleine blaadjes. Paars is een kalmerende kleur, en de geur brengt rust. Het is verwarmend, ontspannend en maakt je adem rustiger.
Hoe? Breng warme olie aan op de borst, ribbenkast, hartstreek. Het kan ook op de voeten als die koud zijn. Breng het vooral aan op een plek die aandacht nodig heeft. Bij piekeren - dus in het hoofd - kun je de aandacht van je kind uit het hoofd, naar beneden halen door juist de voeten in te wrijven. Bij hartzorgen is het inwrijven van de hartstreek fijn.

3. Salie-tijmolie
bij hoesten, verkoudheid en vastzittend slijm

Salie-tijmolie kun je gebruiken vanaf de eerste verjaardag. Voor jongere kinderen is de werking te sterk. Meestal komt vastzittend slijm pas voor vanaf één jaar, daarvoor is het vaak dunner slijm. Wanneer je kind vastzittend slijm heeft en hoest, krijgt het daar de meeste last van, als het van verticaal naar horizontaal gaat, breng het dus aan wanneer het in bed gaat liggen.

Waarom? De blaadjes van tijm hebben een slijmoplossende werking en salie helpt door de huid heen om de longblaasjes te openen waardoor het slijm makkelijker op te hoesten is. De combinatie is dus ideaal.
Hoe? Breng met een warme, handwarme olie aan op de borst. Bij kinderen die het liefst op hun buik slapen, kun je het ook op de rug in plaats van op de borst aanbrengen, rond en tussen de

‘Het is belangrijk om er helemaal bij te zijn met je aandacht, zeker bij heel jonge kinderen’

schouderbladen. Doe niet voor én achter. Maak cirkelende bewegingen, of maak bij grotere kinderen een liggende acht. Gebruik maar één hand.

4. Sint-jansolie

bij bedplassen

Bij bedplassen spelen meestal veel verschillende factoren een rol. Een gesprek op het consultatiebureau kan helpen. Daarnaast kan sint-janskruidolie ondersteunend werken op het bewustzijn van het onderlijf.

Waarom? De oogst van het kruid is rond Sint Jan, 21 juni, het hoogtepunt van de zomer, de zonnewende. Het kruid heeft daarom met oogsten en zonnewarmte te maken. sint-janskruidolie werkt verwarmend, brengt (zonne)kracht en het maakt heel bewust van de plek waar je het toebrengt.
Hoe? Je brengt de warme olie aan op de binnenkant van de bovenbenen, van de liezen tot aan de knie. Je hoeft daarbij niet te praten over zindelijkheid, het werkt in het onderbewustzijn. Het is ontspannend en verwennend en je helpt je kind door het te omhullen met olie en met jouw warme aandacht. Het brengt ook positieve aandacht naar plekken die door bedplassen nat en koud worden. En sint-jansolie werkt aardend. Kinderen die zindelijkheid trainen vinden het soms spannend en gaan dan vaak met hun aandacht naar hun hoofd. Deze olie geeft aandacht, warmte en ontspanning aan een deel lager dan de blaas. Dat geeft vertrouwen.

5. Sinaasappelolie

bij stress

Gebruik dit bij schoolgaande en puberende kinderen wanneer ze prikkelgevoelig zijn of stress hebben door prestaties zoals toetsen of sportwedstrijden.

Waarom? Sinaasappelolie brengt optimisme, luchtigheid, levenslust, warmte en vertrouwen. Het werkt fysiek ontkrampend en geeft mentaal lucht - ook doordat de olie een vrij sterke geur heeft. Een sinaasappel is een vrucht, dus er zit veel zonlicht in. Het geeft je focus en doordat het een vloeistofrijke vrucht is, brengt het frisheid.
Hoe? Aanbrengen kan op verschillende plekken, rond het hart, op de rug of rond de navel. Vraag ook wat je kind wil. De binnenkant van de polsen kan ook, een plek waarmee je de buitenwereld intreedt. Maak dan kleine cirkeltjes op de binnenkant van de pols. Je steekt het in vanuit verwennerij en doet het bij voorkeur ’s morgens om goed de dag in te gaan.

Wanneer zoek je hulp?

Die driftbui in de supermarkt kennen we allemaal wel, maar wat als je kind aanhoudend gedrag vertoont waar je je geen raad mee weet? Wat kun je zelf doen en wanneer ga je naar een psycholoog of een coach, en wat is het verschil eigenlijk? Tips en trucs om er samen uit te komen, óf met een beetje hulp.

"De hulp inroepen van een therapeut of coach betekent niet dat er iets mis is met je kind. Het helpt je vooral om te kijken of er misschien iets ánders zou kunnen," zegt kindercoach en integratief jongerentherapeut Marjorie Lucas. "Soms is het fijn als er iemand een eindje met je meeloopt."
Coaching gaat om bewustwordig en is gericht op veranderen van gedrag. Kindercoaching is concreet en oplossingsgericht: soms is het voor een kind al fijn om een keer zijn hart te luchten op een veilige plek. "Het gaat in elk geval nooit over een opgeheven vinger, zegt Marjorie, "Het gaat erom of je bereid bent om bewust te zijn van wat er speelt. De oplossing zit in onszelf - en ik bied een kind handvatten om daar te komen.
Wat ik zie als coach en therapeut, is dat het belangrijk is om de hulpvraag van een kind in een context te plaatsen. Een kind heeft zelden alléén een probleem. De context kan thuis zijn, maar ook school, vrienden. Als een kind bepaald gedrag bijvoorbeeld alleen op school laat zien, is het interessant om te kijken waarom het thuis niet gebeurt. Vaak is er een groter plaatje, waarin dynamieken spelen."
Een geruststelling: de coach of therapeut weet het niet beter. Marjorie: "De oplossing zit in het kind zelf, je helpt alleen om deze te vinden. Vaak speelt er iets onbewust. Mijn uitdaging is het onbewuste naar het bewuste te brengen en oordeelloos bespreekbaar te maken. Daarbij is de ouder altijd nodig, al is de coaching gericht op het kind - dat is het meest effectief. Ik leg in een oudergesprek uit waarom bepaald gedrag ontstaat - een beetje psychoeducatie. Waarom reageren we zoals we doen? Welke onvervulde behoefte zit onder het gedrag?

En: wat in het gedrag van je kind raakt jou? Is er misschien werk te doen in je eigen tuintje? We kunnen ook kijken naar de gezinsdynamiek waar je als ouder zelf uit komt, en hoe je kind hierop resoneert. Alleen dat inzicht kan al een enorme eyeopener zijn, en een sleutel naar een nieuwe manier van samenzijn."

De hulpvraag

Vanaf welke leeftijd je naar een coach gaat, verschilt. Marjorie: "Coaching kan vanaf een jaar of vier, al vind ik het zelf fijner als een kind net iets meer taal heeft. Het belangrijkste is dat het kind zélf een hulpvraag heeft. Als ik merk dat er geen hulpvraag is bij het kind, heeft het weinig zin om door te gaan. Gemiddeld zijn er zo'n vijf tot tien sessies, daarna kan het vaak weer op eigen kracht verder. Sommige kinderen komen na een tijdje nog een keer terug, als een soort check-up. De hulpvraag staat altijd centraal: ik neem kinderen niet aan de hand, maar geef ze een duwtje in de rug, zodat ze alleen verder kunnen. In de praktijk zijn veel materialen, die ik afhankelijk van leeftijd en behoefte inzet. Ik werk graag met de zandtafel: ik vraag bijvoorbeeld om de wereld van faalangst te bouwen in het zand, en kinderen pakken dan uit de kast met poppetjes en spulletjes wat ze daarvoor nodig hebben. Wanneer je er samen naar kijkt en over praat, kom je er als het ware een beetje los van en kun je vragen stellen als: wat heeft de prinses nodig? Of: wie zou een goede helper zijn? Ook is er veel tekenmateriaal - een fijne uitlaatklep. Ik heb zelfs rouwlego, als dat een onderwerp is dat speelt. Het mooiste aan mijn vak is: je leert over het leven. Soms is er een weeffoutje, maar dat kan prachtig hersteld worden, als je bereid bent naar de pijn toe te gaan. Coaching is niet iets engs, het is juist iets leuks: het helpt je een stapje verder."

Lekker weertje vandaag!

Om het zelfreflecterende vermogen van je kind te stimuleren, is het fijn metaforen aan te reiken - die spreken tot de verbeelding. Het weer leent zich prima om een bui te beschrijven. Schijnt de zon, of onweert het? Is er dikke mist, of een zorgeloos onbewolkt dagje? Net als het echte weerbericht, kun je aan het eind van de dag terugblikken en vooruitkijken. Misschien kun je het weerbericht uitspreken, of tekenen. Een beetje hulp nodig? Er bestaat ook een handige kaartjesdoos, met de toepasselijke naam 'Weerberichtjes', die je kind op weg kunnen helpen.

Hoe kun je je kind helpen z'n gedrag te veranderen? Tips uit het 'Inspiratieboek voor leuker en makkelijker opvoeden' van Ticha Neve:

- **Wat zit erachter?** Probeer uit te vinden waarom een kind zich op een bepaalde manier gedraagt: als je iets aan de oorzaak kunt doen, is al een heel deel gewonnen.
- **Steun en help** Een kind misdraagt zich niet uit onwil, maar uit onmacht. Geïrriteerd reageren helpt dus niet: een positieve insteek doet een hoop.
- **Observeer en benoem** Als het gewenste gedrag er is, benoem het! En kijk hoe het nu is gelukt, dat werkt misschien de volgende keer weer.
- **Vier successen** Prijs je kind als het goed gaat.
- **Deel het met anderen** Als oma, de buurman of een tante er ook van weten, kunnen ze helpen het doel te bereiken.

Marianne Langemeijer (1956), trainer en holistisch oudercoach, ontwikkelde de opvoedopstelling. Daarmee kun je als ouder werken aan het onderliggende probleem van je kind.

"Wordt er van mij gehouden? Hoor ik erbij? Dat zijn vragen waar veel mensen hun hele leven mee bezig zijn. In hun partnerrelatie, onder vrienden, op de werkvloer. Maar in feite hoor je die bevestiging van je ouders te krijgen. Dat gaat vaak mis, omdat die soms ook nog zitten met dingen die ze uit hun gezin van herkomst hebben meegenomen.
Bij de kindertherapeuten die ik opleid is het kijken naar Spoorloos en DNA Onbekend verplicht: je ziet daar hoe belangrijk het is voor mensen om hun roots te kennen, en dat ze helen als ze weten waar ze vandaan komen. Niet voor niets hebben kinderen 'van de melkboer' het gevoel dat ze er niet bij horen. Ze reageren op die onderlaag.
Als een kind te boos is, onverklaarbaar verdriet heeft, een ouder gevoelens heeft die hij niet kan plaatsen of therapie niet helpt - eigenlijk als je er in je gezin dingen gebeuren waar je niet bij kunt met je gezonde verstand - kan er iets aan de hand zijn in de systemische laag. Op zo'n moment kun je denken aan een opvoedopstelling. Daarbij wordt gekeken naar de juiste plaatsing van mensen in een gezin: draagt iedereen zijn eigen lot, staan mensen op hun eigen plek, is het geven en ontvangen in balans?"

Het begint bij de ouders

"Het werkt zoals ze in het vliegtuig zeggen: eerst je eigen zuurstofmasker op, dan dat bij je kind. Het is eerlijker om therapie bij de ouders te beginnen: als zij bevrijd worden van hun oude lasten, werkt dat door bij de kinderen.
Bij een opvoedopstelling komt de ouder alleen en wordt er gewerkt in 'het veld'. De ouder legt met behulp van vloertegels de gezinsleden neer op de grond en neemt zijn eigen plaats in. Zo staat hij letterlijk in de dynamiek van het gezin en kan hij voelen wat er speelt. Het is van belang waar de ouder het kind neerlegt: dichtbij, ver weg, voor of achter zich. En kijkt het de ouder aan, of kijkt het weg? Gaat de blik een andere kant op, dan wordt ook daar een tegel neergelegd. Voor verdriet, boosheid of waar het over gaat.
Meest sprekende voorbeeld is misschien wel van een moeder die bij me kwam en vertelde dat haar driejarige dochter haar niet alleen liet. Overal wilde ze bij haar zijn en moest altijd veel huilen. Toen de moeder hier kwam, werd duidelijk wat er tussen hen in stond: de moeder had vóór ze deze dochter kreeg een abortus ondergaan. Het meisje leefde voor twee. Toen dat erkend, 'gezien' werd, kon het oplossen. Na drie dagen keek de dochter opeens heel anders uit haar ogen en was het probleem opgelost. Het is niet in alle gevallen zo duidelijk, maar het mooie is wel dat je verder niets hoeft te doen."

Energetisch loslaten

"Een opsteller kijkt ook naar de belasting die je als ouder zelf meeneemt in het gezin. Ben je nog steeds op zoek naar iets wat je vader of moeder je niet heeft kunnen geven, dan projecteer je dat vaak onbedoeld op de partner. Maar die kan daar nooit aan voldoen en dan gaat het mis. Soms ligt er onbedoeld een verantwoordelijkheid bij het kind - uit liefde willen zij veel doen voor ouders. Dat is ook een van de belangrijkste dynamieken: dat een kind verantwoordelijkheid draagt die eigenlijk van de ouders is. Kinderen komen in een systeem en gaan daar meteen aan het repareren - soms tot wel zeven generaties terug. Zo loyaal zijn ze. Soms zijn energieën die niet gezien worden of waar niet over gesproken wordt wel voelbaar. Een miskraam, een zelfmoord of een deel zijn van een tweeling hebben allemaal een enorme impact in een familie. Een ander voorbeeld is ouders die vroeger gepest zijn: als zij erachter komen dat hun kinderen nu ook gepest worden, kunnen ze onevenredig heftig reageren. Die zitten waarschijnlijk nog in de boosheid over hun eigen stuk, en dan kun je er niet zijn voor je kind. Een kind ervaart de ouder dan als 'niet aanwezig' en heeft het gevoel dat hij er alleen voor staat. Of het maakt je klein, en dan neemt een kind de macht over, dat is ook niet de bedoeling. Een opstelling kan zorgen voor de bevrijding van ouder en kind. Het is een heel concrete manier van werken."

De achterliggende boodschap

"Mijn tip aan ouders: stop met opvoeden. Opvoeden is gedrag, daar denk je over na. Zeg in plaats daarvan wat je voelt, wees wie je bent. Als je jezelf bent, werken kinderen veel beter mee. Ze luisteren naar de achterliggende boodschap. Je hoeft niet consequent te zijn, als je maar congruent bent. Jij weet of het ja of nee is. Vandaag mag je niet op de bank springen, want mama heeft hoofdpijn. Maar een andere keer mag het wel. Klaar. 'Nee' zeggen helpt alleen als je het voelt vanuit je tenen. Als een kind bij de snelweg wil oversteken is het 'nee!', die nee is heel echt. Een kind voelt dat.
Vaak wordt er naar het gedrag van een kind gekeken, en daar wordt dan aan gewerkt. Maar gedrag is een gevolg van iets. Kijk wie je voor je hebt. Wat komt dit kind hier op aarde doen? We laten zo vaak projecties los op onze kinderen, dat we helemaal niet meer zien wie ze echt zijn. De eerste jaren zijn kinderen puur liefde, puur energie, puur eenheid. Wij kunnen veel van ze leren. En: twijfel niet aan jezelf. Kinderen worden bij de juiste ouders geboren - van jou kunnen ze precies datgene leren wat ze nodig hebben."

Vertelsteen

Een variatie op de 'talking stick': wie de steen vastheeft, is aan het woord. De anderen onderbreken niet en stellen ook geen vragen, maar luisteren aandachtig. De steen geeft kinderen de tijd om woorden te vinden of om op verhaal te komen, in een groep, gezin of een kleiner gesprek. De vertelsteen kan een simpele steen zijn, maar ook versierd worden met verf, stift of lint. Hoe vaker de steen gebruikt wordt, hoe meer magie hij krijgt.

Als je kleuter de baas is

Marianne Langemeijer: "Ik krijg veel mensen met klachten over bazige kleuters. Vaak is de tafelsetting de oorzaak. Een klein kind zit meestal aan de kop van de tafel, tussen de ouders in. In het begin is dat logisch, maar vaak zitten ze er na vier jaar nog steeds. Het is slim om ze rond hun derde te verplaatsen: het hoofd van de tafel is namelijk de koningsplek, de plek van de regeerder. De dynamiek die daarachter zit is dat het kind de relatie van de ouders kan gaan dragen."

Geen ruzie aan tafel

Systemisch gezien horen de ouders naast elkaar te zitten als 'ouderteam' aan tafel, de vrouw links en de man rechts van haar. De kinderen zitten daar tegenover, op de kindplaats, de oudste zoon tegenover de vader, en als de oudste een dochter is, zit die tegenover haar moeder. Omdat jongens naar hun vader kijken en meisjes naar hun moeder. Zo geef je aan wie de verantwoordelijkheid heeft in het gezin en maak je duidelijk dat kinderen niets hoeven op te lossen.

Horen, zien of zwijgen?

Afhankelijk van hoe je zintuigelijk bent ingesteld, neem je de wereld waar. Zestig procent van de kinderen is visueel ingesteld, 32% is kinesthetisch en 6% is auditief. Als je weet wat voor kind je hebt, heb je ook een *tool* hoe je ze het beste kunt benaderen. Stel het is tijd om te eten, dan komt het visueel ingestelde kind het snelst als je bijvoorbeeld zegt: 'er ligt vandaag iets roods, iets wits en iets groens op je bord.' Het auditieve kind kun je zingend vragen of ze aan tafel komen, of een belletje laten klinken. En het gevoelige kind kun je het beste benaderen door naar hem toe te gaan, te vragen wat hij aan het doen is, en met een hand op zijn schouder rustig te vertellen dat het tijd is voor de avondmaaltijd. Eerst de stekker in het stopcontact doen: aansluiting zoeken.

Ruim je hoofd eens op!

Zit je kind regelmatig met een vol hoofd? Handige tip uit het boek 'Ik leer anders' is om je hoofd op te delen in kamers of kasten. Geef je kind een vel wit papier en laat het zijn hoofd tekenen met in het midden een baan: dat is de gang. In die gang zitten deuren die leiden naar kamers, in het boek is het vooral bedoeld een letter- en een cijferkamer te maken, maar er is ook een kamer met leuke dingen en een met stomme dingen. En in navolging daarvan kun je ook prima ruimtes maken voor emoties: een boze kamer, een herinneringenkast of een verdrietdressoir. Als een kind boos is en daardoor in beslag wordt genomen, kan ie zijn boze gedachte even 'parkeren' in de desbetreffende kamer als hij bijvoorbeeld een toets moet maken. Dan is ie even van het gevoel af, maar is het niet weg: de deur kan altijd weer open.

Helpende gedachten

Vaak hebben kinderen (en volwassenen ook trouwens) niet-helpende gedachten. Dat kun je uitleggen aan de hand van de vijf G's: gebeurtenis, gedachte, gevoel, gedrag en gevolg. Een simpel voorbeeld: er komt een grote hond aanrennen (gebeurtenis). De gedachte daarbij kan zijn: wat leuk! Wat het gevoel blij maakt, het gedrag positief en het gevolg waarschijnlijk een leuk spelletje met de hond. De hond kan je echter ook herinneren aan een verhaal over een hondenbeet, wat een angstig gevoel oplevert en wegrennen tot gevolg heeft met de hond erachteraan.
In beide gevallen blijft de hond hetzelfde, wat het gevoel anders maakt is de gedachte erover. Als je van gedachte verandert, verandert je gevoel vanzelf mee. Als je gelukkige gedachten denkt, word je vanzelf gelukkig. Hoe heerlijk als je dat al jong doorhebt.

Weet wat je eet

Uit onderzoek is gebleken dat voedselovergevoeligheid aan de basis kan liggen van psychische stoornissen. Uit een Nederlandse studie onder kinderen met ADHD kwam naar voren dat 65% van deze kinderen niet meer voldeed aan de criteria voor deze stoornis na een eliminatiedieet van twee weken - een voedingspatroon waaruit de meest voorkomende allergenen - gluten, melk, ei, soja, pinda's en noten - zijn weggelaten. De moeite waard om een keer te laten onderzoeken.

STOP

Een hooggevoelig kind

Geen prikkels graag

Hoe ga je om met een kind dat snel overprikkeld raakt, bang is aangelegd en soms al last heeft van stress? Met liefdevolle hand en de juiste begeleiding leven hooggevoelige kinderen nog lang en gelukkig.

De prinses op de erwt is helemaal geen fantasiefiguur. Het meisje dat door twintig matrassen heen een harde erwt kon voelen en daardoor niet kon slapen, bestond vast echt. Ze was gewoon een 'Highly Sensitive Person' (HSP) en daar is niks magisch aan. Alleen was er in de tijd dat Hans Christian Andersen het sprookje schreef (begin 19e eeuw) nog niet veel onderzoek naar gedaan. Nu gelukkig wel. De Amerikaanse arts en psychotherapeut Elaine Aron was in 1997 de eerste die de term veelvuldig begon te gebruiken en er haar levenswerk van maakte om deze eigenschap te bestuderen. Ze ontdekte het bij vijftien tot twintig procent van de mensen. Zowel bij volwassenen als bij kinderen, zowel bij jongens als bij meisjes.

Vriendelijk

Hoogsensitieve baby's lijken elke verandering in smaak of temperatuur op te merken, zo schrijft ze in haar boek 'Het hoogsensitieve kind' (HSK). 'Ze schrikken van harde geluiden en huilen wanneer er fel licht in hun ogen schijnt.' Als ze ouder worden hebben ze bijvoorbeeld last van labeltjes in hun kleding, huilen ze snel wanneer hun gevoelens worden gekwetst en ze maken zich meer zorgen dan andere kinderen. Ouders kunnen dat nog weleens lastig vinden. Maar, zo ontdekte Aron: deze kinderen kunnen ook extreem gelukkig zijn. Als ze nog wat ouder worden vallen ze vaak op vanwege hun vriendelijkheid en nauwgezetheid. Onrecht, wreedheid of onverantwoordelijk gedrag maakt hen van streek. Overigens zijn deze omschrijvingen niet volledig van toepassing op ieder kind, want ieder HSK is uniek. Voor ouders die meer duidelijkheid willen, maakte ze een test.

Faalangstig

Hoogsensitiviteit betekent letterlijk dat je extra gevoelig bent voor prikkels. Meer dan gemiddeld dringen geluiden, geuren, details en gevoelens tot je bewustzijn door en je bent er langer zoet mee. Het wakker liggen door een erwt was dus geen aanstellerij van de prinses. Uit onderzoek blijkt dat er echt mensen zijn die meer voelen dan anderen; ze hebben simpelweg een gevoeliger zenuwstelsel. Overprikkeling ligt dus op de loer. Bij kinderen kan zich dat uiten in vervelend gedrag, vermoeidheid of huilerigheid.

Overigens is gevoeligheid voor prikkels niet hét onderscheidende kenmerk van hoogsensitiviteit, benadrukt Esther Bergsma, sociaal wetenschappelijk onderzoeker en deskundige op dit vlak: "Prikkelgevoeligheid kan ook voorkomen bij iemand met ADHD of autisme. Wat HSP'ers écht onderscheidt, is dat ze informatie uit hun omgeving diepgaand en zorgvuldig verwerken. Dat is terug te zien op MRI-scans; bij HSP'ers slaan meer verschillende gebieden in de hersenen aan dan bij niet-hoogsensitieven bij eenzelfde hoeveelheid informatie."

"Die informatie gaat meestal niet het ene oor in en het andere oor uit," vult psycholoog Janneke van Olphen aan. "Ze pikken meer op en reflecteren er ook langer op. Dat kost meer energie en slaat soms om in gepieker. Om de harmonie in een relatie te behouden, willen deze deze kinderen graag alles goed doen. Dat kan ze faalangstig maken."

Positief

Elaine Aron en met haar vele deskundigen op dit vlak, vinden het van groot belang om hoogsensitiviteit niet weg te zetten als iets negatiefs. Het is geen ziekte of stoornis, maar een persoonlijkheidskenmerk. Kinderen, mensen met deze eigenschap zijn vaak opmerkzaam, invoelend en creatief. Ze zien elk detail en kijken verder dan andere kinderen. Aron: "Het zeer gevoelige individu merkt niet alleen gevaren of problemen op die anderen over het hoofd zien, maar ook kansen en oplossingen."

Ze hebben ook een diep innerlijk leven: schoonheid en muziek kan hen enorm raken. Het effect van positieve beelden op de stemming is bijvoorbeeld bij hoogsensitieve mensen groter. Esther Bergsma: "Uit onderzoek blijkt dat hulpprogramma's beter aanslaan bij hoogsensitieve kinderen, bijvoorbeeld anti-pestprogramma's of hulp bij depressie. De gevoeligheid gaat dus twee kanten op." Met liefdevolle begeleiding en misschien wat hulp, heeft je hoogsensitieve kind alle kansen op een lang en gelukkig leven.

Kriebeltrui

Sociaal-wetenschappelijk onderzoeker Esther Bergsma deed uitgebreid onderzoek naar hoogsensitiviteit bij kinderen. Ze vroeg aan 700 ouders hoe de gevoeligheid zich uitte. Daarbij maakte ze onderscheid tussen vier soorten prikkels: fysieke, emotionele en sociale, plus prikkels van nieuwe situaties.

1. **Bij fysieke prikkels stonden harde geluiden en irritaties op de huid (kledinglabeltjes of kriebelige wol) bovenaan het lijstje;**
2. **Bij emotionele prikkels bleken hoogsensitieve kinderen vooral gevoelig voor stemming en sfeer. Ze voelen hoe een ander zich voelt en nemen de stemming over;**
3. **Wennen aan bezoek scoorde het hoogst bij het onderdeel sociale prikkels;**
4. **Op het gebied van nieuwe situaties blijkt dat 70% eerst observeert (de kat uit de boom kijkt) en dan pas handelt.**

Wees zuinig met kritiek

Alles komt heftig binnen bij HSK's; harde geluiden, fel licht, maar ook commentaar. Wees daarom voorzichtig wanneer je je kind bekritiseert. Kritiek op hun handelen zien ze al gauw als kritiek op hoe ze zijn.

TEST

Is mijn kind hoogsensitief?

Beantwoord de vragen zo goed als je kunt. Antwoord met 'ja' als het enigszins voor je kind opgaat of gedurende een aanzienlijke periode in het verleden opging. Antwoord met 'nee' als het niet speciaal of helemaal niet opgaat voor jouw kind.

MIJN KIND:

- **Schrikt snel**
  JA ☐ NEE ☐
- **Heeft last van kleren die kriebelen, naden in sokken of kledingmerkjes op zijn/haar huid.**
  JA ☐ NEE ☐
- **Houdt over het algemeen niet van grote verrassingen.**
  JA ☐ NEE ☐
- **Leert meer van een vriendelijke terechtwijzing dan een strenge straf.**
  JA ☐ NEE ☐
- **Lijkt gedachten te kunnen lezen.**
  JA ☐ NEE ☐
- **Gebruikt moeilijke woorden voor zijn/haar leeftijd.**
  JA ☐ NEE ☐
- **Ruikt elk vreemd geurtje.**
  JA ☐ NEE ☐
- **Heeft een scherpzinnig gevoel voor humor.**
  JA ☐ NEE ☐
- **Lijkt zeer intuïtief.**
  JA ☐ NEE ☐
- **Is moeilijk in slaap te krijgen na een opwindende dag.**
  JA ☐ NEE ☐
- **Presteert het best wanneer er geen vreemden bij zijn.**
  JA ☐ NEE ☐
- **Heeft moeite met grote veranderingen.**
  JA ☐ NEE ☐
- **Wil zich verkleden als zijn/haar kleren nat of zanderig zijn geworden.**
  JA ☐ NEE ☐
- **Stelt veel vragen.**
  JA ☐ NEE ☐
- **Is een perfectionist.**
  JA ☐ NEE ☐
- **Heeft oog voor het verdriet van anderen.**
  JA ☐ NEE ☐
- **Houdt meer van rustige spelletjes.**
  JA ☐ NEE ☐
- **Stelt diepzinnige, beschouwende vragen.**
  JA ☐ NEE ☐
- **Is zeer gevoelig voor pijn.**
  JA ☐ NEE ☐
- **Kan slecht tegen een luidruchtige omgeving.**
  JA ☐ NEE ☐
- **Heeft oog voor detail (iets dat van plaats is veranderd, een verandering in iemands uiterlijk e.d.).**
  JA ☐ NEE ☐
- **Kijkt eerst of het veilig is alvorens ergens in te klimmen.**
  JA ☐ NEE ☐
- **Beleeft de dingen intensief.**
  JA ☐ NEE

AANTAL KEREN 'JA':

0-12 **Je hebt waarschijnlijk geen hoogsensitief kind. Hoewel dat niet met zekerheid te zeggen is. Als er bijvoorbeeld twee items heel erg waar zijn, kan het zijn dat je kind toch hoogsensitief is.**

13-23 **Je kind is heel waarschijnlijk hoogsensitief. Hij of zij is gevoeliger voor nuanceverschillen dan de meeste andere mensen/kinderen.**

Training HSP Kids

Als ouder van een hooggevoelig kind sta je voor een uitdaging: hoe begeleid je hem of haar in een wereld vol prikkels? In de online training 'HSP Kids' nemen experts je aan de hand en leer je alles over hoogsensitiviteit op school, de sportclub, in het gezin en vriendschap. Info: *happinez.nl/hspkids*

BRON: HET HOOG SENSITIEVE KIND, ELAINE N. ARON, UITGEVERIJ LEV.

Hooggevoelig als ouder

9 inzichten voor overprikkelde ouders

Hoe kun je een goede vader of moeder zijn als overprikkeling altijd op de loer ligt? Goed nieuws: sensitieve ouders hebben juist kwaliteiten waardoor ze extra goed voor kinderen kunnen zorgen. Vooral als ze goed voor zichzelf zorgen...

1. Het heeft voordelen om een hooggevoelige ouder te zijn

Elaine Aron deed voor haar boek 'Hoogsensitieve ouders' onderzoek onder zo'n 1200 ouders en ontdekte dat de zeer gevoelige ouders méér emotionele respons en meer afstemming op hun kinderen vertonen dan ouders zonder deze eigenschap. Hoogsensitieve ouders (HO's) kunnen daardoor vaak beter antwoord geven op vragen als: heeft mijn kind nu een time-out nodig of wordt zijn driftbui veroorzaakt door honger of vermoeidheid? Kan ik hem nu iets leren of moeten we eerst allebei even afkoelen? Moet ik mijn puber verbieden om naar dat feest te gaan of kan ik erop vertrouwen dat ze het juiste zal doen? Dit maakt dat je op zulk soort momenten betere (opvoed)beslissingen kunt nemen.
Bovendien pikken HO's makkelijker subtiele signalen op. Aron: 'Ze zijn over het algemeen veel bewuster van subtiele sensorische informatie uit hun omgeving dan anderen. Dit maakt dat ze meer begrip hebben voor dieren, planten en levende wezens die niet kunnen spreken of zich minder goed verstaanbaar kunnen maken, zoals heel oude en heel jonge mensen. Dit is een enorm voordeel bij het omgaan met baby's, jonge kinderen én met pubers, die best kunnen praten maar vaak domweg niet willen.'

2. Hooggevoelige ouders vinden het ouderschap moeilijker

Iets anders wat kwam bovendrijven tijdens het onderzoek van Elaine Aron en haar team was dat HO's het ouderschap moeilijker vinden. Aron noemt in haar boek een eerdere studie, gedaan door andere wetenschappers, waaruit blijkt dat HO's het juist minder goed doen dan ouders die deze eigenschap niet bezitten. Deze conclusie kwam voort uit wat de HO's zelf zeiden over hun opvoedstijl. Even wat uitleg hierover. Grofweg genomen zijn er drie opvoedstijlen. Het ene uiterste is de autoritaire stijl, die de nadruk legt op gehoorzaamheid en strikte grenzen. Het andere uiterste is de tolerante stijl, waarbij ouders weinig grenzen stellen en vooral proberen hun kinderen te pleasen. Daar middenin zit dat wat over het algemeen als de ideale opvoedstijl wordt gezien, namelijk de 'autoritatieve' manier van opvoeden. Hierbij krijgen kinderen wel structuur en grenzen aangereikt, maar op een zorgzame, luisterende, invoelende manier. HO's zeiden vaker dan niet-HO's dat ze het ene of het andere uiterste gebruikten, dus (te) streng of toegeeflijk waren. En minder vaak dat ze de middelste opvoedstijl hanteerden, dus de autoritatieve, 'ideale' stijl. Aron denkt dat dit komt doordat hoogsensitieve mensen makkelijker overprikkeld raken en dan sneller te streng of te toegeeflijk zijn om maar rust te krijgen. 'Oké, kijk dan nog maar een filmpje (dan kan ik even bijkomen) of juist 'Lever nú alle schermpjes in (ik kan niet meer tegen dat gezeur om beeldschermtijd).

3. Je bent sneller overprikkeld

Helaas: hooggevoelige ouders worden over het algemeen meer overweldigd door en gestrest van het ouderschap dan ouders zonder deze eigenschap. Ze geven vaker aan te weinig tijd voor zichzelf te hebben en niet genoeg te slapen. Overprikkeling ligt altijd op de loer. Dat is ook wel logisch als je bedenkt dat HO's zo ongeveer alles opmerken en meekrijgen: de geur van het haar van hun baby, het geluid van zijn ademhaling - ook al ligt hij vijf meter verderop, de manier waarop de zon op zijn haar valt... Maar ook elk signaal van ongenoegen, smakgeluiden, de geur van een ziek-wordend kind, het lawaai van een peuter die steeds zijn blokkentoren omgooit, ruziënde kleuters, bokkige pubers etcetera. Van dit alles kun je last hebben, het kan onder je huid gaan zitten, energie vreten. Meestal merk je dit doordat je licht ontvlambaar wordt, bozig, ongeduldig of juist verdrietig en down. Dat kan ten koste gaan van je vermogen om goed af te stemmen op je kind; aan te voelen wanneer hij wat nodig heeft. Plus, als je bijna geen energie meer hebt, raak je als HO nog sneller overweldigd door ruis, rommel en om aandacht vragende kinderen. Je hebt dus meer oplaad- en hersteltijd nodig.

4. Zo kun je overprikkeling voorkomen

Stel jezelf voor als een batterij. Doordat er bij jou meer binnenkomt en je alles diepgaander verwerkt, loop je sneller leeg. Zorg dus goed voor jezelf en probeer zo goed en kwaad als het kan te voorkomen dat je té moe wordt. Aron geeft hiervoor de volgende tips:

- Voorkom overprikkeling bij je kind (want daar heb jij weer last van). Kinderopvang, school, speelafspraakjes, uitstapjes, beeldschermen. Hoeveel input heeft je kind nodig - prikkels kunnen óók positief zijn, hoeveel kan hij aan en wanneer moet hij tot rust komen?

- Als je kind in een huil- of schreeuwfase zit, hou dan oordopjes bij de hand of een koptelefoon met ruisonderdrukking. Het klinkt misschien een beetje raar, maar het kan enorm helpen. Met oordopjes of een koptelefoon hoor je je kind nog steeds, maar gaan de scherpe kantjes ervan af.
- Ont-rommel. Zorg bijvoorbeeld dat de keukentafel in elk geval opgeruimd is door alle spullen die zich erop verzamelen in manden te doen. Dat vermindert het overweldigende gevoel dat chaos kan geven.
- Neem minibreaks zodra het kan. Kun je je niet terugtrekken, kruip dan op de bank met een kop thee en/of doe een ademoefening.
- Zeg vaker 'nee'. Tegen kleine kinderen gaat dat niet zo makkelijk, die kunnen niet zonder je, maar vrienden en familie kunnen dat (tijdelijk) meestal wel. Indien nodig, zeg dan 'nee' tegen alles behalve slaap. Als je fris bent, gaat alles beter. Zo simpel is het.

5. Dit kun je doen als je overweldigd raakt

Voel je dat je aan je prikkeltaks zit, kijk dan eerst of iemand de zorg voor je kinderen over kan nemen. Lukt dit niet dan is er gelukkig nog van alles mogelijk waar andere hoogsensitieve ouders in het verleden baat bij hebben gehad. Verander bijvoorbeeld van locatie: ga naar buiten, de winkel uit, juist naar de winkel toe of desnoods gewoon samen een stukje rijden. Stop met praten en begin met knuffelen - als je kind dat wil. Verwen je zintuigen met iets wat lekker ruikt, mooi klinkt - bijvoorbeeld fijne muziek, een korte voetmassage of trek iets aan wat comfortabel voelt zoals een joggingbroek. Stretch. Doe een paar korte yoga-oefeningen in de buurt van je kind. Mediteer in dezelfde ruimte en neem jezelf alvast voor om niet gefrustreerd te raken als je onderbroken wordt. Of 'en voel je vrij het met me oneens te zijn' zo schrijft psychologe Elaine Aron 'laat je kind naar een goed tv-programma kijken terwijl je zelf een pauze neemt - bij voorkeur liggend en in het zicht van je kinderen'. Hoe slecht tv-kijken wellicht ook is, een uitgeputte ouder is ook geen feest.

6. Je hebt (nog meer) hersteltijd nodig

Bijkomen van gebeurtenissen, gesprekken in je hoofd herhalen, gevoelens verwerken, stress reguleren, het kost HO's gewoon wat meer tijd. Uit onderzoek van de TU Eindhoven blijkt dat we beter herstellen van stress als we naast werk en zorg genoeg tijd inplannen voor bezigheden die we intrinsiek leuk vinden. Schilderen, tekenen, bakken, lezen, naar muziek luisteren, dansen, schrijven etcetera. Wat vind je echt fijn? Schrijf eens vijf vrijetijdsbestedingen op waar je hart een sprongetje van maakt. Sommigen zijn wellicht makkelijker te realiseren, anderen wat moeilijker. Overleg met je partner over hoe je deze laatste bezigheden toch in kunt bouwen in je week.
Aron roemt ook nog de weldadige effecten van 'spirituele' hersteltijd. Iets wat je verbindt met 'het grotere geheel'; je diepste kern, het universum, de schepping, de kosmos, een god of een andere bron. Misschien is het meditatie, yoga, een dankbaarheidsdagboek bijhouden, een wandeling in de natuur of een paar minuten tuinieren. Als je het grotere geheel paraat wilt hebben wanneer je het nodig hebt, helpt dagelijkse oefening of, voor drukke ouders, zo vaak als mogelijk is, aldus Aron.

7. Schakel hulp in. Je kunt het gebruiken

Waarom is het toch zo moeilijk om om hulp te vragen? Terwijl blijkt dat iets voor een ander doen mensen gelukkiger maakt. Je bent er dus niet alleen zelf mee geholpen, de ander plukt er ook vruchten van. Waarschijnlijk spelen schuldgevoelens een grote rol, en de vergelijking met anderen. Waarom kan zij wél carrière maken én elke avond een gezonde maaltijd op tafel zetten en lukt dat mij niet? Hoe lijkt zij alle dagen thuis met kinderen perfect door te brengen? Omdat jij, als hooggevoelige ouder, anders in elkaar zit. Misschien moet je soms je kind naar de opvang brengen, ook al hoef je niet te werken. Misschien heb je twee keer per week hulp in de huishouding nodig, ook al werk je weinig. Of vraag je je schoonouders vaak te komen oppassen... Wees zacht voor jezelf. Je kind is beter af wanneer je goed voor jezelf zorgt. Want als je lekker in je vel zit, kun je ook beter voor hem of haar zorgen.

8. Je ziet veel kansen, méér dan anderen

Een bewezen voordeel van extra gevoelig-zijn: je wordt meer geraakt door prettige ervaringen en successen dan door negatieve ervaringen en mislukkingen. Aron: 'Hoogsensitieve ouders zijn dus gemotiveerder om de goede ervaringen te herhalen en daar hebben hun kinderen baat bij'. HO's gaan bijvoorbeeld eerder op zoek naar de beste school voor hun kind. Daarmee anticiperen ze op hoe blij ze zich zullen voelen als het ze lukt om daar een plek te bemachtigen. Een HO herinnert zich eerder een positieve ervaring zoals bijvoorbeeld het spelen met de kinderen in de sneeuw en zal dat de winter daarna sneller herhalen. Fijn voor hun kinderen dus.

Aron: 'Verder denken de meeste HO's diepgaander na over wat geluk is - bijvoorbeeld een goed karakter, goede relaties, zingeving. In elk geval meer dan plezier hebben of goed geld verdienen - en begeleiden ze hun kinderen in deze zoektocht. Meer nog dan andere ouders, verdiepen ze zich in het wel en wee van hun kinderen, omdat het henzélf zo gelukkig maakt om hun kinderen te zien groeien en bloeien. Kortom: HO's zijn vatbaarder voor geluk.

9. Neem je hooggevoeligheid serieus

Ontken niet dat je hooggevoelig bent, je doet er jezelf tekort mee. Ten eerste is het een bijzondere eigenschap: je hebt een groot invoelend vermogen, je hebt vaak aan een half woord genoeg, je wordt geraakt door al het moois wat de wereld te bieden heeft en kunt je laten raken door het minder mooie. Als hooggevoelige ouder breng je een extra pakket kwaliteiten mee, waardoor je nóg beter voor kinderen kunt zorgen. Ten tweede is het ontzettend belangrijk dat je weet waar je valkuilen zitten, dat je als HO sneller aan je taks zit dan iemand die deze eigenschap niet bezit en daarnaar handelt, met vriendelijkheid voor jezelf. Elaine Aron vindt het altijd belangrijk dat hoogsensitieve mensen weten dat ze deze eigenschap bezitten, en 'voor óuders is het fundamenteel', schrijft ze. Omdat alleen wie erkent dat ie hooggevoelig is, het beste uit zichzelf en dus uit zijn of haar kinderen kan halen.

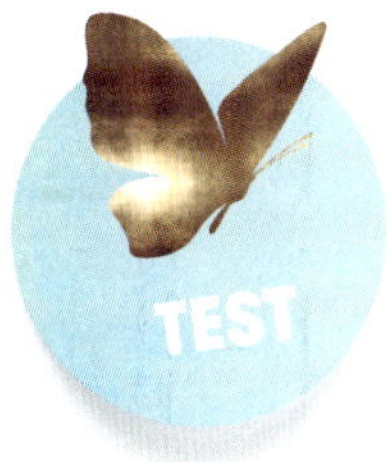

Ben jij hoogsensitief?

Antwoord op elke uitspraak, doe het op gevoel. Zet een kruisje als de uitspraak ook maar enigszins op jou van toepassing is. Zet geen kruisje als de uitspraak niet echt of helemaal niet op jou van toepassing is.

- [ ] Sterke zintuiglijke indrukken worden me snel te veel.
- [ ] Ik ben me bewust van subtiele signalen in mijn omgeving.
- [ ] Stemmingen van andere mensen hebben invloed op me.
- [ ] Ik reageer relatief gevoelig op lichamelijke pijn.
- [ ] Op drukke dagen heb ik de behoefte om me terug te trekken – in bed of in een donkere kamer of op een andere plek waar ik alleen kan zijn en bij kan komen van prikkels.
- [ ] Ik ben heel gevoelig voor cafeïne.
- [ ] Fel licht, sterke geuren, ruwe stoffen of loeiende sirenes zijn me snel te veel.
- [ ] Ik heb een rijke en complexe belevingswereld.
- [ ] Harde geluiden bezorgen me een onbehaaglijk gevoel.
- [ ] Ik kan erg ontroerd raken door kunst of muziek.
- [ ] Soms liggen mijn zenuwen zo bloot dat ik alleen nog maar alleen wil zijn.
- [ ] Ik ben consciëntieus.
- [ ] Ik schrik snel.
- [ ] Ik voel me opgejaagd als ik in korte tijd veel moet doen.
- [ ] Als andere mensen zich niet op hun gemak voelen in een omgeving, weet ik eerder dan sommige anderen wat nodig is om hen zich weer prettig te laten voelen (bijvoorbeeld door de verlichting te veranderen of de stoelen anders neer te zetten).
- [ ] Het maakt me zenuwachtig als er van me wordt verwacht dat ik veel dingen tegelijk moet doen.
- [ ] Ik doe erg mijn best om te voorkomen dat ik fouten maak of dingen vergeet.
- [ ] Ik kijk bewust niet naar televisieprogramma's of films met geweld.
- [ ] Ik voel me ongemakkelijk als er veel om me heen gebeurt.
- [ ] Als ik erge honger heb, verstoort dat mijn concentratie en heeft dat invloed op mijn humeur.
- [ ] Veranderingen in mijn leven brengen me van mijn stuk.
- [ ] Ik heb een neus voor verfijnde geuren en smaken, mooie klanken of kunstwerken en geniet ervan.
- [ ] Ik vind het onprettig als er ineens veel om me heen gebeurt.
- [ ] Het heeft voor mij prioriteit om situaties te vermijden waar ik zenuwachtig van word of die te overweldigend zijn.
- [ ] Intensieve prikkels zoals harde geluiden of chaotische taferelen storen me.
- [ ] Als ik word vergeleken met anderen of als mensen me op de vingers kijken terwijl ik een opdracht uitvoer, word ik zo nerveus en gejaagd dat ik veel slechter presteer dan normaal.
- [ ] Als kind werd ik door mijn ouders of docenten gevoelig en verlegen gevonden.

Uitkomst

Heb je meer dan veertien uitspraken aangekruist omdat ze op jou van toepassing zijn, dan ben je waarschijnlijk hoogsensitief. Toch is geen enkele psychologische test zo accuraat dat je er je leven op zou moeten baseren. Psychologen proberen goede vragen te verzinnen en bepalen dan de grenswaarden op basis van de gemiddelde respons. Heb je minder dan veertien kruisjes gezet, maar zijn de uitspraken die je wel hebt aangekruist heel erg van toepassing, dan mag je jezelf hooggevoelig noemen, vooral als je een man bent.

BRON: HOOG SENSITIEVE OUDERS, ELAINE N. ARON, UITGEVERIJ LEV.

Magie

‘Alles wat je nodig hebt is geloof, vertrouwen en een beetje elfenstof’

· **PETER PAN**

De magie van de nacht

Kinderen vinden 'm magisch, de maan. Die grote zilveren bol of dat piepkleine sikkeltje aan de donkere hemel heeft een grote aantrekkingskracht. Letterlijk en figuurlijk. En het mooie is dat je die kracht van de maan voor je kunt laten werken.

Het ontstaan van de Maan

Een sprookje.

Heel lang geleden was er geen maan. Er was alleen de zon. De Schepper had boodschappers die hem hielpen met zijn werk. Eén van hen was de Bewaker van de Zon. Hij had twee kinderen, een zoon en een dochter. Samen leefden zij in de Hemelwereld en waren heel gelukkig. De dochter zorgde voor het huis en als ze de donzen dekens opschudde, sneeuwde het op aarde. De zoon ging op jacht en uit vissen. Als hij zijn netten te drogen hing, dan vielen druppels water op de aarde als regen neer. De vader was heel oud, binnenkort zou hij zijn kinderen verlaten en hij zei tegen hen: 'Als ik sterf, moeten jullie het vuur van de zon brandend houden, anders kunnen de mensen en dieren op aarde niet leven.' En toen de dag kwam dat de vader stierf, rouwden de kinderen de hele nacht. Toen het ochtend werd en het tijd was om het vuur van de zon aan te steken, kregen de kinderen ruzie over wie de taak moest uitvoeren. 'Ik zal het doen, ik ben ouder!' zei de zus. 'Nee, ik zal het doen, ik ben de man,' zei de broer. De mensen op aarde werden bezorgd. 'Waarom is de zon zo laat? Hij had er al moeten zijn!' Toen kwam de Schepper naar de zon en zag de broer en zus ruzie maken. 'Wat gebeurt hier?!' riep hij. 'Als de zon niet opkomt, zullen de mensen en dieren sterven.' Hij beval de zoon om het vuur aan te steken en te laten branden. 'En jij,' sprak hij tegen de dochter,

'jij zult net zo hard werken als je broer en het vuur bewaken gedurende de nacht. Vanaf nu zal jij De Maan zijn.'
En zo kwam het dat broer en zus samen door de Hemelwereld zweefden, hij als de Vuurdrager van de Zon en zij als Vuurdrager van de Maan. En zo is het tot vandaag de dag nog steeds.

Volgens deze legende van de Native Americans ontstond zo de vrouwelijke energie van de maan. Zij die hoog aan de hemel haar licht ontleent aan het vuur van de mannelijke energie van de zon. Er zijn ontelbaar veel verhalen en legendes over de maan en hoe ze in de hemel kwam, want de maan heeft altijd een magische aantrekkingskracht op mensen gehad. Vroeger, lang voordat er lampen bestonden, bracht ze welkom licht in het donker en gaf ze structuur aan onze tijdsbeleving. Nu herinnert ze ons er vooral aan dat er meer is dan de dagelijkse, aardse beslommeringen. Je hoeft alleen maar even naar de maan te kijken, dat grote, lichtgevende baken aan de hemel, om je eraan te herinneren dat je onderdeel bent van iets groters. De meeste kinderen hebben de maan niet nodig om zich dat te herinneren, ze zijn nog zo verbonden met hun kosmische energie dat de maan voor hen vooral een veilige vriend is in het donker van de nacht. Het is niet voor niets dat heel jonge kinderen, vaak voordat ze kunnen praten, de maan eerder aan de hemel zien staan dan jij. Of dat ze een hele donkere autorit lang naar de maan blijven wijzen, verwonderd over hoe deze met hen meereist waarheen ze ook gaan. En dan is er nog de mythe dat de volle maan kinderen naar de aarde roept, waardoor conceptie en bevallingen makkelijker gaan en kinderen beschermd geboren kunnen worden. De maan heeft een bijzondere band met onze kinderen.

Het ritme van de maan

Dat de maan van invloed is op onze planeet, heb je vast wel eens gemerkt. We bestaan immers voor bijna zeventig procent uit water, en als de maan over de getijden van de zee kan heersen, dan is het niet moeilijk je voor te stellen hoe ze ook allerlei processen in het menselijk leven regelt, zoals bijvoorbeeld de vrouwelijke menstruatie en onze jaartelling. Maar ook op een dieper niveau bemoeit de maan zich met het leven op aarde. Energetisch gezien is de maan - en haar element water - verbonden met emoties, gevoelens en gedachten. Als je de maan leert volgen, kun je de invloed ervan terug zien in je leven, maar vaak nog duidelijker bij je kind. Kinderen zijn instinctief niet alleen meer verbonden met de maan, maar ook staan ze dichter bij hun emoties dan de meeste volwassenen, daardoor zijn ze maangevoeliger en ervaren ze de

Bijnamen van de maan

De bijnamen die we aan volle maan geven komen van de Native Americans uit Noord-Amerika. Verschillende stammen hielden de seizoenen bij door namen geven aan de tijd waarin een volle maan plaatsvond. Later namen Europese kolonisten deze namen over.

JANUARI: **Wolfmaan**
FEBRUARI: **Sneeuwmaan**
MAART: **Kraaimaan**
APRIL: **Roze maan**
MEI: **Melkmaan**
JUNI: **Aardbeienmaan**
JULI: **Hooimaan**
AUGUSTUS: **Maismaan**
SEPTEMBER: **Oogstmaan**
OKTOBER: **Bloedmaan**
NOVEMBER: **Bevermaan**
DECEMBER: **Koude maan**

kracht van de maan vaak veel sterker dan wij. Door naar de maan te kijken, raak je vertrouwd met haar ritme. Naar buiten gaan en naar de maan kijken is een van de makkelijkste manieren om je te verbinden met de natuur, en heerlijk om samen met je kind te doen. Of je nu voor het slapen gaan nog even de tuin inloopt, door het raam kijkt of misschien op een vroege winteravond samen op de fiets zit. Waar staat de maan vandaag? Wanneer komt ze op? In de avond of in de ochtend? En hoe ziet ze er vandaag uit? Die geheimzinnige maan laat je zien waar je thuishoort, nederig op de aarde, diep verbonden met de elementen om je heen. Voor kinderen is het heerlijk om te weten dat je op de maan kunt vertrouwen. Ze is er elke dag, ook als je haar niet ziet, en als ze vol en rond is kan ze je door het diepste donker leiden. Bovendien legt ze altijd dezelfde weg af, elke maand opnieuw wordt ze vol en daarna verdwijnt ze weer even. De cyclus geeft een verbondenheid met het verstrijken van de tijd die even natuurlijk voelt als dag en nacht, waardoor onrustige kinderen het besef tijd makkelijker kunnen integreren.

Meebewegen

Als je merkt de je kind maangevoelig is en zijn of haar emoties meebewegen met de cyclus van de maan, dan kun je samen uitproberen hoe je kunt werken met de maan. Voor kinderen kan dit een fijne manier zijn om te voelen dat ze zelf een actieve rol hebben in hun gevoelsleven. Dat je kunt meebewegen met je gevoelens en emoties, in plaats van dat je er alleen maar door overspoeld wordt. De maan kent twee fases: de wassende maan is de fase van nieuwe maan naar volle maan en de afnemende maan is de fase van volle maan naar afnemende maan. Elke fase heeft zijn eigen kwaliteiten. Bij volle maan kan er meer onrust of angst zijn en bij nieuwe maan een gevoel van opwinding en enthousiasme.

Maan pose

De Halve Maan is een yogahouding die bij kinderen tot de verbeelding spreekt. Het verbindt je met de aarde en de kosmos, verstevigt de buikspieren, brengt ruimte in je flanken en maakt enkels en knieën sterk.

- **Ga rechtop staan met je voeten op heupbreedte. Houd je armen langs je lichaam en verdeel je evenwicht gelijkmatig over beide voeten. Maak je nu lang terwijl je inademt door je neus. Als je uitademt, trek je je schouderbladen naar beneden.**
- **Nu strek je je armen uit boven je hoofd terwijl je schouders ontspannen blijven. Als je stevig staat, duw je je heupen naar links en maak je met je armen een zijwaartse beweging naar rechts. Maak ruimte in je bovenlichaam door de rechterkant van je ribbenkast naar boven te keren en je rechterheup naar voren te brengen.**
- **Herhaal aan de andere kant.**

Volle Maan

De volle maan is het hoogtepunt van de maandelijkse maancyclus. De opgebouwde energie wordt groter en groter en dan ineens... boem, daar is hij: vol en groot aan de hemel. Dit is het moment waarop veel mensen slecht slapen, zich chaotisch, verward of verdrietig voelen. Het is ook het moment waarop sluimerende gevoelens en situaties tot een climax komen. Veel kinderen zijn nu extra druk, emotioneel, teleurgesteld, dwars of angstig. De volle maan kan een felle innerlijke strijd veroorzaken. Met haar felle licht schijnt ze op alles wat donker is en wat we normaal gesproken niet kunnen zien, ook innerlijk. Deze fase gaat over het bereiken van een hoogtepunt en over loslaten van wat je niet meer nodig hebt. Het loslaten van boosheid, van verdriet, van oude patronen, van donkere gedachten, van schuld, angst of afgunst. Alles wat je pijnigt of plaagt, kun je nu loslaten. Het is tijd om je zorgen en zware gevoelens aan de maan te geven en met een schone lei te beginnen.

Wat kun je samen doen?

Met je kind kun je dit oefenen door samen te bedenken wat je kind dwarszit en vervolgens een symbool hiervoor aan de maan te offeren door het 's avonds in de tuin of op de vensterbank te leggen. Als je kind wat ouder is, kun je met je kind over vergeving praten en dit gaan oefenen. Want Volle Maan is het krachtigste moment om iemand (of jezelf) te vergeven en zo de vibraties van woede, schuld en hulpeloosheid schoon te maken.
Na loslaten en vergeving komt dankbaarheid. Door het tonen van dankbaarheid laat je alle laatste negativiteit los en maak je ruimte voor de manifestatie van je dromen. Je kunt dankbaarheid uiten door een lijstje te maken dat jullie bij het symbool leggen, of door samen te benoemen waar je dankbaar voor bent. In de twee weken na de volle maan (bij de afnemende maan) werken de intenties door. In die periode zie je de maan kleiner worden, tot ze helemaal verdwenen lijkt. Dan is het nieuwe maan.

Nieuwe maan

Dit is het moment dat de hemel openstaat om jouw wensen en dromen te ontvangen. Dit moment van manifestatie is het krachtigste punt in de maancyclus en het moment waarop ze haar ware magie laat zien. Het geheim van manifestatie bij nieuwe maan is het doen van wensen of het vaststellen van voornemens die uit het hart komen. Om wensen te laten uitkomen is het belangrijk dat je doet alsof ze al uitgekomen zijn. Je moet ze helemaal voelen, tot in je tenen. Zo kun je communiceren met de kosmos. Visualiseer hoe je wilt dat je leven eruit ziet, en de kosmos weet waar je heen wilt. Als je denkt aan wat je niet wilt, dan is dat het plaatje dat je laat zien. Hoewel het voor volwassenen soms even moeilijk kan zijn om te leren, begrijpen kinderen deze wet van aantrekkingskracht vaak heel goed.

Wat kun je samen doen?

Maak samen met je kind een tekening van iets waar hij of zij van droomt. Of de positieve uitkomst van iets wat nu nog een uitdaging is. Met nieuwe maan kunnen jullie je dromen samen aan de hemel geven door ze te verbranden of aan stromend water mee te geven. De komende twee weken kun je de maan weer volgen in haar wassende fase terwijl je af en toe over je wens mijmert of met je kind fantaseert hoe het zou zijn als deze uitkomt. Zo leer je je kind al vroeg met de maan te werken, maar wat het vooral leert is om een leidende rol te spelen in zijn of haar eigen leven. Je kunt alles op je af laten komen, maar je kunt negatieve gevoelens en gebeurtenissen op speciale momenten ook loslaten en fijne dingen naar je toe roepen. Zo krijgt het leven niet alleen handvatten, maar ook een magische randje.

Maankoekjes

In oeroude Zuid-Amerikaanse rituelen wordt in ceremonies ter ere van de volle maan de heilige cacaoboon gebruikt. Cacao is de ultieme hart-opener. Maak beslag voor zandkoekjes en voeg twee eetlepels rauwe cacao toe aan het deeg. Steek rondjes uit met een glas en bak ze af. Meng een eetlepel poedersuiker met wat water tot glazuur en teken daarmee verschillende maanstanden op de afgekoelde koekjes. Deel de koekjes met volle maan uit of eet ze na afloop van jullie eigen maanceremonie.

Slapen met de maan

Met volle maan schijnt de maan niet alleen haar felste licht over de aarde, maar ook haar krachtigste energie. Daar wordt het leven op onze planeet onrustig van. Vooral aan kinderen kun je dat vaak merken; inslapen kan dan lastiger zijn. Neem voor het slapengaan even de tijd om samen naar de maan te kijken en in het licht te baden om zo de overprikkelde energie te ontladen. Nu kan je kind zelf voelen waarom het onrustig is en merken dat de maan je ook kan helpen om deze wilde nacht wat zachter te maken. Masseer de voeten van je kind, een warme kruik erbij en lees een mooi maanverhaal voor, of vanavond misschien wel twee. Slaapt je kind toch onrustig? Morgen is gelukkig alles weer normaal.

Jachtmaan

Om als een soort kalender de seizoenen bij te houden, gaven de Native Americans van Noord-Amerika namen aan alle volle manen: sneeuwmaan bijvoorbeeld, of wolvenmaan, of oogstmaan. De maan die bij het najaar hoort is de jachtmaan - als die aan de hemel staat, is het tijd om te overdenken wat je wilt loslaten en wat mag overleven voor een volgend jaar. Als je met deze maan wilt werken, kun je samen een symbool maken dat met de jacht te maken heeft en dit tijdens een ceremonie offeren in het vuur of begraven in de aarde.

Fortune teller

Wassende maan, afnemende maan, hoe ging het ook alweer? Met een moon fortune teller kun je op een speelse manier de maanstanden en hun namen leren kennen. Begin bij de hemellichamen en teken de maanstanden op de volgende vlakken en schrijf daarna de namen van de standen binnenin.

Je kunt je fortune teller decoreren zoals je wilt en creëert een beetje extra magie door de namen van de standen aan de binnenkant te vervangen door een wens, intentie of toekomstvoorspelling.

Pachamama

De 7 lessen van Moeder Aarde

De oude volken van de Andes aanbidden de aarde als een godin: Pachamama. Zij zien het als de grote moeder, die je dus niet uitbuit, maar bedankt voor de overvloed die ze ons schenkt. Hoe kunnen we onze kinderen een beetje van dat respect meegeven? Zeven lessen om in harmonie te leven met moeder natuur.

De naam Pachamama komt uit het Quechua, de taal van de oorspronkelijke bewoners van de Zuid-Amerikaanse Andes, afstammelingen van de Inca's en Maya's. Pachamama, ook wel Mama Pacha genoemd, betekent 'Moeder Aarde'. De Aarde als een levend wezen, dat ons draagt, voedt en verzorgt. En vraagt om wederkerigheid daarin, omdat dat de natuurlijke gang van zaken is. Wordt ze boos omdat ze wordt misbruikt, dan beeft de aarde.

Van oudsher is Pachamama een vruchtbaarheidsgodin die toeziet op het zaaien en oogsten. Ze is zelfvoorzienend en houdt met haar creatieve en beschermende kracht het leven op deze planeet in stand. In de kunst wordt ze vaak afgebeeld als een volwassen vrouw die oogsten van aardappels en cocabladeren draagt. De hoge bergen van de Andes zijn haar borsten, en daaraan ontspringen de leven gevende rivieren.

Nog altijd worden in augustus, vlak voor het zaaien, uitgebreide ceremonies en rituelen uitgevoerd om Pachamama te danken en gunstig te stemmen. Bij aanvang van bijeenkomsten en feesten wordt op haar geproost. En in sommige regio's in de Andes wordt elke dag een ritueel uitgevoerd dat challa heet: een beetje maïsdrank wordt als offer op de vloer gesprenkeld. Wat kunnen wij en onze kinderen, in deze tijd en op deze plek, leren van Pachamama? Genoeg, zo blijkt. Op de volgende pagina vind je de zeven lessen van Moeder Aarde.

1. Geven & nemen

Binnen het Inca-sjamanisme is wederkerigheid oftewel ayni een centraal begrip: als je iets krijgt of neemt, geef je ook iets terug. Daarbij gaat het er niet om dat het gegevene net zo groot of kostbaar is als het gekregene; het gaat erom dat de natuurlijke stroom van geven en ontvangen in beweging blijft. Dat geeft leven.

In de permacultuur, een 'nieuwe oude' manier van voedsel verbouwen, hebben ze dat goed begrepen. De bodem wordt daarbij niet verarmd door alleen maar te oogsten en kunstmest in de grond te brengen, maar op een natuurlijke manier verrijkt. Afgestorven planten worden niet weggehaald, maar vormen compost voor de bodem. Bomen geven in de herfst hun blad aan de bodem als voeding. Als wij die bladeren niet weghalen, verstoren we dat proces niet. Dan ziet je tuin er niet zo 'strak' uit, maar Moeder Aarde houdt wel van een beetje wild. En kan ons leren dat ook weer te zijn.

Met je kind kun je kijken hoe dat natuurlijke proces gaat. Wat bladeren, takjes en aarde in een bloempot doen en dat mengsel een poos laten composteren. Hoe voelt die aarde na een tijdje? Hoe ziet het eruit? Kun je zien dat er leven in zit? En is dat anders bij de grond die in de pot van een gekocht plantje zit?

2. Lummelen hoort erbij

Pachamama is een moeder, een vrouw. Door je met Moeder Aarde te verbinden, versterk je je vrouwelijke energie. Waar mannelijke energie gaat over actie, gaat vrouwelijke energie over rust en ontvankelijkheid. Meer zijn dan doen. Luisteren naar de wijsheid van je lichaam, naar je intuïtie. Krachten die, als je de geschiedenis bekijkt, lange tijd onderdrukt zijn geweest. Hoog tijd voor een comeback, en dan in een mooie balans met gezonde mannelijke energie. Want het een kan niet zonder het ander.

Ook (en misschien juist wel) voor kinderen is deze balans belangrijk. Een beetje te lummelen. Vervelen mag - juist dan komen na een poosje de creatieve ideeën. Niet opgelegd van buitenaf, maar helemaal vanuit jezelf.

Uitrusten en opladen kan bij uitstek in de natuur.

Krachtplekken

Net als wij heeft ook Moeder Aarde zowel een fysiek lichaam als een lichtlichaam. Wat bij ons meridianen zijn, zijn voor deze planeet de Leylijnen. Energielijnen die als een raster over de aarde liggen. Vroeger herkende men de kruispunten van deze lijnen als krachtplekken, en werden er tempels en later kerken op gebouwd. Of er groeiden geneeskrachtige bomen. Bezoek eens zo'n plek met je kind(eren). Hoe voelt het er?

Eigenlijk kan elke plaats een krachtplek zijn, een plek die je vult met je liefde, waar je oplaadt in de natuur en als dank iets teruggeeft. Je kunt samen een stenencirkel in de tuin maken, of geregeld bij een boom of rivier zitten die aanspreekt. Als uitwisseling en dank kun je 'plandelen' (zwerfplastic oprapen tijdens het wandelen), iets repareren in plaats van het weggooien, plantaardig eten of een van de vele andere manieren uitoefenen waarop je kunt bijdragen aan een schone, krachtige, lichte wereld.

‘Oude stammen zien de aarde als een levend wezen, dat ons draagt, voedt en verzorgt’

Bijvoorbeeld door op blote voeten over het gras te slenteren. Of liggend op je rug te voelen: hoe gaat het eigenlijk met mij? Hoe voelt mijn lichaam? Welke plek vraagt om aandacht? Daar kun je dan in gedachten wat warmte of energie naartoe sturen. Of het gewoon even laten zijn.

3. Vind je natuurlijke ritme

Je verbinden met de natuur doe je door haar letterlijk op te zoeken: de zon, de regen, de wind voelen, de aarde onder je voeten. Hoe meer je buiten bent, hoe meer je het ritme van donker en licht en van de seizoenen ervaart. Net als de natuur hebben wij ook onze eigen ritmen. Op het ene moment voel je je energieker dan op het andere; dat persoonlijke ritme is voor iedereen anders.
Je kunt van nature een vroege vogel of juist een nachtdiertje zijn. Hoe meer rekening je houdt met jouw voorkeuren, hoe lekkerder je in je vel zit.
De combinatie met werk, school en verschillende ritmen binnen een gezin kan een uitdaging zijn. Dat vraagt om creativiteit. Misschien is de een beter in ontbijt maken, en heeft de ander meer puf om avondeten te koken. Slaapt de een beter iets langer uit, dan allemaal strak in hetzelfde regime moeten opstaan. De kunst is om samen de lekkerst lopende flow te vinden.

4. Vier de verschillen

Pachamama’s rijkdom is de rijkdom van veelsoortigheid. De ware aard van Moeder Aarde is veelkleurig, uitbundig, veelsoortig, overvloedig. Bekijk maar eens een klein stukje grond in een zomers park, hoe het dan wemelt van leven: gras, madeliefjes, krioelende beestjes; alles leeft en werkt samen.
De balans wordt verstoord als op één ding wordt gefocust, één stof, zonder rekening te houden met de omgeving en de natuurlijke variatie. Dan treedt uiteindelijk verarming op - Moeder Aarde doet niet aan monocultuur. Verschillende soorten planten, bomen, insecten, bacteriën, schimmels, zoogdieren, water, wind, zon, noem maar op: samen vormen ze een ecosysteem. Onderling wisselen ze uit, ze reageren constant op elkaar, altijd om een gezonde balans te vinden. In de film ‘The biggest little farm’, over een stel dat met vallen en opstaan een dor stuk grond weet om te vormen tot een groen paradijs, wordt dat mooi weergegeven. Alle dieren in het ecosysteem hebben hun eigen rol. Ook die coyote die je kippen opvreet, blijkt uiteindelijk zijn functie te hebben.
Zo is het ook met ons mensen. Als we maar één standpunt of maar één soort persoon goedkeuren, en alles wat daarvan afwijkt afwijzen, dan groeien we uiteindelijk niet. We ontwikkelen ons door uit te wisselen, naar elkaar te luisteren en samen te werken, ook als dat soms conflicten oplevert.
Groei - als in: bewustzijnsontwikkeling - is onvermijdelijk. Het is onze natuur.

5. Wat heb je écht nodig?

Wie de natuur volgt, weet dat ze in steeds terugkerende cycli werkt: ontstaan, groei en bloei, afsterven, rust, en dan ontstaat weer iets nieuws. In onze maatschappij is één deel ervan, het groeien, uit proportie geraakt. Reclames maken ons wijs dat we meer, meer, meer nodig hebben. Pachamama is erbij gebaat als we voelen wanneer het genoeg is. Als we weten wanneer we genoeg hebben, aan spullen, voedsel, informatie. En als we voelen dat we genoeg zíjn. Een gezond gevoel van eigenwaarde is ook goed voor de aarde.

Dan ben je minder geneigd om onzekerheid op te vullen met spullen kopen of andere vormen van consumptie.
'Genoeg' betekent voor iedereen iets anders. Het kan goed zijn om je spullen eens onder de loep te nemen. Gebruik je daadwerkelijk alles wat je hebt, of heb je eigenlijk te veel? Zo kun je met kinderen naar hun speelgoed kijken. Spelen ze nog met dat autootje of die puzzel, of zou een ander kind er blijer mee zijn? Misschien kun je ruilen of (uit)lenen. Er is genoeg.

6. Help jezelf helen

Moeder Aarde is heilig voor de Inca's. En wij zijn allemaal een stukje van Pachamama, dus wij zijn ook heilig. Heilig betekent 'heel'. We zijn in wezen heel - alleen voelen we dat niet altijd zo.
"Zorg dat je heelt van binnen," zegt Claasje Kos, oprichter van spiritueel centrum Pacha Mama in het Friese Lekkum. In dit centrum draagt ze onder andere het gedachtegoed van het Inca-sjamanisme uit, via workshops en opleidingen wil ze mensen weer bewust maken van het heilige van het leven. Claasje: "Ga aan de slag met blokkades en angsten die je in jezelf tegenkomt. In ons leven lopen we allemaal trauma's op. Al is het maar van je fiets vallen als kind, of ruzie met je schoonmoeder. Bij trauma heeft ook je energetische lichaam heling nodig. Anders leef je vanuit overlevingsmechanismen. En als jij voelt dat je heel bent, kun je ook naar buiten toe helen. Dan kun je de zachtheid, de liefde, het geduld, het respect naar buiten verspreiden. Je gaat gezond met je lijf om en bent ook daarin een voorbeeld."
Daarvoor hebben we rust nodig. De hartslag van Pachamama gaat langzaam en wij leven vaak snel. Wil je 'heilzamer' leven, ga dan langzamer. Neem de tijd voor reflectie, om je leven en je keuzes te overdenken. Neem tijd om te voelen wat er gebeurt. Valt een kind van de fiets, poets die ervaring dan niet zo snel mogelijk weg. Besteed er even oprechte aandacht aan: wat gebeurde er, hoe voelt je lichaam, wat heb je nodig?

7. Luister naar je hart

"Je pad ontvouwt zich vanzelf als je van binnen heelt," zegt Claasje. "Dan voel je wat je wilt doen in de wereld." In wezen is 'jezelf zijn' genoeg. Daarom is het goed om ook te luisteren naar je eigen natuur. Dat te doen waar jij helemaal vanuit jezelf passie en enthousiasme voor voelt, wat je natuurlijk af gaat. Weet je dat even niet meer, neem dan de tijd om naar je hart te luisteren. Dat kun je letterlijk doen door je rechterhand op je hart te leggen en je ademhaling bewust langzamer te maken. Word je bewust van alles waar je dankbaar voor bent, waar je een warme herinnering aan hebt. Waar word je blij van? Wat heb je vanuit jezelf in overvloed te delen, te geven? Als je happy en in balans bent, heb je ook iets terug te geven. Dat geldt ook voor kinderen. Net als ieder dier en elke plant zijn wij mensen allemaal deel van het grotere ecosysteem. Elk deeltje heeft een eigen rol en functie in het geheel. Je hoeft niet alles te kunnen of te weten. Een mol hoeft niet te kunnen klimmen, een zonnebloem hoeft alleen maar zonnebloem te zijn. Natuurlijk is het goed om nieuwe dingen te leren, ook dingen die je misschien niet zo liggen, maar je talenten zijn er al. Die hoeven alleen maar de ruimte te krijgen. Als dat gebeurt, kunnen we allemaal bijdragen aan de gezondheid van de wereld.

Vuurritueel

ZEVEN LESSEN VAN MOEDER AARDE

Wat natuurvolkeren die in harmonie met Pachamama leven gemeen hebben, is het belang dat ze hechten aan ceremonies. Rituelen met een vooraf bepaalde intentie, om te bedanken, om steun te vragen, je leven in lijn te brengen met de kosmische en aardse krachten.
Een vuurritueel is daar een manier voor - en wat is er interessanter en spannender dan samen met kinderen een (veilig) vuur maken? Zoek buiten drie stokjes. Maak een vuurtje, bijvoorbeeld in een vuurschaal. Eén stokje is de zogenoemde *life stick*. Denk aan wat je wilt uitnodigen of versterken in je leven. Zoals werk dat echt bij je past, of zelfvertrouwen. Houd het takje in je handen en blaas er met je adem deze intentie in. Geef het takje aan het vuur en kijk hoe het opbrandt. Het tweede stokje is de *death stick*. Hier blaas je iets in wat je wilt loslaten, iets wat je niet meer dient: een bepaalde relatie, gedachte of gewoonte. Geef ook dit stokje aan de vlammen. Het derde stokje is de *Pachamama stick*. Hier blaas je jouw wensen voor Moeder Aarde in. Zie schone oceanen voor je, weelderige landschappen waarin alle ruimte is voor de dieren, bloeiende moestuinen, mensen die samenwerken, of wat er maar in je opkomt. Gooi ook dit stokje in het vuur, zodat het al je wensen met de rook de hemel in kan sturen. Laat ten minste één persoon bij het vuur blijven totdat het is gedoofd.

Een speciaal plekje

My first altaar

In het haastige bestaan is het soms moeilijk om stil te staan bij wat wezenlijk belangrijk is. Dat geldt voor volwassenen, maar ook voor kinderen. Een altaar in huis kan helpen om de aandacht erbij te houden.

Bij een altaar denk je misschien in eerste instantie aan de kerk of iets religieus, maar eigenlijk is het iets heel eenvoudigs en alledaags: een speciaal plekje dat je inricht om even stil te staan bij wat er van binnen gebeurt. Door zorgvuldig gekozen symbolen die je intuïtief een plaats geeft, kun je bijvoorbeeld nieuw evenwicht brengen, of heling, of beweging in de dingen die je dwars zitten. Maar ook inspiratie voor een nieuw begin of het oplossen van een impasse kun je in een altaar kwijt. Wat er binnen in je leeft krijgt zo een plek in de wereld. Het gaat dus ook niet zozeer om het altaar zelf, maar om het openen van iets in je hart en je ziel dat verborgen was, maar dat verlangt naar een plek in je aardse, fysieke leven.
Kinderen maken vaak zelf al een soort altaartjes door kleine dingetjes die ze mooi of waardevol vinden bij elkaar te zetten en ze heel zorgvuldig te rangschikken. Samen een altaar maken zal de meeste kinderen dan ook heel natuurlijk af gaan.

Binnen- en buitenwereld

Een altaar bouw je op een rustig plekje in huis of buiten waar je ongestoord kunt zijn en elke dag even naar toe kunt gaan. Je kunt een altaar bouwen voor het gezin of een speciale gelegenheid, maar ook gewoon voor jezelf. Daarbij ga je uit van de vier elementen die overal om je heen te vinden zijn, ook in jezelf. Aarde als het fysieke lichaam, het water als je gevoelswereld, het vuur voor je passie en spiritualiteit en de wind staat voor je woorden en gedachten. Door de vier elementen op het altaar een plek te geven, verbind je ze met elkaar, maar ook met jezelf. Het is een verbinding tussen de binnen- en de buitenwereld, en tussen het zichtbare en het onzichtbare.
De kracht van een altaar ligt niet in de symbolen zelf, maar in de lading die je ze met je hart meegeeft. Dit wordt duidelijk in de twee delen waaruit een altaar bestaat. Het zichtbare gedeelte, dat we kunnen zien: het vuur, de stenen, het water, de bloemen en de schoonheid. En het onzichtbare element, datgene waarmee je jezelf verbindt op het moment dat je met je altaar bezig bent. Je kunt het alleen ervaren door het te doen. Wat je aan de buitenkant ziet is niet het échte altaar, maar de uiterlijke vertoning ervan.

Samen op zoek

Kinderen die het moeilijk vinden om zich te uiten, vinden het vaak heerlijk om dingen te verzamelen die reflecteren hoe ze zich voelen. Neem je kind mee de natuur in, en zoek daarna tussen het speelgoed naar dingetjes die erbij passen.
Een dennenappel, een takje rozenbottels, een Playmobil ridder, een mooie zoutkristal en een rood kaarsje kunnen een gevoel van kracht en moed oproepen. En bijvoorbeeld een witte bloem, met een houten egeltje en een waxinelichtje in een glas met wat tafelzout kan rust oproepen. Zo kun je samen op zoek naar wat er in het hart en hoofd van je kind speelt en leert je kind dat het steun kan vinden in de wereld om zich heen.

Midwinter

Midwinter is de kortste dag - of de langste nacht - van het jaar. Op deze dag vieren we dat het licht weer terug op aarde komt, want vanaf nu zullen de dagen weer gaan lengen. Van oudsher werd in Europa het Joelfeest gevierd op deze dag waarbij grote vuren werden gebouwd. Dus een goed moment om samen een vuur te maken en het licht uit te nodigen op de aarde én in je leven. Sprokkel overdag droog hout in de natuur. Dorre bladeren, takjes, dennenappels branden ook goed. Vertel je kind waarom je een vuur bouwt op deze avond en vraag het waar hij of zij meer licht zou willen voelen. Zing liedjes voor het vuur als je het aansteekt. Drink er iets lekker warms bij en gooi mandarijnschillen en zout in het vuur. De mandarijnschillen ruiken lekker en zijn een offer voor het nieuwe leven in de lente, het zout reinigt alles wat je niet meer nodig hebt. Je kunt laurierbladjes uitdelen aan iedereen rond het vuur. Daar kun je je wens in blazen en daarna in het vuur gooien. Het is een ritueel vuur, dat zelf op mag branden, je maakt het dus niet uit. De volgende dag begraaf je de as, met dank aan Moeder Aarde.

Verdriet of Verlies

Het verwerken van verdriet vraagt soms veel tijd en aandacht. Vooral als de eerste schok te boven is en de tranen gehuild zijn, kan het voor kinderen lijken alsof alles weer normaal moet zijn, terwijl het van binnen nog helemaal niet normaal voelt. Een altaar kan helpen om het verdriet letterlijk een plek te geven.

Zoek samen met je kind een mooi kistje uit waarin het troost kan verzamelen. Misschien zijn dat tekeningen, brieven of foto's, kleine herinneringen. Een rozenkwarts of andere kristal. Een mooie kaars of gedroogde bloemen. Zout helpt bij de zuivering van emoties: grote brokken himalayazout of juist heel fijn zeezout in een klein potje. Als een kaars te spannend is, gebruik dan een smudge zoals een kaneelstokje. Als je kind verdriet heeft kan het dat aansteken en zijn eigen energie schoonmaken. Doe dat samen met je kind zodat het leert dat je jezelf op allerlei manieren kunt steunen bij het verwerken van emoties.

Groei

Groei is het meest tastbaar in de natuur. Ga naar buiten en verzamel schatten voor het altaar. Of je kind nu verlangt naar eindelijk op paardrijles mogen, fysiek groter worden of naar meer vrijheid of vertrouwen, het heeft allemaal te maken met groei. Maak samen een krans terwijl je de intentie voor het altaar bespreekt en door je vingers in de krans laat vloeien. Je kunt je kind zijn wens ook erin laten blazen. Rangschik zorgvuldig het mos, de dennenappels, de takjes en blaadjes van groenblijvers. Bedenk dan samen welke elementen nog ontbreken. Een kommetje water met een bloem voor gevoelens en gedachten en misschien een briefje met een mooie spreuk voor wind; onze woorden. Als alles klaar is en goed voelt, mag je kind de kaars zelf aansteken. Het liefst elke dag even laten branden, tot het tijd is voor een nieuw altaar.

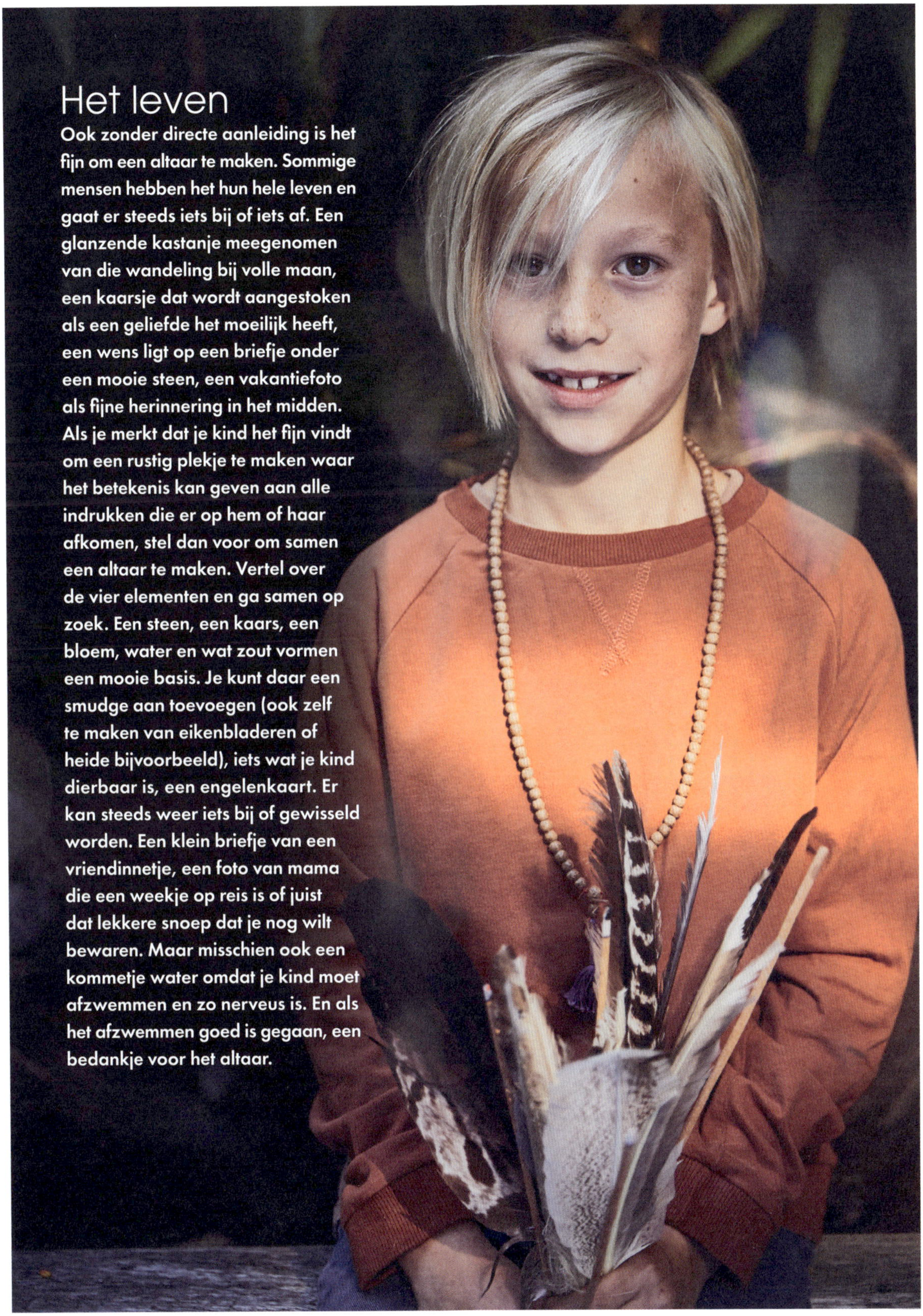

Het leven

Ook zonder directe aanleiding is het fijn om een altaar te maken. Sommige mensen hebben het hun hele leven en gaat er steeds iets bij of iets af. Een glanzende kastanje meegenomen van die wandeling bij volle maan, een kaarsje dat wordt aangestoken als een geliefde het moeilijk heeft, een wens ligt op een briefje onder een mooie steen, een vakantiefoto als fijne herinnering in het midden. Als je merkt dat je kind het fijn vindt om een rustig plekje te maken waar het betekenis kan geven aan alle indrukken die er op hem of haar afkomen, stel dan voor om samen een altaar te maken. Vertel over de vier elementen en ga samen op zoek. Een steen, een kaars, een bloem, water en wat zout vormen een mooie basis. Je kunt daar een smudge aan toevoegen (ook zelf te maken van eikenbladeren of heide bijvoorbeeld), iets wat je kind dierbaar is, een engelenkaart. Er kan steeds weer iets bij of gewisseld worden. Een klein briefje van een vriendinnetje, een foto van mama die een weekje op reis is of juist dat lekkere snoep dat je nog wilt bewaren. Maar misschien ook een kommetje water omdat je kind moet afzwemmen en zo nerveus is. En als het afzwemmen goed is gegaan, een bedankje voor het altaar.

Overgangsmomenten

Rituelen om het leven te vieren

De tijd gaat zo snel - gelukkig kun je 'm vangen met rituelen. Zij helpen je om samen met je kind bewust stil te staan bij waardevolle momenten van groei en verandering. Zo vier je de eerste grote stappen op hun levensweg.

Geboorte

Een kindje welkom heten in de wereld is een belangrijk moment. Je viert het nieuwe leven - van de baby, maar ook van jullie als ouders. Het is het begin van een nieuw verhaal. Een mooie manier om een kind te verwelkomen is het zingen van een lied, samen met dierbaren. Een ritueel geïnspireerd op de West-Afrikaanse traditie, waarbij een baby al vóór de geboorte een lied van zijn moeder cadeau krijgt, dat hem z'n leven lang begeleidt en beschermt.
Ga in een kring om het kindje heen staan en zing het toe. Misschien is er al tijdens de zwangerschap een lied, melodie of deuntje ontstaan, zodat het kindje het zal herkennen. Maar het kan natuurlijk ook spontaan ontstaan. Het gaat er niet om dat het perfect klinkt, maar dat het vanuit je hart komt. Dit lied kun je herhalen op andere belangrijke momenten in het leven van je kind. Als een melodie die 'm vergezelt op z'n levenspad. Na het zingen kun je om beurten een intentie of belofte opschrijven voor het kindje. Op feestelijke papieren vlaggetjes, of op kaartjes die je in een verzegeld doosje bewaart. Geef deze mooie woorden die herinneren aan dit welkomstritueel cadeau aan je kind als het 'volwassen' wordt.

De eerste schooldag

De eerste schooldag markeert zelfstandigheid in het leven van een kind. Het zal zijn stappen in de wereld steeds vaker zonder ouders zetten. Met het volgende ritueel geef je je kind een gevoel van veiligheid, zodat het vol vertrouwen op pad kan gaan.
Ga met je kind in z'n slaapkamer zitten, waar alles vertrouwd is. Laat voelen dat je er voor hem bent - pak bijvoorbeeld z'n hand vast - en sta stil bij de volgende stap die wacht: naar de basisschool gaan. Laat weten dat jullie als ouders altijd voor hem klaarstaan, maar dat het nu zelf iets mag doen. En dat je hem ten volste vertrouwt in de stappen die volgen. Laat dan je kind los en vraag het om zelf naar de gang te gaan, de 'wijde wereld' in.
Ga vervolgens samen naar buiten. Loop hand in hand de weg van huis naar school en weer terug. Gebruik al je zintuigen: sta stil bij de grote kerk op de hoek, voel de steentjes op de stoep, hoor de bijen in het plantsoen, proef de bramen... Verzamel besjes, blaadjes, takjes, schelpjes, kastanjes en andere 'jaszakschatten' en plak die thuis op papier. Een collage die verbeeldt hoe je je eigen weg vindt en zoekt.

Van jongen naar man

Volgens het Masai-volk uit Oost-Afrika wordt een jongen niet vanzelf man, maar moet deze overgang heel bewust tot stand worden gebracht. Dus sturen ze jonge jongens de bush in, waar ze de nodige ontberingen moeten doorstaan en zichzelf flink tegenkomen. Als man keren ze terug. Je kunt natuurlijk ook op een minder radicale manier deze initiatie vormgeven... Bijvoorbeeld met een afscheids- en welkomstritueel, dat vader en zoon de kans geeft 'mannen onder elkaar' te worden.

Ga samen naar buiten, de tuin in of bijvoorbeeld naar een bos. Je zoon gaat in zijn eentje bij een jonge boom zitten. In stilte. Hij heeft twee voorwerpen meegenomen: een uit zijn kindertijd en een dat zijn leven nu symboliseert. Het speelgoed of bijvoorbeeld het kledingstuk dat hij is ontgroeid, ligt aan de ene kant. Het mag er zijn, maar voert niet meer de boventoon in zijn leven. Aan de andere kant is het voorwerp dat zijn interesse, zijn passie, van dit moment verbeeldt. Bijvoorbeeld een zelfgemaakt kunstwerk of z'n hockeystick.

Je zoon blijft net zolang bij de boom totdat hij aangeeft dat hij klaar is om afscheid te nemen van zijn kindertijd. Dit doet hij door het bijbehorende symbool bij de boom te begraven. Daarna vraag je hem mee te komen naar een grote, sterke boom, waar familieleden en vrienden op hem wachten. Ze begroeten hem als de jonge man die hij nu is. Vervolgens mag je zoon bepalen op welke plek jullie een toost uitbrengen op deze nieuwe fase. Hij neemt het initiatief en gaat op pad - jullie volgen. Hef het glas in een kring, met het symbool van 'man zijn' prominent in het midden.

Van meisje naar vrouw

Op een dag is je dochter opeens geen meisje meer, maar 'vrouw'. Een grote verandering, voor zowel jou als je dochter. Het is een afscheid, maar ook het begin van een nieuwe levensfase. Bij onder anderen de indianen wordt de eerste menstruatie uitbundig gevierd. Dit is hét moment waarop een meisje wordt ingewijd in de geheimen van de vrouwelijke scheppingskracht. Met het volgende intieme ritueel tussen moeder en dochter sta je stil bij deze bijzondere overgang.
Ga samen naar buiten en leg in de tuin of bijvoorbeeld in een park een cirkel van bloemblaadjes in de vorm van een volle maan. Je dochter heeft een bloeiende bloem meegenomen, die ze zelf mooi vindt en die haar nieuwe leven als jonge vrouw verbeeldt. Jij hebt een maansteen bij je; de maan is het symbool van de vrouw en vrouwelijkheid. Je gaat als moeder in de cirkel staan en nodigt je dochter uit om er ook in te stappen. Ze geeft jou de bloem, als de jonge vrouw die ze nu is, en jij overhandigt haar de maansteen. Je kunt haar iets vertellen over de symboliek van de maan, die altijd weer opkomt, waar ter wereld je ook bent. Als het goed voelt, kunnen jullie ook praten over onzekerheden, verwachtingen, het vrouwenlichaam, de periode die komen gaat. Als jullie klaar zijn, stappen jullie weer uit de cirkel, die met de tijd vanzelf verdwijnt. Geef de bloem een mooi plekje in huis, als aandenken aan dit overgangsritueel.

De kleine sjamaan

Je verbonden voelen met de aarde, weten dat alles bezield is en in harmonie zijn met de natuur. De uitgangspunten van het sjamanisme zijn kinderen niet vreemd: het is hoe ze van nature in het leven staan. Je kunt deze magie in jezelf weer wakker maken door stil te zijn en naar je hart te luisteren.

Een traditionele sjamaan was en is de medicijnman of -vrouw van de gemeenschap. Degene die je persoonlijke vraag om heling, of de vraag van het dorp ('Wat moeten we doen om de oogst te redden?') meeneemt in een staat van trance, en de zogenoemde *spirits* vraagt om hulp. Een antwoord kan komen van de geest van een dier, plant of voorouder. Van een wolk of een steen. Want volgens het sjamanisme is alles om ons heen bezield: mensen, dieren, planten, stenen. En alle wezens tezamen vormen het web van het leven. Alles in dat magische web heeft zijn eigen plek, rol en functie. Ook een rots kan wijsheid bezitten, of water. Alle wezens kun je om raad vragen - om ze daarna te vragen wat je voor ze terug kunt doen: het draait om balans en wederkerigheid. In een staat van trance reist de sjamaan naar gebieden die verborgen zijn voor de 'gewone' zintuigen. De onder-, midden- en bovenwereld. In de onderwereld kun je krachtdieren ontmoeten, ontdekken welke geneeskrachtige kruiden van toepassing zijn of raad krijgen van een boom. Meestal heeft deze wereld de vorm van een landschap, een 'innerlijke tuin'. De middenwereld is de fysieke wereld zoals we die kennen. In de bovenwereld, die ijler van sfeer is, huizen engelen, voorouders of verlichte meesters.

Verbinding met alle wezens

Sjamanen zijn als kinderen; ze kennen het belang van spelen, lachen, onbevooroordeeld samen zijn en de wereld met een open blik tegemoet treden. De Groenlandse sjamaan Angaangaq zegt in zijn boek 'Smelt het ijs van je hart': 'Toen je nog een kind was, voelde je je met het dierenrijk verbonden. Je verstond de taal der dieren en de dieren verstonden jou. Zo was het ook toen de mensheid nog jong was. We begrepen de wereld, we zagen haar met andere ogen.' Dat vermogen zijn we steeds meer kwijtgeraakt, zegt hij. Niet alleen het contact met dieren, maar ook met de wezens over wie we in sprookjes en mythen horen. 'Feeën, dwergen, trollen - ze bestaan allemaal. Maar wij hebben ingeboet aan vermogen ze te zien. En we zouden zoveel van ze kunnen leren.' Door ons te verbinden met de aarde en weer als kind te zijn samen met onze kinderen, kunnen we deze verbinding herstellen en het magische 'web van alles' op laten gloeien.

Medicijnwiel

Alle seizoenen en alle fasen van creatie zie je terug in het medicijnwiel. In het oosten komt de zon op, het is ochtend, lente. Een frisse wind brengt nieuwe ideeën, het groen aan de bomen en de plannen in je hoofd ontluiken. In het zuiden van het medicijnwiel is het warm. Het vuur van de zon gloeit, alles groeit en bloeit. Een tijd om te genieten van de zonnestralen en van wat je hebt gemaakt. Het westen brengt de oogst, het is herfst, de bladeren vallen, regen stroomt en ook in wat je hebt geschapen, ga je oogsten en kijken: wat wil ik houden en wat mag ik laten gaan? In de winter komt de rust van naar binnen keren. Er lijkt weinig te gebeuren, misschien weet je even niet meer wat je wilt. Maar als je je aan de stilte overgeeft, komt het vertrouwen dat het leven zich ondergronds voorbereidt op een nieuwe schepping - in de volgende ronde van het wiel.

Vliegen

In een sjamanistische meditatie kun je als een vogel vliegen. Hoe? Zoek (met je kind) een rustige plek op om te liggen, lekker onder een dekentje. Zet fijne muziek op, met drums of vogelgeluiden. Eerst gronden: adem een paar keer diep in en uit. Stel je voor dat vanuit je voeten wortels groeien diep de aarde in. Stel je nu voor dat je in een mooi landschap loopt, en dat er voor je een vogel verschijnt. Wat voor vogel is het? Groot, klein, welke kleuren? Wat laat het dier je zien? Vraag of je op z'n rug mag klimmen om te vliegen, en doe het als je een 'ja' krijgt. Samen stijgen jullie op, steeds hoger. Wat zie je, voel je onderweg? Wat laat de vogel je ervaren? Misschien word je zelf wel de vogel... Als het genoeg is, keren jullie terug naar de grond. Stap af, bedank je vogel en neem afscheid. Loop terug door je landschap en word je weer bewust van de plek waar je nu fysiek bent. Adem weer een paar keer diep, rek je uit, beweeg je lichaam. Welkom terug!

Buideltje natuur

In zijn of haar medicijnbuidel bewaart de sjamaan kleine krachtvoorwerpen, zoals geneeskrachtige kruiden, gedroogde bessen of tabak om een rituele pijp mee te roken. De inhoud kun je gebruiken om offers achter te laten in de natuur: een beetje kruid als bedankje voor een boom of een andere helende plek. De buidel kan ook mooie (edel)stenen bevatten die voor de houder een speciale betekenis hebben. Voor jonge sjamanen – en oudere ook, trouwens – is het super om zo'n buidel zelf te maken, bijvoorbeeld door wol te vilten. De ideale bewaarplek voor schatten die je op struintocht in de natuur vindt.

Boodschappers van boven

Wie wordt er niet blij bij het vinden van een veer? Die van de specht, zwart-wit gestipt, een reepje helderblauw op die van de Vlaamse gaai, het bruin-witte streeppatroon van de buizerd. Vogels zijn boodschappers tussen hemel en aarde. Medicijnmannen uit de Amazone dragen de kleurige veren van inheemse vogels, en in de tooi van een Noord-Amerikaans 'indianenopperhoofd' zul je veren van de adelaar vinden. Elke vogel heeft z'n eigen specialiteit. Hun veren symboliseren het element lucht: communicatie (met de spirits), verbinding tussen hier en daar, overzicht en bewegingsvrijheid. Een boodschap verspreid je door hem in een veer te blazen en te laten meevoeren in de wind.

Heilige rook

Smudgen is een techniek om zware energie uit je persoonlijke energieveld of een ruimte 'weg te vegen'. Een soort opfrisbeurt voor de aura. De rook van witte salie, ceder of sweetgrass, of dichter bij huis bijvoorbeeld bijvoet, wordt daarbij om je heen gewaaierd met een veer. Ook palo santo, 'heilig hout', is een geliefd smudge-middel. Het komt van de in onder andere Peru en Ecuador groeiende boom Bursera graveolens, familie van de bomen waaruit mirre en wierook worden gewonnen. De sjamanen uit die gebieden gebruiken het hout met veel respect in hun rituelen en ceremonies. De warme, kruidige, zoet-rokerige geur ervan brengt een sfeer van rust en helderheid. Je kunt een stokje aansteken en als het brandt, de vlam weer uitblazen. De rook en geur verspreiden zich dan door de ruimte. Daarnaast wordt van palo santo ook essentiële olie en wierook gemaakt en kun je het kopen als spray. Meditatie uit een flesje.

Dierendans

Dansen is een oeroude manier om in trance te raken, de staat waarin de sjamaan zijn of haar boodschappen uit de andere werelden ontvangt. Sommige sjamanen zijn uitstekende *shapeshifters*: ze kunnen veranderen van vorm. Bijvoorbeeld een dier worden. In een dierendans word je zelf een beetje dier. Sluipen als een tijger, lenig kronkelen als een slang, of je vleugels uitslaan als de arend. Als je er helemaal in opgaat - met passende muziek erbij, van een drum of met vogelgeluiden - ga je voelen dat je een vacht hebt, poten met zachte kussentjes en sterke klauwen. Of een lang, glad lijf. Of vleugels, en scherpe ogen die de kleinste dingen zien.

Vier de elementen

Natuur-mandala's maken

Mandala betekent 'magisch wiel'. Deze cirkel met symmetrische vormen staat voor heelheid en oneindigheid. Een mandala maken is een vorm van mediteren. Het werkt rustgevend en ontspannend - zeker als je in de natuur aan de slag gaat. Bijvoorbeeld met de vijf elementen aarde, vuur, water, lucht en ether (ruimte).

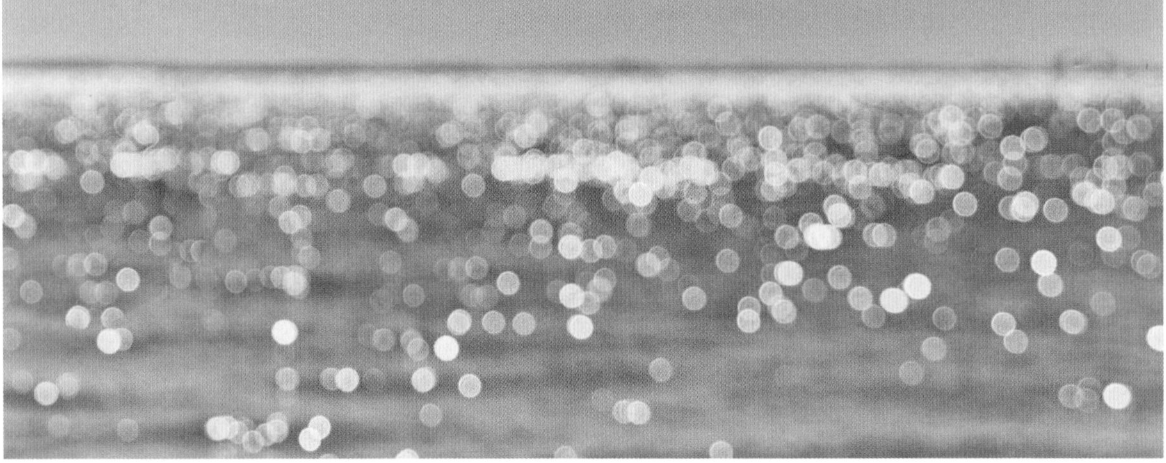

Eer de ether

Het ether-element, de ruimte om ons heen, wordt vaak afgebeeld als een spiraal. Het symbool voor het innerlijk leven dat je veel in de natuur tegenkomt: denk aan hoe het blad van een varen ontrolt, aan slakkenhuisjes en sterrenstelsels. Deze vorm is makkelijk te maken met een paar lange, soepele (wilgen)takken. Buig ze in een cirkelvorm en zet de uiteinden vast met touw. Laat de grotere cirkels overlopen in de kleinere door ze onderling met touw te verbinden. Zoek mooie bloemen en bind een ijzerdraadje om de stelen en zet ze daarmee vast aan de cirkels. Ook mooi voor thuis aan de muur - om je te herinneren aan de oneindigheid van het bestaan en de verbinding met alles om je heen.

Voel de aarde

De aarde geeft je stabiliteit, gronding, een basis. Als je je bewust verbindt met de aarde, voel je ook de basis in jezelf. Het strand is bij uitstek de plek om dat te ervaren. Verzamel mooie stenen en takken en zoek een plekje in het zand. Teken een cirkel in het zand en maak daarin symmetrische patronen met je vondsten, totdat er een rustgevend netwerk van stenen ontstaat. De cirkel zelf staat voor heelheid, het midden symboliseert de eenheid der dingen, het is de plek waar alles met elkaar in verbinding staat. Ga in het centrum staan en doe een wens.

Beweeg als water

Water is bewegelijk en ongrijpbaar, het staat voor aanpassing, is verbonden met onze emoties en brengt ons bij onze innerlijke stilte. Het maken van een mandala is een creatief proces waarin het onderbewustzijn wordt aangesproken. Mooi om deze mandala bijvoorbeeld te beginnen met een vraag. Teken een mandala in het zand en versier hem met strandvondsten zoals veren, schelpen en grassen. Je bent dan zo aandachtig bezig, dat het ook een vorm van meditatie is. Het brengt je in verbinding met jezelf en je intuïtie. Grote kans dat je als je klaar bent, er ook een antwoord op je vraag komt opborrelen.

Leve de lucht

Onzichtbaar, onbegrensd en zo vanzelfsprekend als het in en uitademen - lucht is de basis van het leven. Mooi om voor dit element een windhanger te maken, een ruimtelijke mandala die je later aan je balkon of in de tuin kunt hangen als speeltje voor de wind. Zoek een fijne, lange, soepele tak en vorm er een cirkel van die je vastzet met touw. Verzamel grassen, bladeren en veren en bind deze kruislings aan de cirkel en verbind ze in het midden. Versier de cirkel met mooie bladeren en veren die je aan touwtjes hebt gebonden. Een mooie manier van tot jezelf komen, is met je vingers over de lijnen gaan en voelen wat de vormen met je doen.

Liefde voor vuur

Vuur staat voor warmte, licht en levenslust. Omdat het iets kan verbranden, is het een transformerende kracht. Voor dit element maak je mandala-koekjes - die na het proces van maken, het vuur in gaan. Maak koekjesdeeg en steek er cirkels uit in verschillende groottes. Versier de ronde vormen symmetrisch met zaden en gedroogd fruit - pompoenpitten, zonnebloempitten, gojibessen, pijnboompitten, gedroogde blauwe bessen en abrikozen. Bak ze in de oven tot de koekjes goudbruin zijn. De ronde vorm van de mandala, de 'circle of life', staat symbool voor de familie- en vriendenkring. Tijd om koekjes uit te delen!

Licht leven

Stralen in de zon

Zes eenvoudige manieren die je kind vertrouwd maken met de betekenis van de zon. Van zaadjes planten die ontkiemen door zonlicht tot samen de zon begroeten bij het opstaan.

Lichtbad

De zon kan het lichaam veel zonnekracht geven. Sungazing, ofwel zonnestaren, is een oude genezingsmethode waarbij zonlicht het lichaam via de ogen heelt en oplaadt. Alleen in het halfuur tijdens zonsopgang en zonsondergang, daarbuiten is de zon te sterk. Neem je kinderen mee naar het strand rond zonsondergang, om samen op blote voeten in het zand, de vurige kracht van de zon te ervaren.

Groeien & bloeien

De zonnebloem staat symbool voor de zon op aarde. Hoog torent ze boven de mensen uit en draait haar gezicht met de zon mee. Het is heel makkelijk om ze zelf te zaaien. Neem een grote pot en stop er wat zaden in, direct in de grond kan ook. Laat je kind de zaadjes elke dag water geven, na ongeveer een week komt er uit het zaadje een kiem op. Het plantje baant zich een weg door de aarde naar het zonlicht om zich vervolgens op te richten, te groeien en een knop te vormen. Als de plant groot en sterk is, zal die opengaan en een grote gele bloem laten zien. In de herfst kun je de zaadjes oogsten en aan de vogels voeren, of zelf eten. Bewaar een paar voor volgend jaar.

Klokkijken

Als je kind al weet hoe laat het is, of het aan het leren is, kun je samen een zonnewijzer bouwen. Zo laat je zien hoe mensen vroeger op de zon vertrouwden om te weten hoe laat het is. Zoek samen twaalf mooie keien waarop je de cijfers 1 tot en met 12 verft of schrijft, en een recht, houten stokje. Zet het stokje in de ochtend rechtop in de grond op een zonovergoten plek. Kijk goed waar de schaduw heen wijst. Om 8 uur 's ochtends leg je de steen met de 8 precies in de schaduwlijn van het stokje. Om 9 uur de steen met de 9, enzovoort. Net zolang totdat alle stenen hun plek op de tijdlijn hebben gevonden.

Zonnetje in huis

Aandachtig aanraken is een fijne en eenvoudige manier om contact te maken na een volle dag. Zo breng je een onrustig kind weer vrij makkelijk terug bij zichzelf met een zonnetjesmassage. Kies een olie die lichtkracht in zich draagt zoals kamille (kalmerend), sint-janskruid (verwarmend) of roos (harmoniserend). Je kunt deze massage geven op de voetzolen van je kind, maar op de handpalmen, rug, buik of het voorhoofd vinden de meeste kinderen ook heerlijk. Verdeel een beetje olie over je handen en wrijf ze warm. Zoek het middelpunt en met draaiende bewegingen maak je een mooi zonnetje op de huid. Vanuit hier laat je de zon schijnen door met je vingertoppen één voor één stralen naar buiten te trekken.

Zomeroogst

Wilde bloemen plukken is een feestje, helemaal als je er thuis thee van kunt zetten. Laat je kind zelf afgekoeld, gekookt water schenken en in elk kopje een paar bloemen leggen. Bloemen die net uit de knop komen, hebben de meeste kracht. Daarna mag de zon de thee verwarmen en vitaliseren. Is ie op temperatuur en goed getrokken? Dan mogen de bloemen eruit en terug naar Moeder Aarde. Bloemen die je over hebt, kun je drogen in de zon en bewaren in een lege jampot. Zo kun je 's winters thee maken van de zomeroogst. Voorbeelden van bloemen die je kunt plukken:

GOUDSBLOEM - **kalmeert de huid**
VLIERBLOESEM - **versterkt de weerstand**
HONDSDRAF - **helpt bij hoest**

Hallo zon

Yogaoefening de zonnegroet is een mooie manier om de dag mee te beginnen, samen met je kind. De oefening geeft energie en door de zon te begroeten, word je liefdevol herinnerd aan je plek in de wereld: stevig tussen hemel en aarde. Om het voor kinderen wat inzichtelijker te maken, kun je vertellen dat ze mogen beginnen als een opgerold egeltje op de aarde. Dan opstaan: 'hier ben ik'. Om zich daarna helemaal lang te maken met hun armen erbij: 'hallo zon'. Daarna helemaal naar beneden buigen: 'dag aarde', en als een hond op handen en voeten komen. Om weer te eindigen als opgerold egeltje. Hoe meer je samen oefent, hoe meer je de oefeningen kunt uitbouwen tot de grote zonnegroet.

Zes magische tips om op te laden

VOOR JOU ALS OUDER

De essentie: self-care

Om er voor een ander te zijn, moet je eerst goed voor jezelf zorgen - een bekende wijze les. Maar in alle drukte die een gezin met zich meebrengt, ren je jezelf makkelijk voorbij. Met deze oefeningen richt je de aandacht op een makkelijke manier weer naar binnen.

Op oude prenten wordt de Griekse godin Hera, beschermvrouwe van het huwelijk, de vrouw en het gezin, vaak afgebeeld met een kruik in haar handen. Een aarden kruik, waar op het eerste gezicht niets bijzonders mee is. Toch zit die simpele kruik boordevol symboliek. Hij verbeeldt het schenken: van het leven, van wijsheid, van alles wat een kind nodig heeft. De kruik wordt geleegd en gevuld, als een eb en vloed van geven en nemen. Volgens de Griekse de mythologie is de kruik zelfs gevuld met het goddelijke levenselixer.
Misschien voelt het wat onwennig je te vergelijken met een moedergodin, maar wat ze laat zien is tijdloze wijsheid: energie moet stromen. In allerlei tradities is hier wijsheid over te vinden. In de antroposofie gaat men er bijvoorbeeld vanuit dat je kind zich de eerste zeven jaar van zijn leven met jouw energie voedt. Reden te meer om goed voor je eigen energievoorraad te zorgen. De volgende zes oefeningen zijn er op gericht om jezelf weer op te laden met nieuwe kracht, energie, ontspanning en inspiratie.

Ayurvedische voetmassage

Opladen met nieuwe energie

De Ayurveda, de duizenden jaren oude Indiase gezondheidsleer, heeft veel aandacht voor het moederschap. Ayurvedische artsen adviseren allerlei behandelingen voor de jonge moeder, zodat ze optimaal uitgerust is voor haar belangrijke taak. Bijvoorbeeld een voetmassage met warme olie, die je lichaam en geest nieuwe energie geeft. Op de zool van de je voet, 'de poort naar duizend helingen', bevinden zich punten die zich verbinden met alle organen in je lichaam. Deze massage hoeft niet heel precies te worden uitgevoerd. Het belangrijkste is dat je geniet en de massage diep op je laat inwerken.
Maak een kommetje met natuurlijke olie, bijvoorbeeld van amandel, kokos of olijf, *au bain-marie* warm in warm water. Wrijf je hele voet - boven en onderkant - in met de warme olie. Gebruik hiervoor allebei je handen. Omcirkel dan met een paar vingers aan beide kanten van één voet de ronding van het enkelbot. Masseer met de muis van je hand

‘Om de wereld echt te kennen, kijk diep in je eigen hart. Om jezelf echt te kennen, kijk met interesse de wereld in’

Rudolf Steiner

of met je duimen je voetzool van hiel tot teen en weer terug. Trek zachtjes aan elke teen en draai ze losjes rond, dat stimuleert de afvoer van afvalstoffen. Ten slotte wrijf je over je hele voet. Doe dan je andere voet en blijf nog vijf minuten zitten.

Mediteren in het donker
Een moment van kalmte

De nacht wordt in oude natuurreligies gezien als bron van vrouwelijke energie, mysterieus en sereen. Ook Tibetaanse monniken hebben ontzag voor het donker. Door de mediteren in het duister, komen ze makkelijker los van tijd en ruimte. Het donker ontspant, kalmeert en maakt alledaagse zorgen opeens veel zachter dan ze in het felle daglicht lijken. Omdat je ogen minder impulsen krijgen, heeft je hoofd even rust - en in die rust ontstaan momenten van helderheid. Trek je dus soms even terug in een cocon, om gelouterd weer in het licht te stappen. Vlak voor het slapen gaan is een natuurlijk moment voor een donker-meditatie, maar juist overdag kan het fijn zijn je even terug te trekken in een donkere kamer. Het hoeft niet aardedonker te zijn, als het maar rustig aanvoelt als je ogen sluit. Ga even zitten of liggen met gesloten ogen en neem het donker achter je oogleden op alsof je naar een kalme nachthemel kijkt. Stel je voor dat je die kalmte kan inademen, dat je je kunt voeden met de serene sfeer van het duister. Doe dan langzaam je ogen open en probeer het vredige gevoel te bewaren terwijl je in het niets kijkt. Herhaal dit zo vaak als je prettig vindt. In de drukte van alledag kan het fijn zijn om je ogen zelfs maar een paar tellen te sluiten.

Het ritme van mandala’s
Even stilte in je hoofd

In de spiritualiteit weerspiegelt zijn ronde vorm de heelheid van het universum. Ook binnen de psychologie heeft de mandala een plek - Jung gebruikte mandala’s als methode om harmonie in het hoofd te brengen en aandoeningen van de geest te helen. Er wordt gezegd dat een mandala diep inwerkt op je hersenen én je onderbewustzijn, omdat de regelmatige patronen kalmeren en balans geven. Elke mandala heeft een eigen, uniek ritme. Ze zijn overal om ons heen, kijk maar eens naar de rimpels van regendruppels op het water of het hart van een prachtige bloem. Op internet zijn prachtige mandala’s te vinden.
Om de krachtige werking van mandala’s te ervaren, is tien minuten kijken al genoeg. Voordat je begint, adem je een paar keer diep in en uit. Kijk dan eerst naar de mandala in zijn geheel, zonder je ogen ergens op scherp te stellen. Dan bekijk je ’m preciezer, van binnen naar buiten, of omgekeerd - net wat goed voelt. De gedachten die opkomen, laat je voorbij gaan door je weer op de mandala te concentreren. Door het kijken komen je hersenen in repeterende denkritmes, die je lichaam en geest tot rust brengen en zelfs een beetje als een trance kunnen aanvoelen. Sluit af door weer diep in te ademen.

Mantra's voor moeders
Boordevol positieve kracht

Mantra's zijn van alle tijden en van vele religies. Door mooie klanken of heilige teksten te herhalen, baan je als het ware een weggetje naar een ruimte in jezelf waar je altijd rustig en in het nu bent. Het woord mantra komt uit het Sanskriet, en het betekent zoveel als 'jezelf bevrijden van gedachten'. Het fijne is dat je mantra's overal kunt oefenen: terwijl je de kinderen in bad doet of tijdens het koken. De oude Oosterse mantra's hebben een diep werkende kracht, maar minutenlang met volle overtuiging een affirmatie als 'ik blijf lachen' reciteren kan je al heel veel ontspanning en positieve kracht geven.
Een van de bekendste mantra's is de mantra 'ohm', de klank waar volgens het hindoeïsme het universum is ontstaan. Voel je niet verlegen en zing dit mantra voluit. Zingen kalmeert je ademhaling en de klank 'ohm' zou trillingen hebben die zich door je hele lichaam verspreiden en alles 'lostrillen'. Begin met een lage, vibrerende 'ohm' vanuit de onderbuik, dan als klank vanuit je borstkas en tot slot als hoge klank vanuit je kruin. Zo laat je de trilling langs alle energiebanen in je lijf reizen.

Wortelen volgens de tao
In het hier en nu zijn

De tao ziet Moeder Aarde als bron van al het leven en als uitbalancerende tegenpool van de hemel. De kalme energie van de aarde brengt je tot rust en aardt. Door met deze taoïstische visualisatie contact te maken met de aarde, kun je negatieve gedachten en gevoelens loslaten en voedingstoffen opnemen. Zet je beide voeten iets uit elkaar en zak lichtjes door je knieën terwijl je rug en hoofd recht houdt. Voel hoe de zolen van je voeten contact maken met de grond. Probeer je hele gewicht als het ware in de grond te duwen en verbeeld je hoe lange, sterke wortels uit je voeten diep de aarde in gaan. Ze laten je stevig staan. Blijf zo even staan terwijl je rustig in- en uitademt. Probeer je voor te stellen hoe met elke inademing kracht en energie uit de aarde je lijf instroomt, en hoe met iedere uitademing spanning wegvloeit via diezelfde wortels. Sluit af door je knieën te strekken en je voeten, hielen eerst, weer zachtjes los te maken van de grond.

Bewegen volgens de antroposofie
Altijd in evenwicht

Panta rhei, oftewel: alles stroomt. Het is een beroemde uitspraak van de filosoof Heraclitus. Wat beweegt, leeft, en wat stilstaat vertroebelt en wordt levenloos. Dit principe is ook terug te vinden in euritmie, dat in het Grieks 'goede beweging' betekent. De essentie van euritmie is dat je in de beweging van je lichaam jezelf helemaal meeneemt: psychisch, spiritueel en emotioneel. Het is uiten wat er binnen in je leeft. De methode is pakweg een eeuw geleden ontwikkeld door Rudolf Steiner en doet een beetje denken aan de manier waarop een kind van school naar huis huppelt. Het ritme dat deze oefening aan je lichaam en geest geeft, is te vergelijken met het ritme van golven in de zee. Je zet een stap naar voren, plaatst je gewicht terug op je achterste been en dan pas op het nieuwe standbeen. Bij de volgende stap doe je hetzelfde, tot je in een vloeiend, schommelend ritme energie en evenwicht uitbeeldt. Lopen is een belangrijk motief in de euritmie. Je combineert het dragen van jezelf, het zweven in de lucht en het neerkomen. Deze oefening drukt dan ook van alles uit: een stap vooruit durven doen, maar ook de noodzakelijke stap terug. Het steunen op je eigen been, naast het zweven in de lucht. Het loslaten van vaste grond onder je voeten, en het neerkomen in vertrouwen. Maak er je eigen dansje van.

CREDITS

HOOFDSTUK 1
Verbinding

PAGINA 10 – 15
VERBONDEN VOOR HET LEVEN
TEKST Nicole van Borkulo
ILLUSTRATIE Emmy-Koos Meijer

PAGINA 16 – 21
HALLO NIEUWE DAG
TEKST Nicole van Borkulo
FOTOGRAFIE Dana van Leeuwen
STYLING Marita Janssen
MAKE-UP Marsha Calori

PAGINA 22 – 31
HOE DOE JE HET ALS GEZIN?
TEKST Anne Wesseling
ILLUSTRATIES Sara Thielker - Bowles

PAGINA 32 – 37
YIN & YANG IN DE OPVOEDING
TEKST Sarah Domogala
FOTOGRAFIE & STYLING Dietlind Wolf

PAGINA 38 – 47
OVER BROERTJES EN ZUSJES
TEKST Wies Enthoven
BEELD Ellen Mandemaker

PAGINA 48 – 53
HOLDING SPACE
TEKST Pauline Bijster
ILLUSTRATIE Sheila Liu

PAGINA 54 – 57
HOE MAAK JE VRIENDJES?
TEKST Anne Wesseling
FOTOGRAFIE & STYLING Pia Jane Bijkerk

PAGINA 58 – 63
TEKENS VAN VRIENDSCHAP
TEKST Sunna Borghuis
FOTOGRAFIE & STYLING Pia Jane Bijkerk

PAGINA 64 – 67
WIJ TIJD
TEKST Anne Wesseling
ILLUSTRATIE Madeline Kloepper

HOOFDSTUK 2
Plezier

PAGINA 70 – 77
ALTIJD BLIJVEN SPELEN
TEKST Anne Wesseling
ILLUSTRATIES Kanae Sato

PAGINA 78– 79
8 BOEDDHISTISCHE EIGENSCHAPPEN VOOR KINDEREN
TEKST Anne Wesseling

PAGINA 80 – 87
ODE AAN WATER
TEKST Nicole van Borkulo
FOTOGRAFIE Dana van Leeuwen
STYLING Marita Janssen

PAGINA 88 – 93
MAAK GELUID EN GOOI HET ERUIT
TEKST Catelijne Elzes
BEELD Ellen Mandemaker

PAGINA 94 – 99
DE KRACHT VAN KLANK
TEKST Sunna Borghuis
FOTOGRAFIE Ellen van Bennekom
STYLING Renske van der Ploeg
MAKE-UP Pascale Hoogstraate

PAGINA 100 – 103
LET'S DANCE
TEKST Catelijne Elzes
FOTOGRAFIE Dana van Leeuwen
STYLING Marita Janssen
MAKE-UP Marsha Calori

PAGINA 104 – 109
LEKKER VIES
TEKST Nicole van Borkulo
FOTOGRAFIE & STYLING Pia Jane Bijkerk

PAGINA 110 – 113
SCHUD HET KIND IN JEZELF WAKKER
TEKST Lisette Thooft
ILLUSTRATIE Kanae Sato

HOOFDSTUK 3
Zelfvertrouwen

PAGINA 116 – 121
WORDEN WIE JE BENT
TEKST Lisette Thooft
FOTOGRAFIE & STYLING Dietlind Wolf

PAGINA 122 – 131
MAGISCHE SCHATTEN
TEKST Hanny Roskamp
FOTOGRAFIE & STYLING Pia Jane Bijkerk

PAGINA 132 – 141
LICHTER LEREN LEVEN
TEKST Nicole van Borkulo
ILLUSTRATIES Lauren Paige Conrad

PAGINA 142 – 147
DE HEKS, DE WOLF & ANDERE LEERMEESTERS
TEKST Lisette Thooft
FOTOGRAFIE Ellen van Bennekom
STYLING Renske van der Ploeg

PAGINA 148 – 157
DIERENENERGIE VOOR IEDER KIND
TEKST Nicole van Borkulo
FOTOGRAFIE & STYLING Pia Jane Bijkerk

PAGINA 158 – 163
NIEMAND BEGRIJPT MIJ
TEKST Nicole van Borkulo
ILLUSTRATIES Kanae Sato

MET DANK AAN MODELLEN:
Bastiaan, Chikze, Danielle Kleijn, Dene, Diviano, Elin, Fayme, Fink, Freya Gilmour, Iris A., Jonas, Kaya, Kye, Laly Bigeard, Louise, Luana, Luka Sykes, Natasja, Nikki, Niyara, Nova, Otis Taylor, Pom Pioen Brandwijk, Rover, Sarah Hope, Teun, Zephyr Antimodels, EVD Agency, Frisse Koppen, KidzManagement, The Kids

HOOFDSTUK 4
Rust

HOOFDSTUK 5
Kracht

HOOFDSTUK 6
Magie